일자리보장제

기본일자리

한국고용정책연구회 편
양재덕 전용복
박규남 유재성
문병인 이종만
송준호 신병철
황현주 이수민
옥우석 김혜원

홍익세상

□ 서론 □

이제 실업자는 국가가 책임져야 한다

2020년 코로나가 전 세계를 강타했다. 생명의 위협도 무서웠지만 대면사업이 무너지면서 생존권이 목을 조여 왔다. 음식점이 문을 닫고 피시방이 문을 닫았다. 목욕탕도 문을 닫았다. 상당수의 미장원, 이발소, 편의점이 문을 닫아야만 했다. 실업자가 50만 명이나 쏟아져 나왔다. 다급해진 정부는 전 국민을 상대로 10만원 20만원씩 코로나 위로금을 지급했다. 월 200만원 내외를 벌던 50만 명의 실업자(자영업자 고용인)들에 대해 정부의 대응은 전 국민을 상대로 1년에 한두 차례 10만원, 20만원을 지급하는 것이 전부였다. 물론 5인 이하 영세 사업자에 대해 100만원씩 지급한일은 있다. 장사가 안 되는 임대료 50~100만원의 대면사업 영세업자들에게 대책은 없었다.

이제 실업문제를 고민해야 할 때가 됐음을 느낀 "실업극복인천본부"에서는 2020년부터 코로나와 실업문제를 토의하기 시작했다. 자료를 뒤지고 정부의 통계를 뒤지기도 하며 전문 교수님들께 자문을 구하기도 했다. 여기서 나온 결론 "이제는 정부가 실업문제를 책임져야 한다"는 결론이었다.

그리고 실업문제·고용문제를 연구하기로 했다. 취약계층과 24시간 씨름을 하고 있는 실업극복인천본부의 실무자들이 책을 뒤지고 자료를 찾는 일은 결코 쉬운 일이 아니었다. 실업자 취약계층과의 단순한 씨름만으로 실업·고용문제가 해결되지 않는다는 것을 알았다. 실업문제 고용문제 일자리를 문제를 연구하면서 실업 취약계층과 씨름을 해야 한다고 생각한 것이다. 실업의 원인과 그 대책! 그 연구의 시작, 선언! 그것이 바로 이 책의 출판이다.

실업자 노동자와 20-30년을 살아온 실업극복 인천본부의 실무자들이 전문교수님들의 지도와 자문을 받으며 힘에 부친 연구, 공부를 시작하는 것이다.

그런 점에서 전용복 교수님과 옥우석 교수님 김혜원 교수님께 감사를 드린다. 그리고 일에 파묻혀 정신없는 생활속에 실업, 일자리문제에 공부하기로 하고 원고를 써주신 동지들께 감사드린다. 문병인 님, 황현주 님, 이종만 님, 박세원 님, 이수민 님, 송준호 님, 박규남 님 유재성 님 등이 모두 소중한 연구자들이다. 특히 인천광역시 이분들은 모두 현장에서 20-30년을 잔뼈가 굵게 고생해온 분들이다. 그리고 모두 석박사 과정을 수료한 분들이다. 단순한 석·박사가 아니라 현장에서 그 방면의 일을 해온 실무경력의 투사들이다. 소중한 우리의 자산이다. 앞으로 지속해서 계속 연구와 노력을 하기로 약속한 분들이다. 특히 인천광역시의 장애인복지과장님이신 신병철 님께서 귀중한 자료로 원고를 써주신데 대해 무한한 감사를 드린다.

이 책의 내용은 3부문으로 되어 있다. 1부문은 기본 일자리의 기본 개념, 2부문은 기본일자리의 실천방법-즉 그동안 정부가 실시해온 일자리정책과 사회적경제 기업의 역사를 정리했다. 3부문은 사회적경제의 구체적 실시 현황 분석이다.

앞으로 각 부문의 연구와 실천방안과 대책수립을 지속적으로 해낼 것이다. 아울러 이 책의 원고를 정리하고 수정해준 실업극복 인천본부의 박소연 사무국장, 주정희 과장께도 감사드린다. 아무 싫은 내색 하나 없이 항상 곁에서 원고정리에 많은 노고가 있었음을 감사드린다. 그리고 출판에 도움을 주시는 도천수 님께도 감사를 드린다.

서론

1부 기본일자리의 근본개념

   사회전환의 시작, 일자리보장제 7
    · **전용복**(경성대 교수)

   기본일자리와 기본소득 33
    · **옥우석**(국립인천대 무역학부 교수)

   인천의 기본일자리 73
    · **양재덕**((사)실업극복인천본부 이사장)

2부 기본일자리의 실천방안

   기본일자리의 추진방법으로서 사회적경제 개념 91
    · **유재성**(목사)

   한국 사회적경제의 역사 108
    · **김혜원**(한국교원대학교 교육대학 전문대학원 교수)

   한국 일자리정책20년사 138
    · **문병인**(인천광역시 경제자유구역청 정책특별보좌관)

3부　기본일자리의 전개과정

사회적기업 일자리 169
· **박규남**(수봉마을 도시재생지원센터 센터장)

자활기업 일자리 189
· **이종만**(인천희망지역자활센터 센터장)

마을기업 일자리 211
· **박규남**(수봉마을 도시재생지원센터 센터장)

협동조합기업 일자리 224
· **송준호**(인천사회적경제연구소 소장)

장애인 일자리 248
· **신병철**(인천광역시 장애인 복지과장)

경력단절여성 일자리 272
· **황현주**(인천미추홀구 주안노인문화센터 센터장)

청년 일자리 285
· **양재덕**((사)실업극복인천본부 이사장)

노인 일자리 306
· **이수민**(인천미추홀시니어클럽 관장)

1부 기본일자리의 근본개념

사회전환의 시작, 일자리보장제
기본일자리와 기본소득
인천의 기본일자리

사회전환의 시작, 일자리보장제

전용복[1]

일자리보장의 정당성

일자리보장제란 일할 의지와 능력이 있는 모든 국민에게 정부가 생활임금과 사회보험 가입을 제공하여 고용하자는 정책 제안이다(Mitchell, 1998, 2017; Mitchell and Muysken, 2008; Mosler, 1997; Tcherneva, 2020; Wray, 1998; 2015). 이렇게 고용된 사람들은 돌봄, 환경 개선, 지역사회 활동 등 지역공동체의 미충족 욕구를 충족시키는 사회 서비스를 제공한다. 이는 비자발적 실업을 완전히 제거하여 소득 불평등을 개선하는 한편, 인간 사회가 필요로 하는 공공 서비스를 제공하는, 이중 효과를 낳는다.

역사적으로 볼 때, 비자발적 실업은 자본주의 경제의 숙명처럼 여겨진다. 자본주의 전체 역사에서 완전고용보다는 대량 실업이 보편적이었기 때문이다. 비자발적 실업은 엄청난 사회적 비용과 사회 병리 현상을 유발했다. 비자발적 실업은 실업자 자신은 물론 가족 전체의 행복과 사회적 성과에 영향을 미쳐, 사회 전체적으로 비용을 유발한다. 실업 급여 및 부조가 가장 쉽게 확인할 수 있는 일차적 비용이고, 실업자 본인과 가족이 겪는 물질적·정신적 곤란 중 일부를 사회 전체가 부담한다. 나아가, 실업은 소득 불평등을 강화하여 거시경제적 성과에 부정

---

[1] 경성대 교수, 미국 유타주립대 박사, 저서 : 「일자리정책 국가재정으로 나설 때다」「나라가 빚을 져야 국민이 산다」「일자리보장 : 지속가능한 사회를 위한 제언」

적 영향을 미친다. 또한, 실업은 범죄, 자살, 알코올중독 등 사회적 병리현상의 주요 원인 중 하나로 알려져 있다. 따라서 비자발적 실업을 해소하는 일은 이미 치르고 있는 사회적 비용을 축소하고, 그 과정에서 사회 구성원 개개인에 대한 국가와 사회의 책무를 강화한다. 이러한 관점에서, 비자발적 실업 제로를 목표로 하는 일자리보장제는 발본적 사회전환 전략이라 할 수 있다.

일자리보장제는 다음 세 가지 측면에서 정당화된다. 첫째, 민주주의 국가에서 모든 시민은 기본 시민권으로서 '일할 권리'(right to work)를 갖는다는 신념이다. 일할 권리는 '인간 인격체의 완전한 발전'에 필수 요소이다(Harvey, 2005; Morsink, 1999). 이는 두 가지 측면에서 그러하다. 첫째, 일할 권리는 경제적 안정을 확보하는 수단이다. 자본주의 사회에서 생산수단을 소유하지 못한 노동자(시민의 다수)에게 일할 권리는 생계수단의 보장과 같은 의미이다. 따라서 비자발적 실업은 가장 근본적인 생존권을 위협한다. 둘째, 인간에게 노동은 단지 경제적 수단에 한정되지 않는다. 인간은 기본적으로 사회적 동물이고, 사회적 네트워크와 유대 관계 유지는 생물학적 살아있음만큼이나 중요한 요소이다. 즉, 사회적 관계는 "인격체의 완전한 발전"을 달성하는 데 필수적이다. 인간이 사회적 관계를 유지하는 가장 중요한 채널이 바로 노동이다. 독립 노동이 아니라 협업(공동 노동)을 통해 인간은 사회적 관계를 유지하고, 자아실현의 계기를 만든다.

실제로, 다양한 국제 조약이 일할 권리를 시민적 기본권으로 명시하고 있다. UN 헌장(United Nations Charter, 55조 및 56조), 세계인권선언(Universal Declaration of Human Right, 23조), 경제적, 사회적, 문화적 권리에 관한 국제규약(International

Covenant on Economic, Social, and Cultural Rights, 6-8조), 유럽 사회 헌장(European Social Charter, 1-6조), 인간의 권리와 의무에 관한 미국 선언(American Declaration of the Rights and Duties of Man, 14조), 국제노동기구(International Labor Organization, 규약 71, 122), 인간과 국민에 관한 아프리카 권리 헌장(African Charter on Human and Peoples' Rights, 15조) 등이 대표적이다.

일자리보장제가 정당한 두 번째 이유는 비자발적 실업이 거대한 '사회적 비용'을 유발한다는 점에서 찾아진다. 우선 비자발적 실업은 실업자 개인과 가족에게 가혹한 비용을 부과한다. 자본주의 사회에서 실업은 소득 단절을 의미한다. 소득 단절로 생계가 위협받을 때, 실업자 본인과 가족 전체가 가혹한 스트레스를 경험한다. 이는 곧 실업자의 신체적·정신적 건강을 위협하고, 건강보험료 지출 증가 등 사회적 비용으로 전환된다. 또한, 실업에 따른 소득 단절은 범죄, 약물 중독, 알코올 중독 등 사회적 병리 현상의 중요 요인으로 지목되기도 한다. 비자발적 실업이 개인과 가족, 그리고 경제와 사회 전체에 미치는 부정적 영향은 정부 재정에도 반영되어 있다. 실제로, 2021년 우리나라 정부 예산은 고용정책(실업 대책)에 30.5조 원을 책정하고 있는데, 이는 가장 최소한의 사회적 비용을 의미한다.

비자발적 실업의 사회적 비용은 자원의 손실, 혹은 기회비용의 관점에서도 고려할 수 있다. 가장 직접적인 실업의 기회비용은 생산 유실이다. 이는 비자발적 실업자 전원이 생산에 참여한다면 증가할 GDP로 측정할 수 있다. 가장 보수적으로 우리나라 실업자 수를 공식 실업자로만 한정하고, 경기변동 효과를 평준화하면, 연평균 실업자 수는 약 100만 명에 달한다. 2020년 우리나라 1인당 GDP 약 3,700만 원을 가정하면, 우리나라 실업의 기회비용은 약 37조 원으로 추산할 수 있다. 주의할 점으로, 이는 가장 보수적인 추산이라는 점이다. 우선 실업이 장기화하면, 실업자의 생산성 혹은 노동 능력이 급격히 쇠퇴한다. 장기 실업은 가장 중요한 생산 요소인 노동력을 영원히 폐기하는 것과 같다. 또한, 빈곤 가정 자녀들의 학업 성취도가 현저히 낮다는 점 또한 잘 알려져 있다. 우리나라 가계 소득 중 근로소득이 90% 이상을 차지하므로, 실업은 곧 빈곤을 의미한다. 빈곤 가정 자녀의 학업 성취도 저하는, 사회적 관점에서 보자면, 노동력 재생산의 실패를 의미한다. 이는 장기적 경제성장을 어렵게 하는 요인일 수 있다.

또한, 비자발적 실업은 불평등의 원인이고, 불평등은 다시 경제성장의 장애물로 작용한다(Berg and Ostry, 2011; Cingano, 2014; Ostry et al., 2014; Stiglitz, 2015). 실업은 소득 불평등에 직접적인 영향을 미친다. 근로소득이 가계 소득에서 절대적 비중을 차지한다. 우리나라 가계의 경우, 근로소득이 90% 이상을 차지한다. 따라서 실업은 소득 불평등의 직접적인 원인이다. 소득 불평등은 단지 윤리적 문제가 아니라, 경제적 효율성의 문제이기도 하다(Stiglitz, 2012[2013]). 불평등은 유효수요를 감소시켜 투자와 생산성(경제적 활력)을 둔화시킨다. 또한, 불평등이 확대하고 고착되면, 민주주의를 위협하여 분열되고 불안한 사회를 만든다. 이 모두가 장기적으로 경제적 효율성을 크게 훼손한다는 것이다. 요컨대, 실업은 소득 불평등을 확대하여 경제적 효율성과 사회의 안정성을 위협한다. 이는 매우 심각한 실업의 사회적 비용으로 간주해야 한다.

일자리보장제의 세 번째 정당성은 실업이 사회복지제도를 위협한다는 사실에서 찾을 수 있다. 현대 사회복지제도는 '사회보험'(국민연금, 실업보험, 건강보험, 산재보험 등) 중심으로 구성되어 있다. 여타 사회부조가 존재하기도 하지만, 상대적으로 미미한 역할만을 담당한다. 그런데, 이는 고용을 중심으로 설계된 사회복지제도라 할 수 있다(김교성 외, 2018). 사회보험 대부분이 소득이 있거나, 취업자만을 가입 대상으로 하기 때문이다. 이 때문에, 우리나라 사회보험제도는 거대한 사회보험 사각지대를 만들고 있다. 2019년 우리나라 공적연금(국민연금, 공무원연금, 사학연금, 군인연금) 가입률은 전체 생산 가능 인구(15-64세) 약 3,700만 명 중 약 65%에 지나지 않는다. 또한, 같은 해 고용보험에는 37.3%(약 1,400만 명)만이 가입하고 있다(통계청 및 고용노동부 통계). 사회보험 가입자 수가 저조한 이유 대부분은 실업자와 무소득자, 그리고 최근 급증하고 있는 불안정 노동자(비정규직과 특수고용직)가 배제되고 있기 때문이다.

실업이 빈곤과 소득 불평등 등 사회복지제도가 담당해야 할 사회적 위험 대부분의 원인이지만, 현재의 사회복지제도는 실업을 직접 다루지 않는다. 거꾸로 실업은 사회보험 중심의 전통적 사회복지제도 전체를 위협한다. 실업은 사회보험 가입자 수의 감소를 의미하기 때문이다. 경제위기가 발생하거나, 고용 없는 성장과 같은 장기적 고용 침체는 사회보험 기금 고갈이나 재정적자로 나타난다. 이러한 복지국가의 위기에 대한 선진국 정부들은 사회보험 지급을 삭감하는 '긴축정책'으로 대응했다. 불안정 고용의 증가 추세는 이러한 사회복지제도의 위기를 강화할 것이다. 따라서 일자리보장제는 사회보험 가입자 수를 획기적으로 증가시켜, 기존 사회복지제도도 강화할 수 있다.

실패한 고용정책 : 일자리보장제의 필요성[2]

---

2) 이하 두 절은 저자의 "일자리 정책, 국가재정으로 발 벗고 나설 때다-4차 산업혁명시대의 기본일자리 정책 제언", 『2021·2022 이재명론』, 간디서원, 2021의 일부를 발췌, 수정·보완하여 싣는다.

왜 국가가 국민 모두에게 일자리를 보장해야 할까? 일자리와 취업이 이렇게 중요함에도, 자본주의 경제에서 완전고용보다는 대량 실업이 보편적이다. 더구나, 자본주의 경제는 주기적으로 불황과 호황을 반복해 왔는데, 불황국면에서 실업자 수가 특히 급증한다. 불황으로 증가한 실업자가 새 일자리를 찾는 데에도 점점 더 오랜 시간이 걸리고 있다. 고질적인 대량 실업은 사회 전체를 위협한다. 기존 사회 질서를 유지하려는 성향을 '보수주의'라 부른다면, 적극적 일자리 정책은 보수주의자의 가장 중요한 요구이어야 한다.

우리나라에서도 실업은 고질적이고 광범위하게 존재해 왔다. 2021년 5월 기준 공식 실업자 수는 114만8천 명에 달했다. 이 공식 실업자 수조차 현실을 제대로 반영하지 못한다. 실업자에 대한 정의가 너무 엄격하여 비현실적이기 때문이다. 공식 실업자 수에 더해, 취업해 있지만 더 많은 시간 일하고 싶은 사람(시간 관련 추가 취업 가능자)이 112만4천 명, 잠재경제활동인구 또한 185만9천 명에 달한다. 이는 코로나19 팬데믹의 경제적 충격을 반영한 수치이긴 하지만, 그 이전에도 공식 실업자와 '잠재적' 실업자 수를 합하면 평균 약 340만 명에 달했다. 이들 모두가 당장 취업할 수 있는 것은 아니지만, 우리 사회가 '잠재적으로' 필요로 하는 일자리의 수를 가늠할 수 있게 한다.

고질적인 대량 실업에도 불구하고, 지금까지 고용정책은 한 번도 성공한 적이 없다. 정부의 소극적 대응도 문제지만, 실업의 원인을 이해하는 잘못된 관점이 더 근본적인 이유이다. 실업의 원인에 관한 지배적 담론(자유주의적 입장)은 크게 두 가지로 나눌 수 있을 것이다. 첫째는 실업을 취업역량 개발에 소홀한 실업자 개인의 방탕한 생활 태도에서 찾는 견해다. 이는 실업의 책임을 전적으로 개인에게 돌리는 태도이다. 두 번째 관점은 이보다 더 광범위하게 퍼진 관념인데, 노동시장이 비효율적으로 작동하여 실업이 존재한다는 주장이다. 구체적으로, 법정 최저임금 설정, 해고의 제한 등 노동시장 규제와 '이중 노동시장' 구조가 비효율적 노동시장을 만든다고 주장한다. 이에 따르면, 임금이 충분히 하락하면 실업자 모두 고용될 수 있다. 또한, 단결권이 보장된 내부 노동자들에게 과도한 임금이 지급되면서 기업의 추가 고용 여력이 감소하여, 결국 실업이 존재하게 된다고 주장한다.

하지만 이와 같은 자유주의적 관점은 자본주의 경제의 구조적 결함을 무시한다. 자본주의 경제 내부에 일자리 수가 부족할 수밖에 없는 구조적 모순이 존재한다. 자본주의에서는 모든 생산물이 판매되어야 하는 상품으로 생산된다. 생산된 모든 상품은 누군가가 구매해줘야 한다. 상품이 판매되지 않으면 기업은 이윤을 내지 못하여 파산하거나 투자를 축소하여 실업이 발생한다. 하지만 자본주의 경제는 생산물이 모두 판매되기 어려운 구조적 제약 하에서 작동한다. 소득이 불평등하게 분배될 수밖에 없기 때문이다. 자본가와 부자에게 분배된 소득 중 큰 부분은 소비되지 않고 저축된다. 노동자도 임금 일부를 저축하기도 한다. 분배된 소득 중 일부가 저축된다는 사실은 그만큼 생산된 상품이 판매되지 않음을 의미한다. 이러한 판매 위기가 강화되고 완제품 재고가 증가하면 기업은 투자와 고용을 줄인다. 이것이 실업의 원인이다. 즉, 소득 불평등에 따른 저축이 실업의 구조적 원인이다.

그동안의 실업 대책은 이와 같은 정확한 원인 진단에서 출발해야 했지만, 그렇지 않았다. 첫째, 실업의 원인을 개인의 태만에서 찾는 관점은 실업 해소 정책 자체를 거부하거나, 대개 개인의 취업역량(employability)을 강화하는 '직업훈련'에 초점을 맞추려 한다. 하지만 경제 전체적으로 일자리 총량이 제한되어 있는 한, 직업훈련에 참여하는 사람의 취업 가능성은 커질 수 있지만, 누군가는 반드시 취업에서 탈락할 수밖에 없다. 매우 악랄한 '의자 뺏기' 게임이다. 직업훈련보다 경제 상황이 취업에 더 큰 영향을 미치는 것도 이 때문이다.

둘째, 실업을 노동 시장의 문제로 보는 관점은 노동 시장에 대한 임의적 개입을 제거하는 정책을 선호한다. 최저임금제도 폐지, 해고를 쉽게 하는 노동시장 유연화, 노동권 일부 제한, 일자리 나누기 등의 정책이 이 범주에 속한다. 하지만 고용과 실업이 '시장'의 문제, 혹은 개별 기업과 노동자의 선택 문제로 보는 이런 관점은 심각한 단견이다. 우선, 시장에서 기업들이 '개별적으로' 결정하는 최적 고용량의 합이 '경제 전체'의 모든 노동자를 고용할 만큼 충분하리란 보장이 전혀 없다. 실제로, 역사가 증명하듯, 시장은 완전고용을 보장하지 못한다. 1980년대부터 전면화된 신자유주의 정책으로 노동에 관한 규제는 유례없이 약화되었지만, 실업이 감소했다는 증거는 전혀 없다.

마지막으로, 고용정책 결정자 중에는 실업이 경제 전체의 일자리 총량이 부족해서 발생한다는 점을 이해하는 관점이 있긴 하다. 이들은 일자리 총량의 부족이 유효수요 부족에 기인한다는 점도 지적한다. 이러한 맥락에서, 이들은 실업 해소를 위해 총수요 확대 정책, 즉 정부 지출 확대를 제시한다. 하지만 이런 정책 처방 또한 실업을 해소하는 데 효과적이지 않았다. 고용을 기업에 의지했기 때문이다. 유효수요를 확대하기 위한 정부 지출은 주로 기업에 고용 인센티브를 제공하는 방식이었다. 조세 감면, 고용 지원금 지급, 규제 완화 등이 대표적이다.

종합하면, 기존 일자리 정책 대부분은 '일자리는 민간 기업이 만든다'는 믿음에 기초해, 기업과 시장을 지원하면 충분한 일자리가 만들어질 것으로 기대했다. '일자리 낙수효과'를 기대한 것이다. 그러나 시장과 기업에 의존하는 일자리 창조 정책은 실패할 수밖에 없다. 무엇보다, 기업의 목표는 이윤 극대화이지, 일자리 창조나 고용이 아니기 때문이다. 자본주의 300년 역사가 증명하듯, 기업이 원하는 고용 인원이 사회가 필요한 일자리 수와 일치하는 경우는 우연이 아니고는 거의 불가능에 가깝다. 설사 기업에 충분한 인센티브를 제공하면 완전고용에 도달할 수 있다 하더라도, 이를 위한 재정지출 규모는 상상할 수 없이 커야 할 것이다. 모든 실업자를 정부가 직접 고용하는 편이 훨씬 재정 절약 적이다. 실업 해소를 위해서는 정부가 일할 능력과 의도가 있는 모든 실업자를 직접 고용하는 길 외에는 달리 방법이 없다.

일자리는 충분한가?

4차 산업혁명 담론은 기계가 인간의 노동을 대체한다는 관념을 고착시키고 있다. 일자리가 점점 사라진다는 의미이다. 하지만 이는 편향된 시각이다. 우선, 4차 산업혁명으로 기계가 인간의 노동을 대체하는 경우가 증가하더라도, 그런 기계를 개발하고 운영하기 위해서 새로운 일자리가 창조될 것이란 반론도 있다는 점을 지적할 필요가 있다.

더 중요한 점은 일자리 감소 담론이 말하는 일자리란 '이윤 목적의 일자리'를 의미할 뿐이란 사실이다. 더 넓은 관점에서 사회적으로 유용한 노동, 즉 인간 사회를 유지하고 재생산하며 더 풍요롭게 하는 활동에 대한 욕구를 충족시키는 일자리가 감소한 것은 아니다. 그와는 반대로, 인간의 생산력 수준이 발전함에 따라 사회적으로 유용한 노동의 종류와 수는 지속해서 증가해 왔다. 문화·예술 활동과 돌봄, 환경 보존 활동 등이 대표적이다. 그런 활동으로는 충분한 이윤을 창출할 수 없기에, 자본이 방치했을 뿐이다. 그 결과 국민의 욕구 중 큰 부분이 충족되지 못하고 있다.

한편에는 일자리를 찾는 (잠재적) 실업자가 대량으로 존재한다. 자본주의 사회에서 실업은 곧 생존의 위기를 의미한다는 점은 반복해서 강조할 필요가 있다. 다른 한편에는 사회적으로 유용한 노동이 제공할 생산물과 서비스를 간절히 원하는 사람이 공존하고 있다. '일자리보장제'는 정부가 생존 위기에 처한 실업자를 고용하여 사회가 필요로 하는 유용한 노동을 제공하도록 하는 제도이다. 이는 필요(일자리)와 또 다른 필요(사회서비스)를 연결하여 모두가 이익이 되는 일이다.

많은 시민이 이미 자발적으로 그런 활동을 수행하고 있다. 공동 육아 공동체와 같은 돌봄 공동체, 협동조합, 사회적 기업, 사회적 벤처 등의 사회적경제, NGO 활동, 다양한 봉사활동 등이 그런 것이다. 이들을 활용하고 확대하여 정부가 임금을 지급하고, 사회에 필요한 노동과 서비스를 제공하도록 구성할 수 있다. 다시 말하지만, 이들은 기존 시장 혹은 기업의 활동 영역을 침범하지 않는다. 오히려 시장과 기업이 방치한 사회 부분을 개척하는 일이다. 이를 통해 실업이 해소되고 불평등이 완화하면, 기업의 매출과 이익도 증가하여 기업에도 이익이다.

재정

일할 의지와 능력이 있는 모든 사람을 고용하기 위해서는 얼마나 많은 예산이 필요할까? 결론부터 말하면, 전 국민 일자리보장을 위한 재정은 크지 않을 것이다. 이를 간단히 추산해 보자. 공식 실업자 100만 명 전원은 전일제(하루 8시간) 일자리보장 프로그램에 참여할 것으로 가정하자(이는 코로나19 팬데믹 이전 평균 공식 실업자 수이다. 경기변동 등 경제적 충격이 오면 이는 더 증가할 수 있고, 경기 호황기에는 감소할 것이다). 시간 관련 추가 취업 가능자는 평균 4시간/일 더 일한다고 가정하고, 잠재경제활동인구 중 절반이 즉시 취업한다고 가정하자. 그러면 하루 8시간 전일제 기준 총 약 200만 명이 일자리보장 프로그램에 참여한다고 가정할 수 있다.

2021년 최저임금을 지급한다고 가정하면, 1인당 연 약 2,200만 원을 일자리보장제 임금으로 지급하게 된다. 따라서 일자리보장 프로그램에 참여하는 200만 명에게 필요한 임금 총액은 약 44조 원이 된다. 여기에 약 10%의 사용자 분 사회보험료를 포함하면, 48.4조 원이다. 일자리보장제의 원활한 진행을 위해 간접비로 임금 총액의 20%를 추가한다고 가정하면, 일자리보장제를 위한 예산은 총 58조 원으로 추산할 수 있다.

이 재원은 어떻게 마련할 수 있을까? 첫째, 기존 일자리 관련 중앙정부 예산을 활용할 수 있다. 일자리 및 고용 관련 2021년 예산 기준, 기재부는 총 35.4조 원, 고용노동부는 총 30.5조 원을 책정했다고 발표하고 있다. 일자리보장제를 시행하게 되면, 정의상 자발적 실업자가 존재하지 않으므로, 이 예산 대부분이 불필요해진다.

둘째, 2000년부터 최근까지 20여 년 동안 우리나라 중앙정부 재정수지는 GDP 대비 연평균 약 0.98%의 흑자를 기록했다. 정부는 재정 흑자를 유지할 이유가 없으므로, 향후 흑자 재정을 포기하여 추가 재원을 마련할 수 있다. 2020년 GDP 1,933조 원을 기준으로 이는 약 19조 원을 의미한다. 또한, 2000년대에 들어서면서 전국 지방정부의 재정수지(총수입-총지출) 또한 지속적으로 흑자를 기록해 왔다. 예컨대, 우리나라 지방자치단체 재정수지는 2019년 67.5조, 2018년 68.9조 원, 2017년 63.2조 원 등의 흑자를 기록했다. 이 중 큰 부분을 일자리보장 예산으로 활용할 수 있다. 이렇게 기존 일자리 및 고용 정책 예산(30.5~35조)과 중앙정부와 지방정부의 재정 흑자분만으로도 기본 일자리를 위한 재정 58조 원을 조달하고도 남는다.

셋째, 일자리보장 프로그램에는 국민 누구나 참여할 수 있으므로, 기존 복지지출 중 많은 부분을 절약할 수 있을 것으로 예상할 수 있다. 예컨대, 2021년 국민기초생활보장제도 관련 예산만 약 13.2조 원에 달하는데, 수급자 중 많은 사람이 일자리보장 프로그램에 취업할 것으로 예상할 수 있다.

넷째, 자발적 실업이 해소되고 약 200만 명이 추가로 취업하게 되면 경제가 추가로 성장하여 세수가 증가할 것이란 점은 자명하다. 정부지출이 국내총생산(GDP)에 미치는 영향을 재정승수라 부른다. 재정승수의 정확한 크기에 관해서는 연구마다 상이한 추정치를 제시하고 있다. 최근 IMF 보고서는 전 세계 약 120개 연구를 종합하여 재정승수가 평균 1 이상이라고 보고했다. 이와 관련 더 중요한 점은 일자리보장 정책에 지출하는 재정 대부분은 한계소비성향이 큰 저소득층(실업자 가계)에 돌아간다는 사실이다. 이는 일자리보장을 위한 지출의 경제효과가 더 크고, 그 결과 세수 증가폭이 기존 연구 결과보다 더 클 것이란 의미이다. 또한, 일자리보장제 임금의 일부를 지역화폐로 지급하는 등 경제적 효과가 큰 방식을 고려할 경우, 그 효과도 더 커질 수 있다.

이상을 종합하면 일자리보장제를 위한 재정 부담은 거의 없다고 할 수 있다. 더구나, 일자리보장의 효과로 경제가 더 빠르게 성장하면서 자발적 실업자 수는 오히려 감소할 수 있다. 최소한, 일자리보장 프로그램 참여자 수의 증가보다 GDP가 더 빠르게 증가하면 경제 규모(다른 말로, 세수 기반) 대비 일자리보장제 재정의 비중은 오히려 감소할 가능성이 크다.

일자리보장제의 경제적 효과 : 모의실험 결과

일자리보장제의 재정 및 경제적 효과를 이와 같은 단순 추론보다 정교하게 분석할 수도 있다. 다만, 이것이 전면적으로 실시된 사례가 존재하지 않기 때문에 경험적 분석은 불가능하다. 대신 경제적 모의실험을 통해 그 효과를 유추할 수 있다. 경제적 모의실험이란 분석 대상 경제의 작동 원리를 방정식으로 표현하고, 특정 변수에 변화를 주어 다른 변수들의 변화 추이를 추정하는 방식이다. 예를 들어, 일자리보장제를 시행하면 정부의 재정지출과 가계소득이 증가한다. 가계소득 증가는 소비를 증가시키고, 이는 다시 기업의 생산과 GDP를 증가시킨다. 증가한 GDP는 세수를 증가시켜, 재정수지를 개선하는 긍정적 피드백 효과를 낳는다. 이와 같은 연쇄적 반응은 거의 모든 경제 변수에 해당한다.

일자리보장제의 경제적 효과를 추정하는 모의실험 연구가 세계적으로 다수 발표되었다(Godin, 2012; Antonopoulos et al. 2014; Mastromatteo and Esposito, 2017(appendix); Wray et al. 2018; Majewski and Nell, 2000; Fullwilder, 2007; 2013; Mario, 2020). 각 연구마다 연구 대상 국가와 시기, 그리고 분석 방법 등에서 차이가 있지만, 공통적으로 다음과 같은 세 가지 중요 결과를 제시하고 있다. 첫째, 일자리보장제 시행에 따른 재정 부담이

GDP의 2% 미만으로, 직관적 예상치보다 크지 않다. 이는 일자리보장제 시행으로 불필요해지는 예산들, 가령 고용정책 재정과 사회복지지출 등의 이미 지출하고 있는 재정의 예상 감소분을 고려하지 않은 수치이므로, 실제 '순지출'은 이보다 훨씬 적을 것이다. 또한, 실업이 유발하는 다양한 사회적, 경제적 비용의 감소분도 고려하지 않은 추정치이다. 이 모두를 고려하면, 일자리보장제 시행을 위한 재정지출은 '남는 장사'라 할 수 있다. 둘째, 일자리보장제는 경제성장을 개선하고, 민간부문의 일자리 창출을 유도한다. 다른 말로, 실업이 해소됨에 따라 가계 소득과 지출이 증가하여, 민간경제를 부양하는 효과가 있다. 가계의 소득 증가에는 취업에 따른 직접 소득뿐만 아니라 일자리보장 프로그램이 제공하는 사회서비스를 무료로 이용하여 얻게 되는 '간접적 소득'(사회복지학에서는 이를 '현물 급여'라 부른다)도 포함되지만, 후자는 연구에 고려되지 않았다. 즉, 실제 국민이 체감하는 소득과 생활수준 개선 효과는 이보다 훨씬 크다고 할 것이다. 셋째, 이러한 긍정적 경제효과는 추가 세수와 복지지출 감소 등 정부 재정에도 긍정적 피드백 효과를 가져 온다.

여기서는 필자가 한국경제를 대상으로 일자리보장제 시행의 경제적 효과를 모의 실험한 결과를 소개하고자 한다.[3] 우선 우리나라 경제의 작동 구조를 설명하는 방정식 체계를 구축했다. 이는 가계, 기업, 금융시장, 정부, 해외부문 등 총 5개 경제부문의 행태(의사결정)를 묘사하는 10개의 행태방정식과 각각의 예산제약을 나타내는 항등식 14개로 구성된다. 다음으로, 2000년

---

[3] 이 절은 필자가 경기연구원 연구용역에 참여하여 도출한 결론을 요약한다. 자세한 내용은 김정훈 외, 『일자리보장제 도입을 위한 정책방안 연구』, 2021. 참조. 이 보고서에는 다른 방식의 모의실험 결과도 보고하고 있는데, 매우 유사한 결과를 보여주고 있다. 이는 우리나라 경제를 대상으로 한 최초의 연구인데, 앞서 소개한 해외의 연구결과와도 매우 유사하다는 점도 흥미로운 결론이다.

부터 2019년까지의 역사적 데이터를 이용하여 관련 계수(parameters)를 추정했다. 이렇게 방정식 체계가 구성되고 계수를 추정한 후, 다음과 같은 시나리오를 분석했다.

①모든 공식 실업자를 고용하고, 2021년 최저임금보다 약간 높은 연봉 2,200만 원(분기별 550만 원)을 임금으로 지급한다.
②참여자 모두를 5대 사회보험(국민연금, 국민건강보험, 고용보험, 장기요양보험)에 가입시키고, 임금 총액의 10%를 사용자분 사회보험료로 지급한다.
③임금총액의 20%를 간접비로 지출한다
④일자리보장제를 점진적으로 도입한다. 즉, 2020년 1분기에 시작하고, 매 분기마다 실업자의 12.5%씩 증가시켜, 2021년 4분기에 실업자 100%를 고용하는 것으로 구상한다.

<표 1> 우리나라에서 일자리보장제를 시행하면 기대할 수 있는 경제적 효과(모의실험 분석)

변수	최소	최대	평균
실질 GDP(%)	0.68	1.06	0.87
일자리수 증가(만 개)	66.7 (민간 13.7)	107.9 (민간 26)	86.9 (민간 21.2)
인플레이션율(%)	-0.12	0.23	0.05
수입(%)	1.4	2.1	1.7
재정(GDP 대비 %)	1.3	1.6	1.5

<표 1>은 위와 같은 모의실험 결과를 주요 변수별로 정리한다. 이 수치를 이해하기 위해, 이는 일자리보장제가 없을 때와 비교했을 때 나타날 수 있는 현상이란 점을 이해하는 것이 필요하다. 첫째, 실질 GDP는 일자리보장제가 시행되지 않을 때와 비교하여 0.68~1.06%(평균 0.87%) 증가하는 것으로 나타난다. 일

자리보장제는 강력한 경기부양 효과를 낳는다는 의미이다. 둘째, 일자리보장제에 참여하는 인원은 최소 51.2만 명, 최대 80.8만 명으로 나타난다. 여기에 더해, 실질 GDP가 증가함에 따라 민간부문 고용도 13.7~26만 명(평균 21.2만 명) 증가하는 것으로 추정된다. 이 추정치는 분기별 추정치인데, 실업이 증가할 때 일자리보장제 참여 인원이 증가한다는 점이 중요하다. 이는 일자리보장제의 운영원리를 반영한 것으로, 경기변동이 낳는 실업 충격을 일자리보장제가 완화한다는 의미이다.

셋째, 주류 경제 담론이 퍼뜨린 미신과는 달리, 실업률 하락은 인플레이션을 유발하지 않는 것으로 나타난다. 앞서 지적한 것처럼, 그동안 주류 경제학(신자유주의 경제학)은 실업률이 일정 수준 이하로 하락하면, 인플레이션이 발생한다고 주장해 왔다. 하지만, 이 모의실험에서는 그런 현상이 나타나지 않았다. 특정 시기에는 실업률이 제로임에도 불구하고, 인플레이션률이 오히려 더 낮아지는 현상도 발견되었다. 실제 역사적 추세를 보더라도, 최소한 2000년대 이후 실업률과 인플레이션 사이에는 아무런 상관관계가 발견되지 않고 있다.

넷째, 실업 해소와 가계소득 증가에 따른 수입 증가량도 미미한 수준인 것으로 나타났다. 일자리보장제를 시행하면 수입은 그렇지 않을 때에 비해 1.4~2.1%(평균 1.7%) 증가하는 것으로 나타난다. 하지만, 이로 인해 우리나라 대외무역수지가 적자로 돌아설 가능성은 전혀 없다.

마지막으로, 일자리보장제 시행을 위해 정부는 GDP의 1.3~1.6%, 평균 1.5% 추가로 지출해야 하는 것으로 나타난다. 평균 정부지출 증가분 1.5%는 상식적 예측치보다 크게 작을 뿐만 아니라, 절대적으로도 미미한 수준이라 할 수 있다. 주의할 점은, 이것이 재정적자 규모를 의미하지 않고, 추가로 필요한 재정이라는 사실이다. GDP 대비 1.5%는 우리나라의 경제적, 재정적 여건을 고려할 때 매우 미미한 수준임을 이해할 필요가 있다. 우선, IMF 외환위기 이후 20년 동안 우리나라 정부 재정은 연평균 GDP 대비 0.98% 흑자를 기록해 왔음을 상기할 필요가 있다. 이는, 일자리보장제를 위해 GDP 대비 1.5%를 추가로 지출한다 하더라도, 이 흑자분을 제외한 0.52% 적자만 감수하면 실업 제로의 사회를 만들 수 있다는 의미이다. 이에 더하여, 여기에는 실업 해소에 따른 재정 절약분을 포함하지 않고 있다는 점이 중요하다. 실제로, 2021년 우리나라 노동고용예산으로 30.5조, GDP 대비 약 1.6%를 책정하고 있다. 이는 주로 실업자 대상 정책 예산으로, 실업이 사라진다면 큰 부분 불필요한 지출이 된다. 가령, 실업보험급여만도 약 15조, GDP의 0.7%인데, 일자리보장제가 시행되면 이는 대부분 불필요한 예산이 된다. 따라서 이 예산 감소분만으로도 우리나라 정부는 재정적자 없이 일자리보장제를 시행할 수 있다. 재정은 일자리보장제를 시행할 수 없는 이유가 되지 못한다.

일자리보장제가 시행되면

이러한 양적 효과 외에도, 일자리보장제는 다음과 같은 중요한 질적 효과를 낳을 수 있다. 첫째, 일자리보장제는 기존 사회보장제도(사회보험)를 오히려 강화할 수 있다. 앞서 지적한 것처럼, 세계적으로 사회복지제도는 사회보험 중심으로 구성되어 있고, 사회보험의 사회적 유효성은 취업자 수에 의존한다. 따라서 실업과 불완전·불안정 고용의 확대는 사회보험과 사회복지제도의 근간을 위협한다. 일자리보장제 참여자에게는 사회보험 또한 자동 가입하게 하므로, 이는 '복지국가의 위기'를 극복하는 방법이기도 하다.

둘째, 일자리보장제는 새로운 노동 표준(labor standard)을 형성할 것이다(Tcherneva, 2018; 2020). 일자리 부족(실업)과 해고 위협은 노동자의 협상력을 약화하는 가장 강력한 배경이다. 노동자의 협상력 부족은 다시 저임금 노동과 부당노동 행위를 가능하게 한다. 이에 대한 기존 대책은 새로운 규제를 도입하는 방식이었다. 하지만, 규제는 대체로 비효율적이다. 노동 현장에서 정보의 우위를 점하는 사용자 측은 항상 규제를 회피할 방법을 찾아내기 때문이다. 위로부터의 규제 대신 노동자의 협상력을 높여주고, 협상력 우열이 없는 상태에서 노동자와 사용자 등 당사자가 직접 협의하도록 유도하는 방식이 가장 효율적인 문제 해결 방법이다. 일자리보장제는 노동자의 협상력을 강화하는 가장 강력한 제도가 될 것이다. 민간 부분은 임금(시급 및 정기적 임금 총액 모두)과 근로조건을 일자리보장제 이상으로 제시하여야만 할 것이다. 그렇지 않다면 사용자는 원하는 인력을 구하지 못할 것이기 때문이다.

셋째, 일자리보장제는 지역사회가 원하는 사회 서비스를 공공재로 제공할 수 있다(Tcherneva, 2020). 일자리보장 프로그램은 지역공동체의 '미충족 욕구'를 해소하는 일들로 구성한다. 지역공동체 구성원은 그러한 사회서비스 혜택을 받는 동시에 각자 할 수 있는 사회 서비스를 공동체에 제공하기도 한다. 지역공동체 전체의 이익을 위해 구성원이 자발적으로 참여하는 활동(일자리보장 프로그램)을 통해, 개개인은 경제적 이익을 얻는 동시에 협력과 공존의 가치를 몸으로 체득할 수 있다. 또한, 이는 사회 전체의 민주주의 발전에 중요한 토대가 될 것이다. 예컨대, 우리 사회에는 이미 경제적 궁핍에도 불구하고 시민활동가로 살아가며, 사회와 공동체를 위해 일한다는 자부심을 지향하는 가치 중심적 삶을 추구하는 사람들이 많이 있다. 돈

걱정 없이 사회에 봉사하는 사람들이 많아지면, 우리 사회는 질적으로 개선될 것이다. 이들은 사회운동을 통해 다양한 분야의 지식과 역량을 습득해 왔으므로, 일자리보장 프로그램을 운영하는데 핵심 요원으로 활동할 것이다.

넷째, 거시경제적 측면에서, 일자리보장제는 가장 강력한 자동 경제 안정화 장치로 기능할 것이다(Fullwiler, 2007; Mitchell, 1998; Mitchell and Muysken, 2008; Mosler, 1997; Tcherneva, 2020; Wray, 1998; 2015). 자본주의 역사 전체로 보면, 경기변동은 자본주의 경제가 존재하는 한 피할 수 없는 숙명처럼 보인다. 주기적 경기변동은 실업의 증감으로 표현되곤 한다. 경기침체로 민간 부문에서 실업이 양산되면, 일자리보장 프로그램이 그들을 흡수하여, 경력과 소득 단절로부터 보호한다. 일자리보장 프로그램은 소득 단절을 예방할 뿐만 아니라, 실직하더라도 계속 일을 하면서 숙련을 유지하게 한다. 이는 경기가 회복할 때, 민간부문으로 쉽게 이직할 수 있게 한다. 노동시장에 처음으로 진입하는 청년들에게도 경력과 숙련을 쌓을 기회를 제공한다.

다섯째, 일자리보장 프로그램을 통해 '그린뉴딜' 등 산업 및 사회 전환을 도모할 수 있다(Mitchell, 2017; Tcherneva, 2020; Nersisyan and Wray, 2020). 산업 및 사회 전환은 대규모 투자와 자원 동원이 필요하다. 특히 노동 투입이 매우 중요하다. 일자리보장 프로그램 일부를 이에 활용할 수 있다. 우선, 기후변화로 예상되는 자연재해 예방 활동 프로그램을 개발하고, 이를 일자리보장 프로그램의 하나로 시행할 수 있다. 더 나아가, 일자리보장제는 산업 및 사회 전환 과정에서 필연적인 노동 재배치 문제를 해소할 수 있다. 예컨대, 신재생에너지로의 전환은 기존 화석연료 산업에 종사하던 노동자의 실직으로 이어질 수 있다. 이들을 (재교육 후) 신재생에너지 산업이나 기타 업종으로 재배치하기 위해서는 대규모 일자리 완충 장치가 필요하다. 화석연료 산업의 쇠퇴로 실직한 사람들은 일자리보장제가 운영하는 다양한 프로그램에 참여하여 일을 배울 수 있고, 이를 바탕으로 재취업할 수 있다. 일자리보장 프로그램 중 일부를 신재생에너지 관련 프로그램으로 운영한다면, 실직한 화석연료 종사자들이 여기에 참여함으로써 성장하는 신재생에너지 산업으로 재취업할 수도 있을 것이다. 이러한 방식으로 일자리보장 프로그램은 사회와 산업의 전환 과정에서 실직한 사람들을 소득 단절 없이 재교육하고 새로운 일자리를 찾을 수 있도록 훈련하는 기능을 수행한다(Tcherneva, 2020). 대규모 전환을 이루면서 그로부터 패자를 만들지 않기 위해서는 일자리보장이 필요하다.

<그림 1> 수요주도 경제성장의 구조

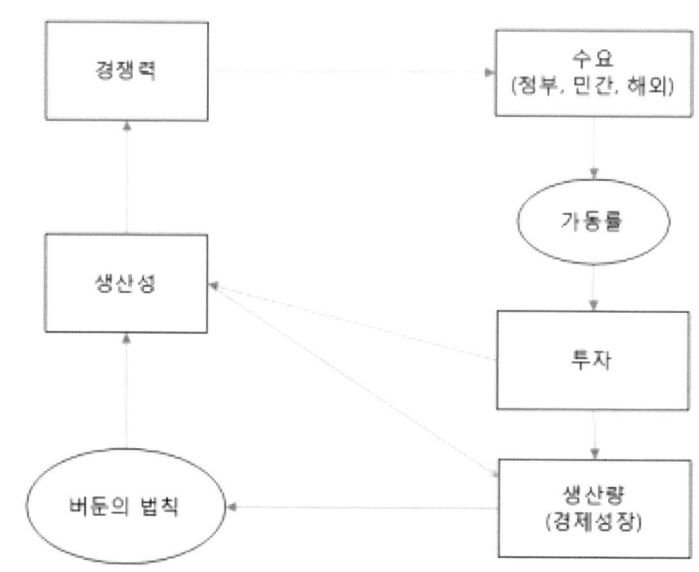

자료 : 전용복(2020).

여섯째, 일자리보장제를 통해 생산성 정체를 극복하고, 질적으로 우수한 경제체제를 구축할 수 있다. 최근 노동 절약적 기술산업이 발달하면서, 고용의 불안정성이 강화되고 있다. 고용이 불안정해지면서 불평등도 강화되었다. 불평등 확대는 결국 유효수요 부족 문제를 악화하고, 궁극적으로 경제성장과 생산성 정체로 이어진다. 경제성장과 생산성 정체는 이제 역으로 실업과 고용 불안정성을 강화하고, 불평등을 더욱 악화시킨다. 일자리보장제는 이러한 악순환 고리를 끊는 가장 효과적인 대안이다.

<그림 1>은 일자리보장제가 경제성장 및 생산성을 개선할 수 있는 이유를 설명한다. 그림의 우측 상단 즉, 유효수요로부터 출발해 보자. 일자리보장제를 시행하면 실업이 완전히 사라지고 고용 안정성이 보장되어, 경제 전체적으로 소득이 증가하고 소비수요가 증가한다. 이렇게 유효수요가 증가하면 일차적으로 경제 전체의 가동률이 상승한다. 놀리고 있던 기계를 가동하는 등 유휴 자원이 활용되기 시작하는 것이다. 기업에게 이는 매출과 이윤의 증가를 의미하므로, 투자가 유발된다. 신규 투자는 최신 기술이 집약된 설비와 경영기술을 도입하므로, 기업의 생산성을 직접 향상시킨다. 또한, 투자 증가는 수요를 더욱 증가시키는 요인이기도 하다. 이렇게 일자리보장제를 통한 소득 증가는 투자와 생산성, 그리고 경제성장으로 이어진다. 생산성 개선과 관련하여, 생산량 증가(경제성장)가 생산성을 개선하는 효과도 낳는다는 점도 꼭 지적할 필요가 있다. 더 많이 생산함에 따라 노동자들의 숙련도가 향상되고, 시행착오를 거치면서 오류가 수정되고, 규모와 범위의 경제가 실현되는 등 다양한 생산성 향상 채널이 작동하기 때문이다. 이를 '버둔의 법칙'이라 부른다. 요컨대, 일자리보장제는 실업을 해소하여 불평등을 개선하며, 경제 전체의 유효수요를 증가시킬 뿐만 아니라, 생산

성 정체를 극복하여 경제를 질적으로 개선할 수 있다.

이데올로기적 집착을 제외하고, 일자리보장제를 시행하지 않을 이유가 없다.

<참고문헌>

김교성·백승호·서정희·이승윤, 2018. 『기본소득이 온다: 분배에 대한 새로운 상상』, 서울: 사회평론아카데미
김정훈 외, 『일자리보장제 도입을 위한 정책방안 연구』, 경기연구원, 2021.
전용복, "일자리 정책, 국가재정으로 발 벗고 나설 때다-4차 산업혁명시대의 기본일자리 정책 제언", 『2021·2022 이재명론』, 간디서원, 2021

Antonopoulos, R., S. Adam, KJ. Kim, T. Masterson, and D.B. Papadimitriou, 2014. Responding to the Unemployment Challenge: A Job Guarantee Proposal For Greece, Observatory of Economic and Social Developments, Labour Institute, Greek General Confederation of Labour
Berg, A. and J. Ostry, 2011. Inequality and Unsustainable Growth: Two Sides of the Same Coin? IMF Staff Discussion Note No. 11/08, April 2011, International Monetary Fund.
BIS(Bank of International Settlement) 2017, 87th Annual Report, Basel, 25 June 2017
Blanchard, O., E. Cerutti and L. Summers. 2015. "Inflation and activity-two explorations and their monetary policy implications," Inflation and Unemployment in Europe Conference Proceedings, May 21-23, 2015, European Central Bank, pp. 25-46
Cingano, F. 2014. Trends in Income Inequality and its Impact on Economic Growth, OECD Social, Employment and Migration Working Papers No.163
Forstater edited, The Job Guarantee and Modern Money

Theory: Realizing Keynes's Labor Standard, New York: Palgrave Macmillan.

Fullwiler, S.T. 2013. "The Costs and Benefits of a Job Guarantee: Estimation from a Multicountry Econometric Model", in Murrray, M.J. and M. Forstater edited, The Job Guarantee: Toward True Full Employment, New York: Palgrave Macmillan.

Fullwiler, S.T. 2007. "Macroeconomic Stabilization through and Employer of Last Resort". Journal of Economic Issues 41(1): 93-134

Harvey, P. 2005. The Right to Work and Basic Income Guarantees: Competing or Complementary Goals?, Rutgers Journal of Law & Urban Policy, 2(1): 8-63

Mario, A. 2020. Simulating an Employer of Last Resort Program for Argentina(2003-2015), Journal of Post Keynesian Economics, 44(2): 208-238

Majewski, R. and E.J. Nell. 2000. Maintaining Full Employment: Simulating an Employer of Last Resort Program, Seminar Paper No.6. Center for Full Employment and Price Stability (CFEPS), Kansas City, MO.

Mastromatteo, G. and L. Esposito, 2017. "How to Fight Unemployment with the Minsky Alternative in Italy and in the EU", in Murrray, M.J. and M. Forstater edited, The Job Guarantee and Modern Money Theory: Realizing Keynes's Labor Standard, New York: Palgrave Macmillan.

Mitchell, W. 1998. "The Buffer Stock Employment Model and the NAIRU: The Path to Full Employment", Journal of Economic Issues, 32(2): 547-555

Mitchell, W. 2017. "The Job Guarantee: A Superior Buffer

Stock Option for Government Price Stabilisation", in Murrray, M.J. and M. Forstater edited, The Job Guarantee and Modern Money Theory: Realizing Keynes's Labor Standard, New York: Palgrave Macmillan.

Mitchell, W. and J. Muysken, 2008. Full Employment Abandoned: Shifting Sands and Policy Failures. Cheltenham, UK: Edward Elgar Publishing

Morsink, J. 1999. The Universal Declaration of Human Rights: Origins, Drafting, and Intent. Philadelphia: U. Of Pennsylvania Press.

Mosler, W. 1997. "Full Employment and Price Stability", Journal of Post Keynesian Economics, 20(2): 167-182

Murray, M.J. 2017. Public Policy for working people, in Murray M. J. and M.

Nesrsisyan, Y. and L.R. Wray, 2019. "Can We Afford the Green New Deal?", Journal of Post Keynesian Economics, published online: 09 Nov. 2020. DOI: 10.1080/01603477.2020.1835499

Ostry J., A. Berg and C. Tsangarides (2014) "Redistribution, Inequality, and Growth" IMF Staff discussion note, February

Stiglitz, J. 2012. The Price of Inequality: How Today's Divided Society Endangers Our Future, New York: W.W. Norton & Company(이순희 역, 『불평등의 대가: 분열된 사회는 왜 위험한가』, 열린책들, 2013)

Stiglitz, J. 2015. Inequality and Economic Growth, The Political Quarterly 86(S1): 134-155

Tcherneva, P.R. 2020. The Case for a Job Guarantee, Medford, MA: Polity Press[전용복 역, 『일자리 보장: 지속 가능 사회를 위한 제안』, 진인진, 2021]

Wray, L.R. 1998. Understanding Modern Money: The Key to Full Employment and Price Stability. Cheltenham, UK: Edward Elgar Publishing

Wray, L.R. 2015. Modern Money Theory: A Primer on Macroeconomics for Sovereign Monetary Systems. New York: Palgrave Macmillan

Wrary, L.R., F. Dantas, S. Fullwiler, P.R. Tcherneva, and S. Kelton. 2018. "Public Service Employment: A Path to Full Employment", Levy Economics Institute of Bard College.

기본일자리와 기본소득
현존 복지국가체제의 한계에 대한 두 가지 대응

옥우석[4]

서론

최근 우리나라 정계에서는 기본소득제도 도입과 관련된 논쟁이 한창이다. 기본소득이란 정부가 모든 성인 구성원에게 정기적으로 동일한 수준으로 지급하는 소득으로, 현존 사회보장제도를 보편적 복지를 중심으로 재편하자는 주장이다. 일각에서는 비슷한 문제의식에서 출발하지만, 기본소득제도의 실효성과 그것이 야기하는 재정 부담을 이유로 정부가 일할 의사가 있는 모든 사람에 대해 고용을 책임지는 기본일자리제도(일자리보장제도) 도입을 주장하고 있다.

두 가지 제안 모두 소득불평등의 심화와 고용불안정성이라는 현대 자본주의 경제체제의 내재적 속성에 대응하여, 기존의 일자리정책과 사회보장정책을 전면적으로 재편하는 것을 목표로 하는 야심찬 기획이라고 할 수 있다. 세계화의 진전에 따라 국가 간 경쟁이 갈수록 치열해지고, 인공지능 등으로 대표되는 소위 4차 산업혁명에 따른 일자리 소멸에 대한 비관적인 예상들이 대두되면서, 이러한 문제의식들이 점차 힘을 얻고 있는 것으로 보인다.

하지만 필자의 견해로는, 두 가지 제안 모두 아직까지는 시론적인 형태의 주장에 그치고 있으며, 현실에서 적용하기에는 많

---

[4] 국립인천대 무역학부 교수, 프랑스 고등사회과학대학원 경제학박사, 전 OECD이코노미스트, 저서 :「유럽지역경제론」「유럽통합의 아버지 장모네」

은 검증과 시행착오를 거쳐야 할 것으로 보인다. 이 글에서는 기본소득제도와 기본일자리제도에 대한 주장의 사회·경제적 맥락과, 이들이 제시하고 있는 대안이 스스로 제기하고 있는 문제에 대해 얼마나 설득력 있는 대안이 될 수 있는지를 살펴보고자 한다. 이를 위해 먼저 이들 주장의 배경을 현존 사회보장체제의 한계라는 관점에서 살펴본 후, 다음으로 현재 제시되어 있는 기본소득제도와 일자리보장제도의 장점과 한계점에 대해 토론하고자 한다. 일자리보장제도는 기본소득제도에 비해 적용가능성과 효율성이 더 클 것으로 보이지만, 성공적인 도입을 위해서는 많은 제도적 보완이 필요할 것으로 보인다. 따라서, 이글의 마지막 부분에서는 기본일자리제도를 도입하기 위해 선행되어야 할 과제들을 불충분하게나마 점검한 후 글을 맺고자 한다.

사회보장제도 개편 논쟁의 배경

일자리의 소멸?

코로나19의 갑작스런 등장과 확산은 일자리에도 큰 충격을 안겼다. 2021년 5월 발간된 산업연구원 보고서는 팬데믹으로 인해 고용이 약 46만명 감소한 것으로 추정하였다(강두용 외, 2021). 이러한 충격은 1998년 외환위기보다는 작지만, 2008년 세계금융위기나 1970년대 제1,2차 석유위기의 충격보다는 훨씬 큰 것으로 분석된다. 일반적으로 갑작스런 위기로 인한 고용의 충격은 노동시장에서 취약계층으로 분류되는 근로자들에 더 크게 나타나며, 코로나19의 영향도 20·30 청년층, 여성 및 저학력 근로자들의 일자리에 더 큰 영향을 미치고 있다.

'포스트코로나 시대'라는 표현이 대변하듯, 일자리의 변화에 대한 우려는 갑작스런 팬데믹에 의한 직접적인 일자리 감소에 국한된 것이 아니다. 그 기간이 얼마든 간에 어느 시점에서는 우리 사회는 코로나의 공포에서 벗어나고, 경제는 정상화될 것이다. 그러나 코로나가 가져온 사회경제적 변화는 우리 사회에 깊은 각인을 남길 것이라는 것은 대부분의 전문가들이 예측하는 바이다. 특히 코로나의 종식 이후에도 비대면 산업은 지속적으로 성장할 것이며, 디지털 자동화, 무인화, 재택근무, 화상회의 등 기존에 도입을 망설이고 있던 비대면 업무방식들이 속속들이 도입되고 있다. 이러한 변화는 단순한 감염병 예방이라는 수동적 대응에 그치지 않는다. 일례로 'industry 4.0'이라는 슬로건으로 제4차 산업혁명에 대한 세계적인 담론을 이끌었던 독일의 지멘스사는 2020년 7월 전 세계 43개국 14만명의 직원을 대상으로 코로나19 종식 이후에도 재택근무 또는 원격근무를 허용하기로 결정하였다. 이러한 정책 전환 결정의 배후에는 첫째, 코로나19를 계기로 현재의 기술수준이 원격근무와 같은 비대면 근무방식을 구현하는 데 얼마나 준비되었는지를 판단할 수 있게 되었으며, 둘째, 미래의 경쟁력은 '이동성(mobility)'에서 나올 것이라는 판단이 깔려 있다.

사실 코로나19에 의한 장기적인 추세에서의 노동시장 구조변화는 우리 사회에 내재되어 있는 보다 근본적인 변화를 가속화시키고 앞당긴 것으로 보아야 할 것이다. 그 근본적인 변화란 소위 제4차 산업혁명이라는 용어로 대변되는 기술변화의 흐름이다. 제4차 산업혁명은 다양한 기술적 요소들을 포함하고 있지만, 노동시장과 관련하여 가장 큰 영향을 미치는 것은 인공지능 및 자동화로 대표되는 정보통신기술의 발전이라고 할 수 있다. 디지털전환(digital transformation)이라 불리는 이러한 거대한 변화의 흐름은 단순히 컴퓨터에 의한 작업방식의 자동화에 그치지 않고, 비즈니스모델, 공급자와 수요자의 상호작용, 근로형태의 변화 등 사회경제적인 다양한 방면에서 근본적인 생활양식의 변화를 발생시키고 있다. 디지털 전환이 제조업에 적용되는 방식은 스마트제조 또는 스마트팩토리라는 형태로 나타나고 있으며, 이는 시장 수요구조의 변화에 부응하여 개인화된 수요맞춤형 제품공급을 위한 분권화·자율화·네트워킹 된 생산체계를 의미한다(조영삼, 2020).

전통적으로 선진국 경제에서 일자리 감소에 영향을 미치는 가장 큰 요인으로는 국제무역과 기술혁신을 꼽는다. 기술혁신이 일자리 감소에 대해 미치는 영향에 대한 최근의 논의에 가장 큰 영향을 미친 연구들은 Frey and Osborne(2013)와 World Economic Forum(2016) 등이다. Frey and Osborn(2013)의 연구는 기존에 사람들이 행하던 많은 업무들이 컴퓨터에 의해 대체되면서, 미국 일자리의 47%가 컴퓨터로 대체될 수 있는 위험이 큰 것으로 보았다. 우리나라에 대해서는 김석원(2016)이 같은 방법론을 적용하여 분석하였으며, 그 결과 국내 고용의 63%가 고위험군에 속한다는 결론을 내린 바 있다.[5] World Economic Forum(2016)은 일자리 소멸에 대한 전 세계적인 논의의 확산에 결정적인 영향을 미쳤다. 이 연구는 세계 주요국 기업 인사관리 담당자를 대상으로 설문조사를 진행한 결과, 2015~2020년간 약 710만개의 일자리가 사라지는 반면 약 200만개의 일자리가 창출되어 약 510만개의 일자리 순감이 발생할 것으로 예측하였다. 이들 연구는 공통적으로 사무직, 판매직, 단순 제조직 및 서비스직을 고위험직업으로, 관리직 및 전문직을 저위험 직군으로 보고 있다.

하지만, 기술혁신에 따라 일자리가 사라질 것이라는 의견에 대해 많은 경제학자들은 회의적인 관점을 유지하고 있다. 이러한 회의론은 과거 제1차, 제2차, 제3차 산업혁명을 거치면서도 많은 사람들이 일자리의 소멸에 대해 우려하였지만 결과적으로는

---

5) 이들 연구 결과로부터 두 나라 사이의 컴퓨터화의 차이를 직접 비교할 수는 없다. 같은 방법론을 사용했다고 하더라도, 직업 분류 등 분석의 구체적인 결과에 영향을 미칠 수 있는 다른 요인들이 존재하기 때문이다.

더 많은 일자리가 창출되었다는 역사적 경험에 근거를 두고 있다. Autor(2015)는 '폴라니의 역설'이라는 표현을 통해 컴퓨터 프로그래밍으로 해결하기 어려운 직무들이 많이 존재한다고 주장한다. '폴라니의 역설'이란 '사람들은 얘기할 수 있는 것보다 더 많은 것을 알고 있다'고 말한 철학자 마이클 폴라니의 견해에 기반 한 것으로, 인간 지식의 상당 부분이 암묵적인 것이어서 매뉴얼화 되기 어렵다는 견해이다. Autor(2015)는 생산 장비 투자로 얻은 경쟁력은 경쟁자의 신규장비 투자로 인해 결국에는 경쟁이 심화되고 영업이익률이 낮아져 결국에는 사라지게 된다고 주장한다. 따라서 기업들은 리터러시, 계산, 응용, 문제해결 등 인간 고유의 직무와 결합된 일자리들이 계속 생겨날 것이라고 생각한다.

결국 '일자리의 소멸'이라는 극적이지만 아직 입증되지 않은 도발적인 문제제기에 비해, 창조적 파괴에 따른 구조적 실업, 소득분배 악화, 고용의 불안정성과 취약성 등 이미 여러 사례조사나 실증연구에 의해 상당 부분 입증된 현실적인 현상들이 더 시급한 대응을 필요로 하는 문제들로 보인다.

기술혁신과 창조적 파괴

이렇듯 디지털 전환으로 대변되는 기술변화의 결과 일자리가 소멸할 것이라는 도발적인 예언에 대해서는 아직도 의견이 분분하다. 사실 경험적으로 기술혁신이 고용을 창출한다는 연구결과는 무수히 많지만, 기술혁신으로 인하여 일자리가 줄어들었다는 연구는 찾아보기가 어렵다. 왜냐하면, 인간의 욕망은 무한하며, 소득이 증가하면 항상 새로운 욕구와 수요가 등장하기 때문이다.

예를 들어보자. 영상콘텐츠 산업에서 넷플릭스나 유튜브와 같은 플랫폼에 기반한 새로운 서비스의 등장으로 인하여 영상콘텐츠산업에 종사하는 사람들의 일자리 수의 총량이 감소한 것은 아니다. 오히려 그 반대라고 할 수 있다. 영상콘텐츠산업에서 종합엔터테인먼트 제작/공급, 인터넷 동영상서비스 등이 급부상하고 있으며, 다양한 형태의 1인 사업가들의 일자리를 만들어내고 있다. 새로운 플랫폼형태의 서비스의 등장으로 더 많은 사람들이 더 다양한 방식으로 영상콘텐츠를 소비하게 되었다. 따라서 출판이나 영화 등과 같은 전통적인 콘텐츠산업에서의 일자리 증가는 부진하거나 감소할 수 있으나, 지식정보서비스, 컨텐츠솔루션 등 새로운 일자리들이 창출되고 있다. 우리나라 컨텐츠산업 종사자의 경우 2012년에서 2018년 사이 게임(-10.1%), 음악(-1.6%), 영화(0.1%) 등 전통적 컨텐츠산업의 일자리는 감소 또는 정체하였지만, 광고(94.5%), 콘텐츠솔루션(46.5%), 캐릭터(35.0%), 지식정보(23.6%) 등에서는 일자리가 급격히 증가하여 이 기간 동안 전체적으로 일자리가 14.6% 증가하였다.6) 처음 컴퓨터에 의한 일자리의 대체 문제를 제기하였던 다빈치연구소의 미래학자 토머스 프레이(Thomas Frey) 역시 일자리의 소멸이라는 극단적인 예견에는 전적으로 동의하지 않는다. 2017년 대전에서 열린 '2017 아시아태평양도시정상회의(APCS)' 기조강연에서 그는 "예전에 저는 2030년이 되면 20억 명의 사람이 직업을 잃는다고 말했습니다. 하지만 저는 이 말로 여러분에게 공포감을 주려는 것이 아닙니다. 그저 새로운 일자리를 빨리 만들어야 한다는 경고를 던진 것뿐입니다." 라고 말한 바 있다.7) 실제로, 보스턴컨설팅, 가트너 등 해외 유수의 컨설팅 회사들은 조립 및 생산관련 일자리가 감소하는 반면 IT나 데이터과학 분야에서 더 많은 일자리가 창출될 것이라고

---

6) 문화체육관광부, 콘텐츠산업통계조사, 2021.7.24. 추출

  https://gsis.kwdi.re.kr/statHtml/statHtml.do?orgId=338&tblId=DT_113008_0001&conn_path=I3

7) 시사저널,
  https://www.sisajournal.com/news/articleView.html?idxno=171284

예상하였다.

결국 문제는 기술변화에 따른 소위 '창조적 파괴'의 과정이다. 경제학자들도 기술혁신에 따라 손해를 보는 패배자들(losers)이 발생할 것이라는 점에 대해서는 큰 이견을 보이지 않는다. (Acemoglu and Restrepo, 2017). 즉, 생애 상당 기간을 자동차공장에서 일했던 근로자들이 보건의료분야에서 일자리가 증가한다고 해서 그러한 일자리로 이동하기는 어려울 것이라는 것이다. 기술변화에 따른 창조적 파괴의 과정은 자본주의 경제에서 늘 있어왔던 일이지만, 작금의 우려는 일자리 구조 변화의 속도가 전례를 찾아보기 어려울 만큼 빠르다는 데 있다. 즉, 사라지는 일자리에 종사하던 근로자들은 기술변화에 따라 새로이 생기는 일자리로 얼마나 빠르게 이동할 수 있을 것인지가 문제인데, 4차 산업혁명 기술에 의해 대체되는 일자리에 종사하던 근로자들이 창의적이고 복합적인 능력을 요구하는 새로운 일자리에 얼마나 빨리 적응할 수 있을지에 대한 회의감이 '일자리의 소멸'이라는 다소 극단적인 문제제기를 낳고 있는 것으로 보인다.

소득분배

현대 자본주의 체제에서 나타나는 가장 큰 우려는 소득분배의 악화와 관련된 것이다. 소득분배 악화에 대한 우려는 미국이나 서유럽 선진국들이 1970년대까지 향유하였던 '영광의 30년(Les Trente Glorieuses)' 이후 대량실업과 경제력 집중 현상과 함께 '성장으로 인한 과실의 공유'가 더 이상 어려워지고 있다는 관찰에서 비롯되었다. 우리나라의 경우도 고도성장을 구가하였던 1980년대까지는 소득분배가 계속 개선되었으나, 1990년대 중반 이후 소득 상위층과 하위층의 격차가 계속 커지는 소위 양극화 현상이 계속 진행되어 왔다. 코로나19의 확산은 임시·일용직, 저학력·저숙련 근로자, 자영업자 등 노동시장에서 상대적으로 취약한 근로계층에 더 큰 충격을 가져와 이러한 양극화 현상을 더욱 악화시키고 있다. 이러한 장기적 경향으로 인하여 경제발전의 초기에는 소득분배가 악화되지만, 경제성장이 계속되면 다시금 소득분배가 개선된다는 노벨경제학자 사이먼 쿠즈네츠(Simon Kuznets)의 소위 '쿠즈네츠가설'에 대한 믿음은 점차 토마스 피케티(Thomas Piketty)의 『21세기의 자본』으로 대변되는 자본주의 체제에 내재한 불평등화를 향한 본질적 경향에 대한 관심으로 바뀌어가고 있다.

소득분배는 국민소득이 다양한 계층의 국민들에게 분배되는 방식에 의해 결정된다. 가장 먼저, 국민소득, 즉 국민경제가 생산한 생산물의 총가치는 생산과정에 투입된 생산요소를 공급한 사람들에게 분배된다. 따라서 자본을 제공한 사람들은 자본소득을, 노동을 공급한 사람들은 노동소득을 얻게 된다. 일반적으로 자본을 공급하는 사람들은 이미 부나 소득이 큰 사람들이며, 자본소득이 노동소득보다 더 불균등한 경향이 존재하기 때문에 노동소득분배율(국민소득에서 노동소득이 차지하는 비중)이 커질수록 소득불평등은 완화되는 경향이 있다. 토마스 피케티는 역사적으로 자본수익률이 경제성장률보다 더 높은 경향을 보인다는 사실로부터 자본주의 경제체제 내부에는 소득불평등도가 높아지는 내재적인 경향이 존재한다는 결론을 내린 바 있다.

다음으로는 노동소득 내부에서 발생하는 분배 역시 소득불평등 정도에 영향을 미친다. 최근 고액연봉자의 노동소득이 급격하게 증가하면서 고임금근로자와 저임금근로자들 간 소득의 격차가 빠르게 벌어지고 있다. 경제학자들은 임금격차를 확대시키는 가장 큰 두 가지 요인으로 국제화와 기술변화를 꼽는다. 국제무역이 확대되면 그 나라가 비교우위를 지닌 재화를 더 많이 생산하게 되고, 따라서 그 재화의 생산에 더 많이 사용되는 생산요소에 대한 수요가 증가한다. 이 경제가 경제발전 수준이 높으면 높을수록 더 많은 임금을 받는 숙련근로자의 임금은 임금이 낮은 비숙련근로자에 비해 더 빨리 증가할 것이다. 경제발전 수준이 높은 나라가 숙련근로를 더 많이 사용하는 재화나 서비스의 생산에 비교우위를 지닐 가능성이 더 크기 때문이다. 기술변화 역시 임금이 고임금근로자에게 더 유리한 방향으로 변하게 한다. 특히 디지털 전환과 같은 현상은 전형적으로 자동화를 통해 노동력의 투입을 절약하는 방식으로 이루어지며, 따라서 정형적이고 단순반복적인 비숙련 업무에 종사하는 근로자들에 대한 수요는 줄어드는 반면, 복잡하고 섬세한 숙련업무에 수요는 증가하게 된다.

요컨대 임금불평등을 심화시키는 요소가 국제화이건 아니면 기술변화이건 간에, 쿠즈네츠가설이 예측하는 바와는 달리 모든 나라들이 (비숙련노동에 대한 수요가 큰) 경제성장의 초기에는 임금격차가 완화되면서 성장의 과실이 상대적으로 골고루 분배되는 반면, 경제성장이 진전될수록 근로자 계층 간 임금 격차가 확대되는 것이 일반적인 현상이다. 미국의 경우, 2000년대 후반에는 임금불평등의 정도가 거의 대공황 이전 수준에 이른다는 의견도 제시된 바 있다(Gould, 2019).

마지막으로, 시장에서 자신이 보유한 생산요소를 판매하지 못하는 사람들(실업)이 존재하는 경우, 이들의 소득은 0이 되므로 경제 전체적으로는 소득불평등을 심화시킬 수 있다. 따라서 실업률이 증가하면, 소득불평등도는 악화될 수밖에 없다.

전통적인 고용관계의 쇠퇴

소득분배 악화라는 현상과 밀접하게 관련되어 있으면서, 또 다른 측면에서 사람들의 미래에 대한 불안을 불러일으키고 있는 현상은 일자리의 안정성과 관련된 문제이다. '평생직장'이라는 표현으로 대변되던 직장개념이 1997년 외환위기 이후 고용유연화와 함께 점차 희미해지고 있다는 의견이 팽배하다.

사실 우리나라에서 평균 근속연수 통계를 살펴보면 '평생직장의 종언'이라는 관념은 분명히 관찰되지는 않는다 (권현지, 2017). 사실, 1997년 이전의 한국이 장기고용의 나라였다고 보기 어려우며, 전체 통계에서도 대기업만을 대상으로 한 통계에서도 평균 근속연수의 감소 현상을 확인하기는 어렵다.

하지만, 평균근속의 변화를 자세히 뜯어보면, '평생직장의 종언'이라는 인식이 확산되는 현상이 전혀 근거가 없는 것은 아니다. 1997년 경제위기를 거치면서도 직장을 유지한 50대 이상 근로자들의 평균근속은 오히려 증가한 반면, 2000년대 이후 노동시장에 진입한 3~40대 근로자들의 평균근속연수는 계속 줄어들고 있다는 점이 이를 반증한다. 또한, 대기업과 중소기업 간 근속연수의 격차가 커지고 있는 반면, 대기업이 창출하는 일자리의 수는 감소하고 있으며, 비정규직 일자리가 증가하였다. 결국, 2000년대 이후 새롭게 노동시장에 진입하는 청년근로자들은 상시적인 고용조정 및 안정적인 일자리 기회의 축소 등으로 인하여 장기고용에 대한 기대가 줄어들고 있다고 할 수 있다.

이렇듯, 장기고용에 대한 기대가 줄어드는 가운데, 디지털 전환은 고용불안정성과 근로자 보호의 취약성에 대한 새로운 우려를 낳고 있다. 특히 플랫폼산업의 등장과 확장은 기존 노동관행 및 고용형태에 큰 영향을 미치고 있다. 플랫폼산업의 확산에 따라 고숙련 근로자는 고용안정과 고임금을 보장받는 반면, 저숙련 근로자는 일정한 소득이 없이 극도의 고용불안정성을 경험할 가능성이 커지고 있다. 플랫폼 노동의 가장 큰 비중을 차지하는 것은 온 디멘드 워크(on-demand work)로 고객의 주문이 먼저 이루어지면 그에 따라 일의 위치와 시간이 주어진다. 따라서 이들은 전통적인 특수고용과 비슷한 형태로 근로기준법의 보호를 받기가 어려우며, 일상적인 고용관계가 아닌 초단기적 계약관계에 의해 일이 수행된다. 플랫폼 기업은 엄청난 매출액에도 불구하고 직접고용 규모는 매우 작다. 플랫폼이 제공하는 서비스를 위한 대부분의 노동은 플랫폼이 소유한 네트워크에 의해 매칭 되지만, 이들 플랫폼 기업은 플랫폼 노동자에 대해 가격의 결정, 노동의 감독 및 관리, 업무 가이드라인 등 상당 정도의 지배력을 행사하고 있다. 최근 연구에 따르면, 우리나라에서 플랫폼 노동자의 수는 약 22만 명에 이를 것으로 추산되고 있다(장지연, 2020).

현대 복지국가의 한계?

이렇듯 자본주의 시장경제질서와 그 속에서 발생하는 기술변화에는 소득불평등과 고용불안에 대한 내재적 경향이 존재한다. 자본주의 경제체제는 사회보장제도 등 불안전성을 완화할 수 있는 다양한 제도적 장치들을 마련해왔지만, 이러한 내재적 경향을 제어할 수 있을 만큼 충분한지에 대해서는 많은 비판적 시각이 존재한다.

현대 자본주의 경제체제에서 소득분배의 문제에 대처하기 위한 가장 강력한 수단은 사회보장제도이다. 사회보장제도는 사회적 위험으로부터 개인을 보호하는 것을 목적으로 하는 사회제도의 총체이다. 사회보장제도는 한편으로는 시장실패(market failure) 때문에, 즉, 시장이 적절한 보험을 공급하지 못하기 때문에 필요하고, 다른 한편으로는 사후적인 소득분배 개선을 위해 필요하다. 생산이 이루어지면 그에 따라 1차 소득분배가 이루어지는데, 이는 해당 경제 노동시장의 제도 및 구조에 의해 결정된다. 시장은 자원의 공평한 배분을 달성할 수는 없으므로, 사회보장제도를 통해 2차 소득분배를 기하는 것이다.

미국의 경우 사회보장은 주로 개인보험과 자발적 저축에 의존하는 반면, 다른 극단에서 북유럽 국가들은 사회보장의 재원을 주로 일반 세제를 통해 조달하면서 서로 다른 사회계층 간 소득재분배를 목적으로 하는 사회보장 지원이 가장 많이 이루어지는 '베버리지 시스템'의 보편주의적 논리가 가장 강하게 적용된다. 영국과 아일랜드는 보편주의적 의료보험과 낮은 수준의 사회보장급여를 혼합한, 미국과 북유럽국가들의 중간 정도의 형태를 띠며, 북유럽과 남유럽을 제외한 유럽 대륙 국가들은 사회보험을 중심으로 한 '비스마르크 시스템'의 특징을 강하게 보인다. 남유럽 국가들은 일반적으로 영국식 보편주의 의료보험과 사회보험제도를 혼합하여 사용하고 있으며, 사회보장의 수준이 상대적으로 낮고 사각지대가 큰 경향을 보인다. 일반적으로 '베버리지 시스템'의 특징이 강할수록 소득재분배 효과가 큰 것으로 알려져 있다.

우리나라 복지체제의 특징은 과거에는 자유주의모형에 가깝다는 분석이 많았으나, 최근 연구에서는 남유럽유형에 가깝다는 주장도 많이 제기되고 있다. 하지만, 우리나라 복지체제는 제도별로 발전 전도가 상이하여 앞의 유형에 정확히 산입하기 어려운 점이 많은데, 그 주요한 이유는 우리나라의 사회보장제도가 특정한 복지국가 전략 속에서 발전해온 것이 아니기 때문이라는 분석도 나타난다(여유진 외, 2016; 한신실, 2020).

현대 복지국가는 완전고용의 실현을 통해 사회보장제도의 안정성과 지속가능성을 유지하는 것을 목표로 한다. 하지만, 1970년대 이후 미국과 유럽 국가들에서 스테그플레이션과 함께 실업이 급등하는 현상을 보이자, 전통적인 사회보장제도가 '복지의 덫'을 만들어 장기실업을 양산하여 지속가능하지 않을 수도 있다는 위기감이 확산되었다. 이러한 위기감에 대한 대응으로 도입되어 확산된 개념이 워크페어(workfare)이다. 워크페어의 구체적 형태는 나라마다 차이가 있지만, 근로와 복지를 연계한다는 점에서 공통점을 지닌다. 넓게 보면 근로조건 공공부조, 근로장려세제(EITC), 구직조건부 실업급여 지원 등의 제도들이 워크페어의 맥락에서 시행되는 정책들이라고 할 수 있다. 워크페어의 기본 아이디어는 현대 복지국가 체제 내에서 근로유인의 강화를 통한 복지와 완전고용을 둘 다 실현하는 것을 목표로 하였다.

현존 사회보장제도가 완전고용과 사회적 위험으로부터의 보호라는 두 가지 목표를 달성할 수 있는지에 대해서는 비관적인 평가가 주를 이루고 있는 것으로 보인다. 자산조사와 근로조건에 기초를 둔 현존 사회보장제도는, 복지국가 유형에 따라 차이는 있지만, 불가피하게 사각지대가 발생할 수밖에 없다. 특히, 우리나라의 경우 사회보장제도가 내부자 중심의 사회보험의 비중이 큰 특징을 보이고 있지만, 노동시장의 이중구조화가 강하게 진행되고 있고, 노동시장 양극화가 사회복지 이중구조화로 이어져, 가장 불안정한 개인과 가족이 사각지대에 노출되는 역설적인 결과를 낳고 있다고 할 수 있다(여유진 외, 2016).

기본소득제도 : 현존 복지국가의 재편

최근 우리나라에서 기본소득제도와 기본일자리제도(일자리보장제도)에 대한 제안이 이루어지고 있는 것은 이러한 현존 사회보장체계의 한계에 대한 문제의식으로부터 출발한다. 이 중 기본소득제도는 학계와 정계에서 더 활발한 논의가 이루어지고 있다. 기본소득제도는 현존 사회보장제도의 조건성과 사각지대를 비판하고, 보편성의 강화를 통해 복지체제를 재편하고자 하는 흐름이라고 할 수 있다.

기본소득제도란?

기본소득제도는 자산조사나 근로조건 없이 모든 국민에게 일정 소득을 지원한다는 점에서 복지국가가 발전시켜온 소득재분배

정책과 원천적으로 결을 달리한다. 부분적인 형태의 기본소득제도는 이미 상당수의 선진국에도 도입되어 있다고 할 수 있다(Harvery, 2005).

최근 우리나라에서의 기본소득 보장과 관련된 논의는 완전 기본소득을 전제로 하고 있지만, 재원 등 다양한 여건의 미성숙을 이유로 일단 부분 기본소득제도를 도입하고 나면, 결국에는 완전기본소득제로 발전할 것이라는 것이다. 기본소득제도를 주장하는 이들이 가장 많이 거론하는 기본소득제도의 조건은 무조건성, 정기성, 충분성 등 3가지이다. 즉, 기본소득은 '조건 없이' 모든 사람들에게, 정기적으로, 생계유지에 충분한 소득이 제공되어야 한다는 것이다. 이에 더하여, 개별성(개인 단위로 지급), 현금성(현금으로 지급) 등도 기본소득의 조건으로 꼽힌다.

기본소득제도 도입론자들의 가장 중요한 논거는 기존 사회보장제도의 사각지대 해소에 초점이 맞추어져 있다는 점에서 본질적으로 복지국가의 불완전성에 대한 응답이라고 볼 수 있다. 기존의 사회보장제도는 자산조사나 근로조건을 전제로 하고 있기 때문에, 불가피하게 사각지대가 발생한다. 기초생활보장급여와 근로장려금은 소수의 계층에 한정되어 있으며, 기초생활보장 수급권자와 근로장려금 수급권자 사이의 소득을 얻는 사람들이 보장에서 제외되는 문제점을 노출하고 있다. 또한, 실업급여 등과 같은 사회보험은 원칙적으로 임금노동과 연계되어 있기 때문에, 자영업 등 비임금근로자들에 대해서는 광범위한 사각지대가 존재할 수밖에 없다. 특히, 이들은 가장 중요 인공지능과 로봇에 의한 자동화가 주를 이루는 4차 산업혁명이 유발하고 있는 일자리 감소 및 비정규직, 플랫폼 노동 등 일자리 불안정성의 확산에 대처하기 위해서는 평생 예측 가능한 안정적인 소득을 보장하는 것이 필요하다고 주장한다.

기본소득제도의 가장 큰 장점은 비대한 관료제도 없이 사각지대가 없는 복지를 실현할 수 있다는 점이다. 현대 복지국가의 사회복지시스템은 엄격한 자격요건을 기준으로 삼기 때문에 집행의 실효성과 공정성을 유지하기 위해서는 대상자의 선별과 모니터링을 위한 방대한 행정비용을 발생시킨다. 특히, 디지털 전환의 급속한 확산과 함께 고용과 실업 사이의 경계가 모호한 다수의 일자리들이 생겨남에 따라, 기존의 사회보험체계가 이들을 수용하기 위해서는 법제 개혁으로부터 많은 사회적 비용이 수반될 수밖에 없는데, 무조건성(보편성)을 전제로 하는 기본소득제도 하에서는 이러한 비용을 지불할 필요가 없다. 수급권자의 입장에서 보면 자산조사 과정에서 발생하는 소위 '낙인효과(stigma effect)'를 방지할 수 있다는 장점도 있다.

일부 기본소득론자들은 또한 좋은 일자리가 충분하지 않은 경우 근로자는 이를 거부할 수 있기 때문에, 사회적으로 볼 때 질이 낮은 일자리를 줄이는 효과가 있다고 주장한다. 즉, 근로자들이 기본소득을 보장받는 경우 '근로하지 않는 것'을 선택할 수 있으므로, 시장에서 근로자들의 협상력을 높일 수 있다는 것이다(Standing, 2002). 따라서 기본소득은 시장에서 사실상의 최저임금으로 작용하게 될 것이라는 것이다.

우리나라 정치권의 기본소득 정책제안

최근 국내에서 활발하게 논의되고 있는 기본소득제도에 대한 제안 중 대표적인 것으로는 이재명 경기도지사의 제안, 기본소득당의 제안, '랩2050'의 제안 등 3가지를 들 수 있다.
이 중 현재 가장 큰 주목을 받고 있는 이재명 경기도지사의 제안은 차기 임기 동안 청년에게는 연 200만원, 그 외 전 국민에게는 연 100만원을 지급하겠다는 것이다.[8] 최근 정계와 학계의 다양한 비판을 염두에 두고 '기본소득이 최우선 순위가 아

---

8) https://www.hani.co.kr/arti/politics/assembly/1004595.html

님'을 표명하면서 한 발 후퇴하는 모습을 보인 바도 있지만, 최근에는 다시 대통령직속 기본소득위원회를 설치하여 차기 대통령 임기 중 이를 추진하겠다는 의지를 피력하였다. 기존 기초생계급여 등 복지수당은 그대로 유지한 채, 기본소득토지세 및 탄소세의 도입, 예산 우선순위 조정, 조세감면분 축소 조정 등을 통해 재원을 확보할 계획인 것으로 보인다. 기본소득제도의 확대 적용을 위해 국민적 합의를 전제로 한 '기본소득목적세'의 도입을 검토하겠다는 의견을 밝힌 것을 보면, 장기적으로는 증세도 염두에 두고 있는 것으로 보인다.

이에 반해 기본소득당의 안은 매달 60만원 지급을 골자로 하고 있다. 기본소득당의 제안은 기본소득제도의 원안에 가장 가까운 형태라고 할 수 있다. 재원은 국토보유세 같은 부유세도 있지만, 근로소득과 종합소득의 15%를 사회세로 추가 징수하는 안도 포함된다(장호종, 2020). 기본소득당 안에 따르면, 기본소득은 기초생계급여 등 다른 사회부조제도들을 대체하며, 소득세 비과세 및 감면 조치도 모두 폐지하는 등, 기존 조세제도 및 사회보장제도의 재편을 필요로 한다.

'랩 2050'의 제안은 상대적으로 점진적인 방식의 기본소득제도 도입을 주장하고 있다. 이 제안은 기본소득의 핵심 요소인 무조건성(보편성)을 유지하는 관점에서 연 30만원(소요예산 연 15조원)의 소액 지급으로 시작해, 점차 월 30만원(소요예산 연 180조원)까지 확대하는 방안, 당장의 사회현안을 해결하는 관점에서 청년, 장년 등 연령계층별 기본소득을 먼저 실시하고 적용 연령대를 확장해가는 방안, 그리고 전 생애 동안 4~5년을 선택해 기본소득을 수혜 하는 방안 등 3가지 대안을 제시하고 있다. 재원으로는 기존 소득세 비과세 감면 폐지, 소득세율 정율 인상, 부가가치세율 인상 등을 주로 하되, 토지보유세, 데이터세, 생태세 등 공유자원으로부터 발생하는 불로소득에 대한 새로운 세원 확보도 염두에 두고 있는 것으로 보인다(이원제,

2020).

제안된 기본소득제도는 원래의 목적을 달성하는가?

현재 우리나라 정치권에서 제안하고 있는 기본소득제도는 복지사각지대 해소 및 '일하지 않을 자유'라는 원래의 취지를 달성할 수 있는가? 이 질문에 대해서 국내의 논의는 의견이 분분하다. 유종성(2018), 이원재 외(2019) 등은 기본소득도입이 기존 사회보험이나 공적서비스를 확대하는 것보다 소득재분배효과가 클 것으로 예측한 반면, 최한수(2018, 2019) 및 장호종(2020)은 현재 제안된 수준의 기본소득제도의 소득재분배 효과에 대해 회의적인 입장을 보이고 있다. 변양규(2017)는 일종의 한국형 음의 소득세인 '안심소득제'가 기본소득제보다 소득재분배 효과가 더 크다고 주장한 바 있다.

기본소득제도의 이상적인 형태인 완전기본소득제도의 가장 분명한 문제점은 재정소요가 매우 클 뿐만 아니라, 현행 조세제도와 복지제도의 전면적인 개편이 불가피하다는 점이다. 제도를 도입하는 과정에서 기존 복지수급권자들이나 조세감면 등에 얽힌 이해관계를 조정하는 것은 결코 쉬운 일이 아니라고 할 수 있다. 토지보유세, 탄소세, 데이터세 등 공유자원에 대한 새로운 세원을 확충하는 것도 사회적 합의에 도달하기에 결코 쉬운 일은 아닐 것이다.

 기본소득제도의 또 하나의 문제점은 19세기 이후 오랜 기간 동안 축적되어온 현대 복지국가의 보장제도의 복잡한 측면을 간과하고 있다는 것이다. 그 중 하나가 현대 사회보장제도가 지니고 있는 사회위험의 분산 기능이다. 예를 들어 월 500만원의 소득을 얻던 임금근로자가 갑자기 실직을 하게 된다면, 월 60만원의 기본소득으로 생활수준을 갑자기 조정하는 것이 쉽지 않을 것이다. 또한 돌봄이나 상담과 같은 서비스 급여도 있고,

장애인, 아동, 노인 등 특정 취약계층을 대상으로 한 급여도 존재한다. 이렇듯, 현재의 복지제도는 광범위한 사각지대의 존재라는 한계를 지니고 있지만, 또한 동시에 오랜 기간에 걸쳐 이러한 사각지대를 줄이기 위한 다양한 계층 간의 사회적 합의의 과정을 내포하고 있다. 기본소득이라는 단순한 설계를 통하여 이러한 복잡한 구성을 완전히 대체할 수 있다고 생각하는 것은 지나치게 낙관적인 견해로 보인다. 실제로 윤홍식(2017)은 공적 사회서비스의 비례적인 확대가 이루어지지 않는 한, 기본소득의 도입은 동유럽이나 남유럽과 같은 현금중심형 복지체제가 될 수밖에 없다고 주장하고 있다.

또한 기본소득제도는 근로의욕 감소와 그에 따른 거시경제의 불안정성을 야기할 수 있다. '충분성'이 보장된 기본소득은 근로의욕의 감소로 이어져, 조세수입의 감소와 재정적자를 야기할 것이다. 이는 결국 증세로 이어져 고용감소→조세수입 감소→증세→고용감소의 악순환이 발생할 것이며, 물가상승은 기본소득의 구매력을 감소시켜 명목 기본소득의 인상 압력이 발생하게 될 것이다(Tcherneva, 2006). 혹자는 기본소득론자들은 노동력이 노동시장에서 이탈하는 것을 장려함으로써 실업문제에 대한 대책을 찾는다는 비판을 가하고 있다(Cowling et al., 2003).

실제로 현재 우리나라에서 제안된 기본소득제도는 이론적인 형태보다는 훨씬 더 축소되고 제한된 의미로 사용되고 있는 것으로 보인다. 그 이유는 당연히 재정 및 증세 부담이다. 따라서 현재의 기본소득 제안은 아주 작은 액수에 머물러 있다. 연 100만원에서 연 720만원(월 60만원)의 소득으로 기초생활보장이 가능할 것인가? 당연히 그렇지 않다. 따라서 현재의 기본소득제도론자들은 기존 복지제도를 유지한 채, 기본소득으로 보완하는 방식을 염두에 두고 있는 것으로 보인다. 우리 사회의 예산 조정 메커니즘을 감안할 때 이러한 합의가 가능한지에 대한 논의는 차치하고라도, '충분성'이라는 중요한 조건이 빠진 기본소득제도가 소득분배개선이나 '일하지 않을 자유'라는 기본소득 주창자들의 주요 정책적 목표를 달성하는 데 충분한지에 대한 의문이 생겨날 수밖에 없다. 막대한 재정부담을 회피할 수 있는 또 하나의 방법은 무조건성(보편성)에 제한을 두는 방식이다. 그렇지만 이 경우 현대 사회보장제도가 포함하고 있는 사회수당(Demogrant)에 비해서 별로 새로운 것이 없다고 할 수 있다(홍경준, 2020).

기본일자리제도 : 다시 꾸는 완전고용의 꿈

최근 국내 일각에서는 기본소득보다는 일하기를 원하는 모든 사람들이 일할 수 있는 권리를 보장하는 '기본일자리정책(일자리보장제도)'을 주장이 나오고 있다. 우리나라에 만연한 사회 불평등을 해소하기 위해서는 기본소득이 아니라 국가가 일자리를 보장하는 일자리보장제가 필요하다는 것이다. 일자리보장제도는 기본소득제도와는 달리 국가에 의한 완전고용의 실현을 통해 '근로를 통한 복지'를 완성하는 것을 기본 아이디어로 출발한다.

일자리보장(JG: Job Guarantee) 정책이란?

'기본일자리정책'의 기본 논거는 미국 정치권에서 제안된 일자리보장정책과 궤를 같이 하고 있다. 일자리보장정책은 2020년 미국에서 민주당 대선 경선 후보로 출마한 버니 샌더스(Bernie Sanders)가 경쟁 후보인 키어스트 질리브랜드(Kirsten Gillibrand)와 콜리 부커(Coly Booker)와 함께 공약으로 제시하면서 세간의 관심을 끌기 시작하였다. 이들 외에도 실리콘벨리에 지역구를 둔 로 칸나(Ro Khanna) 하원의원은 2018년 연방일자리보장법을 입법발의하기도 하였다.

일자리보장정책은 제안자들에 따라 약간 그 내용을 달리한다. 부커는 파일럿 프로젝트로 출발할 것을 염두에 두고 있는 반면, 샌더스는 공공부문 일자리를 염두에 두고 있으며, 칸나 의원의 입법안은 민간부문 고용보조금 정책으로 이루어져 있다. 최근 일자리보장정책과 관련하여 가장 활발한 연구를 진행하고 있는 미국의 비영리 씽크탱크 레비연구소와 CBPP(Center on Budget and Policy Priorities)는 생계임금을 지불하는 직접 채용을 제안하고 있다. 이러한 다양성에도 불구하고 일자리보장 정책 제안이 갖는 공통의 요소는 근로 의사를 지닌 모든 근로자들에게 최소 주15시간의 일자리를 보장한다는 것이다.

일자리보장정책은 정부가 '최종고용주(employer-of-last-resort: ELR)' 역할을 수행해야 한다는 기본 아이디어에서 출발한다. 정부의 '최종고용주'로서의 역할은 금융시장에서 정부가 '최종대부자(lender-of-last-resort)'의 역할을 수행한다는 경제이론에 견주어 제안된 용어로, 포스트케인지안 전통의 경제학자들이 실업은 본질적으로 화폐적 현상이며, 이윤추구를 주동력으로 하는 자본주의 경제에서 완전고용을 달성하는 것은 불가능하다는 관점에서 제기된 주장이다. 정부가 최종고용주로서의 역할을 수행해야 한다는 주장은 1930년대에 이미 제안된 바 있으나, 최근 미국 내에서 CBPP, CAP(Center for American Progress) 및 바드칼리지의 레비경제연구소(Levy Economics Institute) 등 진보적 비영리 씽크탱크의 연구자들을 중심으로 다시금 현대적 해석이 이루어지고 있다.

이들에 따르면, 정부는 최종고용주로서 근로를 원하는 모든 사람들에게 일자리를 제공한다(Tcherneva, 2012). 중앙정부가 채용의 결정과 수익성을 분리할 수 있는 유일한 제도적 주체이므로, 경기순환과 무관하게 실업자를 채용할 수 있는 항구적이고 자발적인 프로그램을 운영할 수 있으므로, 무한탄력적인 노동수요를 제공할 수 있다는 것이다.

일자리보장제도의 첫 번째 장점은 소득분배 개선 효과와 관련된다. 일자리보장제도 하에서는 정의상 취업과 실업에 의한 소득분배 문제가 사라지게 된다. 또한, 일자리보장 프로그램으로 채용된 근로자는 추후 민간부문에 더 높은 임금으로 채용될 것이며, 따라서 이들에게 지불되는 임금은 사실상의 최저임금으로 작용한다(Mitchell, 1998). 일자리보장제도는 또한 민간부문에서 가장 먼저 해고되고 가장 나중에 채용되는 저숙련 저학력 근로자부터 채용하므로 취약계층을 보호할 수 있는 장점을 지닌다. 또한, 이 제도는 직장내 훈련 등 '사람에 대한 투자'를 핵심으로 삼기 때문에 인적자원의 보존과 촉진에 유리하다.

둘째, 일자리보장정책은 자동적인 경기대응메커니즘을 지니고 있기 때문에 거시경제적 안정성을 유지할 수 있다. 경기침체기에 민간부문에서 해고된 근로자들이 일자리보장 프로그램에 의해 채용된 후 경기상승기에 더 많은 보수를 주는 민간부문으로 이동하므로, 경기침체기에는 재정지출이 확대되고 경기상승기에는 재정지출이 감소하는 자동경기조절메커니즘으로 작동한다(Mitchell, 1998). 기본소득 등의 소득보전정책들과는 달리, 일자리보장 프로그램은 고용된 노동력을 통해 재화와 서비스의 공급을 늘리므로 가격을 안정시키는 역할도 한다. 따라서 일자리보장정책에서는 인플레이션 압력이 발생하지 않는다. 완전고용 달성을 위한 정부지출의 규모를 가늠할 수 없는 통상적인 경기 촉진정책과는 달리, 일자리보장 프로그램에서 정부지출은 원하는 사람에게 일자리를 제공할 수 있는 수준으로 한정되므로 정부지출을 적정 수준으로 유지할 수 있다.

일자리보장제도는 특히 기본소득제도과 비교할 때, 제도 변화에서 발생하는 사회적 비용을 절감할 수 있다는 장점이 있다. 일자리보장제도는 기본소득제도처럼 실업급여나 기초생활보장제도 등 기존 복지제도를 대체하는 것이 아니라, 기존 복지제도를 유지하면서 근로자들로 하여금 이들 프로그램 사이에서 선택하도록 하는 제도이다. 따라서 제도 시행 과정에서 기존 제도 하에서 기득권을 지닌 사람들의 저항이 상대적으로 작다고 할 수 있다.

마지막으로, 일자리보장 정책론자들은 포스트케인지안 전통의 현대화폐이론(modern monetary theory)에 기대어 장기적인 관점에서 재정지출 증가에 따른 지불불능 등의 문제는 우려할 사항이 아니라고 주장한다. 즉, 변동환율 불태환 자국통화를 보유한 나라라면 지불불능이나 영구적인 프로그램 재원조달에 대한 기술적 제약이 존재하지 않는다는 것이다(Wray, 1998). 지불불능의 문제가 없다면, 정부정책은 기능적 재정의 원칙(principles of functional finance)에 의해, 즉 재정적 비용이 아니라 프로그램의 실제 효과에 의해 평가되어야 한다고 주장한다.(Tcherneva, 2006).

현대화폐이론은 일자리보장제를 뒷받침하는 이론적 근거가 될 수 있는가?

거시경제의 안정성과 관련하여 일자리보장론자들은 제도 시행에 수반되는 막대한 재정부담 우려에 대한 주된 응답을 현대화폐이론에 의존하고 있다. 현대화폐이론은 변동환율 불태환 주권통화를 보유한 정부는 발권력이 있기 때문에 재정지출 확대에 따른 부채는 사후적으로 통화 발행을 통해 해결할 수 있기 때문에 파산하지 않는다는 주장을 골자로 하고 있다. 따라서 일자리보장제도 시행을 위해 막대한 재원이 필요하다고 하더라도, 중앙정부가 화폐 발행을 통해 이를 감당할 수 있으며, 일자리보장에 내재한 메커니즘에 의해 인플레이션 등 거시경제적 불안정성도 방지할 수 있을 것이라는 것이다. 흥미로운 사실은 일자리보장제도보다 더 큰 재정부담의 문제를 안고 있는 기본소득론자들 역시 현대화폐이론에 기대려는 경향을 보이기도 한다(이건민, 2018).

이 글에서 자세한 이론적 논의를 하기는 어렵지만, 현대화폐이론의 이론체계는 아직까지는 충분한 공감대를 얻기 어려운 것으로 보인다. 이 이론의 핵심 주장 중 불태환 주권 통화를 보유한 정부는 파산하지 않는다는 주장, 일자리보장제 하에서는 인플레이션을 통제할 수 있다는 주장, 그리고 완전고용을 보장하는 정도의 재정지출은 인플레이션 압력이 없는 적정 수준의 지출이라는 주장 등의 결론은 보수 경제학계뿐만 아니라 비교적 진보적인 케인지안 전통의 경제학자들로부터도 많은 비판의 대상이 되고 있다(Cochrane, 2020; Coats, 2019; Krugman, 2019a; 2019b; Palley, 2021; Talvas, 2021). 특히, 노벨경제학자 폴 크루그먼 같은 이는 정부지출 확대에 의한 편익의 증가와 이자율 상승으로 인한 민간투자의 감소는 피할 수 없는 상충관계(trade-off)에 있다는 점을 지적하고 있다(Krugman, 2019a).

설령 현대화폐이론의 기본 논리를 인정한다고 하더라도 미국이 아닌 다른 나라에 적용하기 위해서는 '변동환율 하 불태환 주권화폐'를 보유한 국가라는 전제는 미국 등 소수 국가들을 제외하고는 받아들이기 어려운 가정이다. 특히, 한국과 같이 대외의존도가 큰 개방경제의 경우, 생산시스템이 글로벌 가치사슬에 깊숙이 결합되어 있으며, 국제경제체제 속에서 외환, 특히 달러에 대한 의존이 매우 크다. 이러한 환경에서 화폐 발행을 통한 환율의 갑작스런 평가절하는 경제에 막대한 충격을 가져올 것이라는 점은 자명하다.

일자리보장제도는 재정적으로 유지가능한 제도인가?

이렇게 볼 때 일자리보장제도 논의에서 가장 불편한 부분은 현대화폐이론이 주장하는 '기능적 재정원칙'과 관련된 것이다.

사실, 일자리보장제와 관련된 미국 등 해외에서의 이론적 논의에서 일자리보장제도는 현대화폐이론 연구자들이 '기능적 재정원칙'을 적용하는 바람직한 제도적 방안을 찾으면서 논의가 확산되고 있는 것으로 보인다.

하지만, 현실에서 일자리보장제도를 받아들이기 위해서 반드시 현대화폐이론을 받아들여야 하는 것은 아니다. 사실, 현대화폐이론에 대해서는 매우 비판적이고 일자리보장제의 실효성에 대해서도 회의적인 입장을 유지하는 폴 크루그먼의 경우도 일자리보장제도에 대한 논의가 재정적으로 비이성적인 제안은 아니라는 의견을 보이고 있다(Krugman, 2018a). 미국에서 일자리보장제 도입에 소요되는 비용을 추정한 연구에 따르면, 2018년 1월을 기준으로 미국에서 일자리보장제 시행을 위해 소요되는 비용이 약 5,430억 달러 정도이며, 이는 미국 GDP의 3%에 못 미치는 수준이다(Paul et al., 2018). 일자리보장제로 인해 사회보장지출이 감소하고 조세수입이 증가한다는 점과, 이러 저러한 이유로 일자리보장제가 시행되더라도 여전히 취업을 하지 않는 사람들도 있다는 점을 감안하면 실제 지출은 이보다 작을 것이며, 실업자 중 절반 정도가 취업한다고 하면 2,700억 달러(GDP의 약 1.5% 수준) 정도의 지출이 필요할 것이다. 우리나라의 경우 대략적인 계산이기는 하지만, 2020년 기준으로 일자리보장제 시행에 소요되는 비용은 약 10조원에서 50조원 사이가 될 것이라는 주장이 있다(박가분, 2020). 이 역시 이명박 정부 시절 녹색 뉴딜 예산 50조 원 중 4대강 정비를 포함한 토목사업에 32조 원이 배정됐다는 점을 감안하면 불가능한 예산은 아닌 것으로 보인다.

앞서 논의하였던 기본소득제도에 비하여 일자리보장제도가 비용이 적게 드는 대신 효율성이 크다는 점은 분명하다(Harvey, 2005). 기본소득제도가 모든 국민을 대상으로 하는 대신, 일자리보장제도는 원래 실업자였던 근로자들에 대한 임금비용만 지불하면 되기 때문이다. 물론, 일자리 창출 및 관리를 위한 비용이 들지만, 이 역시 중앙정부가 창출하는 일자리에 포함될 뿐만 아니라, 일자리보장제도에 의해 고용된 근로자들이 생산하는 재화 및 서비스를 감안하면 기본소득제도보다 효율적이다.

그러나 기존 연구가 제안하는 소요 예산의 추정치는 근로자 편익, 자본비용, 행정비용 등 다양한 부가적인 비용을 과소평가하고 있다는 견해도 만만치 않게 제시되고 있다(Gulker, 2018). 특히, 일자리보장에 소요되는 비용은 채용된 근로자들의 보수 지급을 위한 지출에만 국한되지 않으며, 해당 근로가 결합하여 생산 활동을 진행할 수 있는 자본을 구입하는 비용도 충분히 고려하여야 한다. 이러한 비용을 포함하면 일자리보장제 시행의 실제 비용은 훨씬 더 커질 수도 있다는 것이다.

재정적으로 실현 가능하다면, 다른 문제는 없는가?

먼저, 중앙정부가 창출한 일자리로 어떤 재화나 서비스를 생산할 것인가 하는 것이다. 일자리보장론자론자들은 중앙정부가 창출한 고용은 시장이 충분하게 공급하지 못하는 사회적으로 유용한 재화와 서비스를 생산하므로 물가안정과 지출 증가에 기여한다고 주장한다. 특히, 지역 인프라나 돌봄, 방과 후 또는 평생교육 교사, 최근 그린 뉴딜과 관련된 소위 '녹색일자리' 등에서 공공 일자리를 제공하는 방안을 제안하고 있다 (Tcherneva, 2020).

이렇게 제안되는 공공일자리의 유용성에 대해 몇 가지 중요한 우려를 제기할 수 있다. 첫째, 창출된 일자리가 공급하는 재화 및 서비스와 사회적 수요 간 미스매치 문제이다. 특정 직종의 일자리 공급량이 시장수요에 따라 결정되는 것이 아니라 관료조직에 의해 기획되는 것이기 때문에, 일자리보장제에 의해 고용된 노동이 정말로 사회적으로 필요한 재화나 서비스를 생산할 수 있는지 보장할 수 없다. 둘째, 일자리를 필요로 하는 사람과 공급된 일자리 간 미스매치 문제이다. 인프라, 헬스케어, 교사 등의 일자리는 모두 일정 정도 이상의 숙련을 요하는 일자리이며, 실업에 처한 저숙련 근로자들이 수행할 수 있는 직업인지 확신할 수 없다. 마지막으로, 일자리보장론자들의 견해처럼 공공일자리가 일종의 '완충장치(buffer stock)' 역할을 수행하면서 경기순환에 따라 민간부문으로 흡수될 수 있는 일자리라고 한다면, 관련 일자리는 업무의 연속성을 크게 필요로 하지 않는 일자리여야 할 것이며, 따라서 단기적인 성격의 일자리일 가능성이 크다.

미국의 일자리보장론자들은 이러한 우려에 대해 재원은 연방정부가 부담하지만, 시행은 주, 지방자치단체 및 비영리 사회적 기업에 의해 이루어지는 참여 민주주의적 방식으로 이루어지므로, 지역에 고유한 노동과 서비스에 대한 수요를 발굴하여 이러한 미스매치의 문제를 해결할 수 있다고 주장한다(Tcherneva, 2020). 그러나 일자리보장제는 '3중의 요구'라는 복잡한 메커니즘을 통해 실현된다(Gulker, 2018). 근로자들은 연방정부에 임금 및 관련 복지수준을 요구하고, 연방정부는 연방, 주 및 지방자치단체 산하 기관에 이를 위한 일자리를 식별해내거나 창출할 것을 요구하며, 이들 정부 산하 기관은 개인들에게 특정한 업무를 수행할 것을 요구한다. 이러한 복잡한 구조로 인하여 일자리보장제의 규모가 커지면 커질수록 행정비용은 기하급수적으로 증가하게 될 것이다. 중앙정부든 지방자치단체든 관할 행정기관이 수백만 명의 근로자들과 관련한 정보와 지식을 무리 없이 관리하고 처리하는 것은 매우 어려운 일일 것이다.

두 번째 문제는 '도덕적 해이(moral hazard)'이다. 일자리보장제는 모든 근로자에게 '취업할 수 있는 권리(right to work)'를 부여한다는 아이디어에서 출발한다. 하지만, 취업이 당연한 권리로 되는 순간 도덕적 해이는 피할 수 없는 문제가 된다. 도덕적해이란 개인의 선택을 속박하는 제약이 느슨해지면, 그에 따라 해당 개인의 행동도 느슨해지는 현상을 말한다. 일자리보장제가 제공하는 일자리에 취업한 근로자가 출근만 하고 아무 근로도 수행하지 않는다면 어떻게 할 것인가? 결근이나 무단조퇴 등의 상황이 발생한다면 어떻게 할 것인가? 그 고됨과 어려움의 정도가 서로 다를 수밖에 없는 다양한 업무들을 한 데 묶어서 진행해야 하는 생산 활동에서 개인들 간의 업무 분장은 어떻게 진행해야 할 것인가? 조직 내 개인들 간 갈등은 어떻게 조정할 것인가? 일자리보장론자들이 이러한 질문들에 대해서는 아직 분명한 답을 내놓고 있지는 못한 것으로 보인다.

도덕적 해이의 문제와 연관된 다른 형태의 문제는 일자리보장제로 창출된 일자리의 임금을 어떻게 책정할 것인가 하는 것이다. 일자리보장론자들은 프로그램으로 창출된 일자리의 '생활임금' 수준에서 지급되며, 이는 사실상의 최저임금으로 작용할 것이라고 주장한다. 최저임금이든 생활임금이든 그 수준은 시장이 아닌 일련의 정치적 과정을 통해 결정된다. 일각에서는 최저임금제가 대량실업을 야기하듯, 일자리보장제는 민간부문에서 공공부문으로의 대규모 노동력 이동을 야기할 것이라고 비판한다. 그러나 적정수준의 최저임금은 반드시 실업의 증가로 귀결되지 않는다는 점은 많은 실증 연구를 통해 잘 알려져 있다. 따라서 일자리보장제에서 임금수준이 적정한 수준에서 결정될 수만 있다면 그 부정적 효과는 그리 크지 않을 것이다. 다만, 정치적 과정에서 일자리보장제 생활임금의 결정은 최저임금의 경우보다 더 큰 상승압력에 마주할 것이라는 점은 분명하다. 왜냐하면 먼저, 구체적인 채용과정이 아무리 분권화되어 있다고 하더라도 최종적인 고용주는 중앙정부로 단일화되어 있으므로 근로자들은 임금교섭에서 훨씬 더 조직화된 방식으로 대응할 것이다. 이에 더해 민간부문에서 최저임금 적용을 받는 근로자들은 심리적으로 알게 모르게 자신이 속한 사업체의 생존가능성을 어느 정도 염두에 둘 수밖에 없지만, 파산 위험이 없는(또는 적어도 매우 작은) 중앙정부를 대상으로 한 일자리보장제 근로자들의 경우에는 이러한 심리적 장벽이 훨씬 더 약할 것이다.

마지막으로, 불황기에 일자리보장제의 수혜를 받은 근로자들이 호황기에 민간부문으로 이동한 후 얼마나 생산성을 담보할 수 있을지에 대한 의문도 제기된다. 일자리보장론자들은 이 제도의 큰 장점 중 하나로 현장직무훈련(on-th-job-training)의 형태로 인적자본 축적에 기여할 수 있다는 점을 꼽고 있다. 경기침체기에 일자리보장제를 통해 채용된 근로자들은 실업자들과 비교할 때 이미 자신의 취업능력(employability)을 증명하였으므로, 경기가 회복되면 더 쉽게 민간부문에 채용될 수 있으리라는 것이다. 그러나 실증연구들은 이러한 주장을 뒷받침하기 어려운 것으로 보인다. 과거 적극적노동시장 프로그램의 효과에 대한 연구들을 종합, 분석한 연구에 따르면, 직업훈련과 같이 인적자본 축적을 목표로 한 프로그램들은 중장기적으로 긍정적인 효과를 보인 반면, 직접고용은 참가자들의 취업능력에 효과가 없거나 부정적인 효과를 보였다는 결론을 내린 바 있다(Card et al., 2017). 이는 정부 직접 고용 프로그램에 참여한 근로자들의 경험을 민간부문 고용주들이 별로 인정하지 않는다는 사실을 반영한다. 기본소득론자들 역시 정부가 양산한 일자리는 나쁜 일자리일 가능성이 크고, 따라서 사회적인 낙인효과(stigma effects)가 발생할 수 있음을 지적하고 있다(최희선, 2017).

더 나은 기본일자리제도를 위해 무엇을 준비해야 하는가?

기본일자리제도, 즉 일자리보장제도는 기본소득론에 비해 국내에서 논쟁의 역사가 일천한 편이고, 사회적 공감대의 형성도 늦은 것으로 보인다. 따라서 국내에서 일자리보장제도의 구체적인 내용에 대해 본격적인 논의는 아직 매우 초기에 머물러 있다고 할 수 있다. 기본소득론에 비해 일자리보장론은 몇 가지 측면에서 상대적으로 '실현가능한' 대안으로 보이지만, 그것이 현실적인 대안이 되기 위해서는 많은 사회적 실험과 연구가 전제되어야 할 것으로 보인다. 뉴욕타임지, 애틀랜틱 등 영미권 언론에서도 일자리보장제의 기본 취지는 평가받을 만하지만, "세부사항을 분명히 밝히지 못하고 있다"는 평가가 주를 이루고 있다.9)

그렇다면, 일자리보장제도를 실제로 현실에 적용하기 위해서는 어떤 부분들이 보완되어야 할 것인가? 많은 부분들을 지적할 수 있겠지만, 가장 중요하다고 생각되는 몇 가지 점들에 대해 논의해보도록 하자.

재정소요에 대한 정확한 추계와 적용 가능한 형태의 정책 디자인

미국 등 서유럽에서의 일자리보장제도에 대한 논의는 주로 "현대화폐이론"에 이론적 근거를 두고 정부의 채무능력이 무한하다는 가정에서 출발하고 있지만, 현대화폐이론은 아직까지는 검증되지 않은 이론체계라고 할 수 있다. 현실 경제에서 총수요의 크기를 항상 완전고용이 가능한 수준으로 유지할 수 있는 자동 재정메커니즘을 발견하고 검증할 수 있게 되기까지는, 화폐정책과 환율정책을 주의 깊게 모니터링하면서 화폐시장과

---

9) 일례로 The Atlantics 2018년 5월 11일자, "민주당은 그 엄청난 약속을 어떻게 지킬 수 있을지 모르고 있다(A Promise So Big, Democrats Aren't Sure How to Keep It)"라는 칼럼을 참조하라.

https://www.theatlantic.com/ideas/archive/2018/05/the-democratic-party-wants-to-end-unemployment/560153/

환율시장의 교란으로 인해 실업이 발생하지 않도록 하여야 한다(Bivens, 2018).

그렇다면, 일자리보장제도의 현실 적용을 위해서는 '실현가능한 규모의' 제도를 개발하고 고안하는 것이 필요하다. 미국의 일자리보장론자들은 일자리보장제에 예산 규모 추정치를 GDP의 약1%~3% 정도로 생각하지만, 추정치의 계산에서 근로자 복지(benefits), 자본비용, 행정비용 등이 과소평가되어 있다는 지적도 만만치 않게 제기되고 있다(Gulker, 2018). 우리나라의 경우, 아직 매우 개략적인 추정치만이 시론의 형태로 제시되었을 뿐, 이에 대한 엄밀한 추정치는 아직 연구된 바 없다고 할 수 있다. 따라서 기본일자리제도를 제안하기 위해서는 소요 예산에 대한 활발한 연구와 논쟁이 선행되어야 하며, 이러한 추정치에 기반을 둔 재정적으로 실현가능한 형태의 정책은 어떤 것일지 탐색하여야 할 것이다.

효율적 정보처리 메커니즘 설계

일단 재정적으로 유지가 가능한 수준의 일자리보장 정책의 구체적 형태가 식별되었다고 하더라도, 그 시행을 위해서는 이러한 특수한 형태의 공공프로그램이 제도적으로 잘 유지되고 실행될 수 있도록 주의 깊은 기획이 필요하다.

기존 일자리보장론자들은 일자리보장제도가 '사회적으로 유용한' 재화와 서비스를 공급하므로 거시 경제적으로는 제도에 시행되는 비용을 상쇄할 수 있다고 주장한다. 따라서 일자리보장제로 고용한 공공일자리는 '사회적으로 과소 생산된' 재화와 서비스에 집중하여야 한다는 해법을 제시한다. 그렇지만, 여전히 '사회적으로 과소 생산된' 재화와 서비스는 어떻게 식별할 수 있을까 하는 문제는 여전히 남아 있다. 교육서비스, 돌봄서비스, 사회인프라 등 과소생산 가능성에 대해 어느 정도

사회적 공감대가 이루어진 일자리 외에 새롭지만 '사회적으로 과소 생산되고 있는' 재화와 서비스를 결정하는 메커니즘은 아직 분명하지 않다.
일자리보장론자들은 '관료부문의 비대화'를 중심으로 한 이러한 비판에 대해, 교육이나 메디케어에서도 관료제 하에서 잘 운영되고 있기 때문에 별 문제가 없다고 대답한다(Tcherneva, 2020). 하지만, 관료조직이 수행해야 하는 업무의 성격에서 일자리보장제와 교육/메디케어 사이에는 큰 차이가 존재한다. 단순화를 무릅쓰고 말하자면, 교육/메디케어에서는 표적이 어느 정도 정해져 있지만, 일자리보장제도 하에서는 표적이 계속 움직이고 있으며, 이러한 움직이는 표적을 개별 근로자들에게 전달하고 매칭 하는 기능을 수행해야 한다. '사회적으로 유용한' 재화와 서비스의 '사회적으로 바람직한' 공급량은 기술적, 경제적, 문화적 환경에 따라 계속 변화할 수 있기 때문이다.
일자리보장론자들은 또한 숙련 미스매치, 도덕적 해이 등의 문제로 인하여 일자리보장제 하의 공공근로가 상대적으로 비생산적일 수도 있지만, 실업상태에 비하면 훨씬 더 생산적이라고 주장한다(Tchernva, 2020). 이는 타당한 주장이기는 하지만, 일단 제도가 시행된 후 나타나는 비효율성을 사회적으로 수용할 수 있을지는 또 다른 문제이다. 더욱이 일자리보장제를 통해 고용된 근로자들 내부에서의 갈등도 무시할 수 없는 요소이다. 청소근로자, 돌봄서비스, 방과 후 교사, 건설종사자 등 다양한 직업들에 대하여 단일한 임금을 적용하는 경우, 또 동일한 사업장 내에서 업무의 경중이 존재하는 경우, 이로부터 발생하는 갈등을 어떻게 해결할 것인지도 중요한 이슈가 될 수 있다. 일자리보장제로 채용된 근로자들에 대해 지급하는 '생활임금'의 수준 결정에 대해서도 마찬가지의 문제가 발생할 수 있다.
결국, 시장메커니즘에서 효율적으로 다룰 수 있는 (그렇지만 시장실패로 인하여 시장이 해결하지 못하는) 다양한 문제를 공공부문이 담당해야 하는 경우, 관료조직의 특성상 다양한 정보들을 어떻게 처리하고 필요한 매칭을 제공하는가 하는 것은 중요한 문제로 남을 수밖에 없다. 따라서 일자리보장제(또는 그의 변형된 형태)가 시행된다고 하더라도, 불완전한 부분에 대해서는 시장메커니즘의 요소들을 일부 가미하여 보완할 필요가 있으며, 이러한 방향에서 제도 시행 메커니즘에 대한 연구가 선행되어야 한다.

직업능력 인증제도 개선을 통한 숙련의 사회적 인정 확보

일자리보장론자들은 정부가 제공하는 일자리를 통하여, 원래는 실업상태에 놓였을 근로자들에게 근로기회를 부여하고, 이를 통해 인적자본을 축적할 수 있는 기회를 제공할 수 있다고 주장한다. 그러나 기존 일자리정책에 대한 연구들 중 다수가 공공일자리가 근로자들의 고용능력에 긍정적인 역할을 하지 못한다는 결론을 내리고 있다. 이는 공공근로가 근로자 숙련 향상에 적합한 일자리를 제공하지 못하기 때문일 수도 있고, 근로자로 하여금 스스로 숙련향상을 위해 노력하도록 충분한 제약과 유인을 제공하지 못하기 때문일 수도 있다. 근로자는 공공일자리를 통해 숙련 향상을 이루었지만, 노동시장에서 '낙인효과' 등으로 인하여 민간부문 고용주가 이를 충분히 인정하지 않기 때문일 수도 있다. 이유야 어찌되었건, 경기활성화와 함께 일자리보장제를 통해 고용되었던 근로자들이 민간부문으로 이동하는 것이 어려워진다면, 일자리보장론자들이 주장하는 '자동적인 경기대응 재정메커니즘' 역시 작동하지 않을 수도 있다.

일자리보장론자들도 교육과 훈련을 일자리보장제도의 핵심적인 영역으로 꼽고 있지만, 이를 어떻게 실현할 것인지에 대한 구체적인 방안을 내놓고 있지는 못한 것으로 보인다. 최근, 프랑스 등 많은 나라에서 공식 교육과정 이후 직업경험으로 취득한 숙련을 공식적으로 인정하여 숙련의 이동가능성(portability)을 확대하고자 도입하여 시행하고 있는 개인훈련계좌(individual training account)나 직업경력능력인증제도(Validation des experiences aquises) 등의 정책들은 이러한 단점을 보완하는 데 참조할 수 있을 것이다.

결론에 대신하여

현대 복지국가가 발전시켜온 사회보장제도의 문제는 광범위한 사각지대의 존재와 같은 결정적인 결함을 해결하는 데 한계를 보이고 있다는 점이다. 특히, 우리나라에서와 같이 사회보험제도의 비중이 큰 나라는 사회보장제도가 임금근로자 중심으로 짜여있을 수밖에 없으며, 그 과정에서 자영업자 등 비임금근로자, 비정형근로자, 그리고 실망근로자와 같은 비경제활동인구 등의 사회적 위험을 보장하는 데에는 한계를 보이고 있다. 특히, 국제화나 4차 산업혁명과 같은 기술변화의 진전에 따라 나타나고 있는 비전통적인 노동형태에 전통적인 사회보장체제가 적절하게 대응할 수 있을지에 대해서도 많은 의문이 제기되고 있다.

기본소득제도와 기본일자리제도는 이러한 전통적인 사회보장모델의 한계를 해결하고자 하는 해법으로 점점 더 많은 사회적 관심을 얻고 있다. 짐작컨대, 기본소득론자들과 기본일자리론자들은 자산조사 및 근로조건에 기반을 둔 선별적인 사회보장제도는 불가피하게 사각지대를 남길 수밖에 없으며, 이를 점진적으로 보완하기 위한 시도는 얽히고설킨 기득권구조 때문에 불가능할 것이라는 전제를 공유하고 있다고 할 수 있다.

또한 두 접근은 모두 유효수요나 실업의 문제가 어떠하든 간에 재정건전성에만 집착하는 보수적 경제정책에 대해서도 공통적으로 비판적인 시각을 보이고 있다. 그러나 보수적 경제정책이 틀렸다고 해서, 그 반대가 반드시 옳은 것은 아니다. 두 접근 모두 근본적으로 방대한 재정지출이라는 한계를 안고 있다. 두 가지 접근 모두 과도한 재정부담의 위험성에 대해 답해야 하며, 특히 기본소득론자들은 비교적 온건한 방식으로 기존 복지제도에 기본소득을 부분적으로 가미한 후, 이를 점차 확대해나가는 방안을 제시하고 있다. 그러나 이러한 접근은 일각에서 지적하듯 기존 사회보장제도를 유지하면서 그 사각지대를 줄여나가는 것과 무슨 차이가 있는지 분명하지 않다.

일자리보장제도는 전후 2~30년간 서유럽국가들에서 팽배하였던 완전고용의 꿈을 복원하는 담대한 제안이지만, 제안의 가정과 전제 중 많은 요소들이 현실에서 아직 검증되지 않았다고 할 수 있다. 수많은 경제정책의 성공과 실패의 역사를 통해 알 수 있듯이 좋은 의도가 반드시 좋은 결과로 귀결되는 것은 아니다. 다른 수많은 혁신적 정책과 제도들의 도입 역시도, 이 제도의 성공 역시 수많은 전제 조건을 만족시켜야 한다. 이 글에서도 최근 논의가 활발하게 이루어지고 있는 일자리보장제도의 성과와 한계에 대해 간단하게 살펴보았지만, 실제 시행의 과정에서는 더 많은 문제점들이 도출될 것이다.

똑같이 기존 사회보장시스템의 한계에 대한 문제의식에서 출발하지만, 일자리보장제도는 기본소득제도에 비하여 점진적이지만 실효성 있게 적용할 수 있는 대안으로 보인다. 그 중 하나의 방법은 청년층, 50대 퇴직 근로자 등 특정한 근로자집단을 목표로 하거나, 실업률이 높은 특정 지역을 목표로 한 상대적으로 소규모의 파일럿 프로그램을 시행하여 제도 시행의 한계와 문제점들을 정확히 평가한 후, 점차 그 대상을 확대하는 것도 고려해볼 수 있을 것이다.

혹은, 일자리보장제의 수행기관을 사회적 기업을 하여, 민간부문의 자본과 정부의 일자리지원을 결합하면서 제도 시행의 규모와 속도를 적절히 조절하는 방식도 고려해볼 수 있을 것이다. 사회적 기업은 공공재 생산과 시장의 효율성을 적절히 조합할 수 있는 매개체가 될 수 있다. 사회적 기업은 공적인 목적을 추구하지만 동시에 수익성을 추구하므로, 앞서 논의하였던 미스매치나 도덕적 해이와 관련된 정보 처리에 있어서 순수 관료조직보다 상대적으로 유리한 측면이 있다. 또한 일자리보장에 소요되는 자본비용의 상당 부분을 사회적 기업에서 부담함으로써, 정부 재정 소요를 줄일 수 있다는 장점도 존재한다. 다만, 사회적 기업을 일자리보장제의 수행기관으로 하는 경우, 사회적 기업들의 적격성을 심사하고 모니터링하기 위한 행정적 비용이 지금보다 훨씬 많이 소요되고, 또한 숙련인증프로그램과 결합하기 위해서는 상당한 정도의 제도적 혁신이 요구될 가능성이 있다.

<참고문헌>

강두용·민성환·박성근(2021), '코로나 팬데믹 이후 1년의 한국경제: 경제적 영향의 중간평가', i-KIET 산업경제이슈 제109호[2021-8].
권현지 2017. '외환위기 후 20년, 노동시장은 어떻게 변했나?', 통계개발원, 한국의 사회동향 2017.
박가분 2020. '[포스트-코로나 시대의 대안] ③ 일자리 보장제는 기본소득보다 더 설득력 있는 대안이다', NEWSTOF 2020.08.07.

https://www.newstof.com/news/articleView.html?idxno=11081
여유진·김영순·강병구·김수정·김수완·이승윤·최준영 2016. 한국형 복지모형 구축: 복지레짐 비교를 통한 한국복지국가의 현 좌표, 한국보건사회연구원 연구보고서 2016-54.
이건만 2021. '기본소득이 일자리보장보다 우월한 이유와 일자리보장에 관한 입장', 계간 『기본소득』 #008, 2021 봄호.
이원재, 윤형중, 이상민, 이승주 2019. 국민기본소득제: 2021년부터 재정적으로 실현가능한 모델 제안, LAB2050, 2019. 10. 28.
이원재 2020. '기본소득제 – 정의, 쟁점, 전망', 시선집중 GSnJ (280), 2020.7.
유종성 2018. '기본소득의 재정적 실현가능성과 재분배효과에 대한 고찰', 한국사회정책, 제25권 제3호, 2018, pp. 3-35.
윤홍식 2017. '기본소득, 복지국가의 대안이 될 수 있을까? 기초연금, 사회수당, 그리고 기본소득', 비판사회정책(54).
장지연 2020. '플랫폼노동자의 규모와 특징', 고용·노동브리프 제104호(2020-11).
장호종 2020. '기본소득 — 복지국가의 21세기 대안이 될 수 있을까?'. 마르크스21, (34), 30-70.

정홍준 2019. '플랫폼 노동과 사회적 대화: 플랫폼 노동에 대한 전반적인 이해를 위하여', 『사회적 대화』 2019년 11·12월호.
조영삼 2020. '디지털 전환의 중소기업 수용성 제고방안', I-KIET 산업경제이슈 제99호[2020-24]
최병호·박인화 2021. '기본소득제도의 도입방안과 사회보장제도의 재편', 재정정책논집 23권 1호.
한신실, 2020. 한국은 어떤 복지국가로 성장해왔는가?, 한국사회정책 27(1).
홍경준 2020. 기본소득제를 비판하는 세가지 이유, [좋은나라이슈페이퍼] 기본에서 기본소득제를 생각한다.

https://www.pressian.com/pages/articles/2020072710303142973#0DKU

Bivens, 'How do our job creation recommendations stack up against a job guarantee?', Economic Policy Institute, Working Economics Bolg, posted April 12, 2018.
https://www.epi.org/blog/how-do-our-job-creation-recommendations-stack-up-against-a-job-guarantee/

Card, D., J. Kluve and A. Weber 2017. 'What Works? A Meta Analysis of Recent Active Labor Market Program Evaluations', NBER Working Paper Series 21431.

Coats, W. 2019. 'Modern Monetary Theory: A Critique'. Cato Journal 39 (3): 563-76.

Cochrane, J. H. 2020. ''The Deficit Myth' Review: Years of Magical Thinking by Stephanie Kelton', Wall Street Journal (June 5).

Forstater, M. 1999. "Full Employment and Economic Flexibility." Economic and Labour Relations Review 11 (0),

Supplement: 69.88.

Forstater, M. 2004. "Green Jobs: Addressing the Critical Issues Surrounding the Environment, Workplace and Employment." International Journal of Environment, Workplace and Employment 1 (1): 53.61.

Frey, C.B. and M.A. Osborne 2013, The Future of Employment: How Susceptible are Jobs to Computerisation?, Oxford Martin School.

Gulker, M. 2018. The job guarantee: A critical analysis, American Institute for Economic Research.

Harvey, P. 2005. 'The right to work and basic income guarantees: Competing or complementary goals?, Rutgers Jouranl of Law and Urban Policy, 2(1).

Kaboub, F. 2007. 'Employment Guarantee Programs: A Survey of Theories and Policy Experiences', Working Paper 498, Annandale-on-Hudson, NY: The Levy Economics Institute (May).

Krugman, P. 2018a. 'Radical Democrats are pretty reasonable', The New York Times July 3, 2018.

Krugman, P. 2019a. 'What's wrong with functional finance? (Wonkish)', The New York Times Feb. 12, 2019.

Krugman, P. 2019a. 'Running on MMT (Wonkish)', The New York Times Feb. 25, 2019.

Mitchell, W.F. 1998. "The Buffer Stock Employment Model and the NAIRU: The Path to Full Employment," Journal of Economic Issues, 32 (June): 547-556.

Pally, T.I. 2021. 'Macroeocnomics vs. modern monetary theory: some unpleasant Keynesian artithmatic and monetary dynamics, in E. Fullbrook and J. Morgan (eds.), Modern

Monetary Theory and its Critics, World Economic Association Book Series.

Paul, M., W. Darity Jr., D. Hamilton 2018. The Federal Job Guarantee - A Policy to Achieve Permanent Full Employment, Center on Budget and Policy Priorities.

Standing, G. 2002. Beyond the new paternalism: Basic security as equaility, London, Verso.

Talvas, G.S. 2021. 'Modern Monetary Theory Meets Greece and Chicago', Cato Journal winter 2021. https://www.cato.org/cato-journal/winter-2021/modern-monetary-theory-meets-greece-chicago

Tcherneva, P. R. 2006. "Universal Assurances in the Public Interest: Evaluating the Economic Viability of Basic Income and Job Guarantees." International Journal of Environment, Workplace, and Employment 2(1): 69.88.

Tcherneva, P. R. 2012, "Beyond Full Employment: The Employer of Last Resort as an Institution for Change", Levy Economics Institute of Bard College Working Paper No. 732.

Tcherneva, P. R. 2005. "The Art of Job Creation: Promises and Problems of the Argentinean Experience." C-FEPS Special Report 05/03, Kansas City, MO: Center for Full Employment and Price Stability of the University of Missouri-Kansas City.

Tcherneva, P. R. The Case for a Job Guarantee, Polity Press, Cambridge.

Wray, L. R. 1998. Understanding Modern Money: The Key to Full Employment and Price Stability. Cheltenham, U.K.: Edward Elgar.

World Economic Forum 2016. The Future of Jobs:

Employment, Skills and Workforce Strategy for the Fourth Industrial Revolution, Global Challege Insight Report.
Wenger A. 2016. Continuations by Albert Wenger

인천의 기본일자리

양재덕[10]

서론

일자리 문제가 심각한 사회문제로 떠올랐다. 그것은 2020년 코로나 팬더믹으로 부터 촉발되었다. 대면사업이 강타를 당하면서 일자리가 46만개 줄어들어('21.05 산업연구원 보고서) 실업으로 인한 사회적 불안이 팽배했기 때문이다.
그래서 일자리문제에서 한걸음 더 나아가 기본일자리란 개념을 생각하게 되었다.
기본일자리는 실업대책, 고용문제에 다음과 같은 이유로 문제제기된다.

첫째, 기본적으로 현존 사회보장제도의 불안전한 한계로부터 문제 제기된다.
현존 사회보장제도는 고용과 보험을 토대로 이루는 제도이기 때문에 실업자 증가가 보험료 기금 축소와 실업자에 대한 무대책, 그리고 자영업자, 비 임금근로자, 비정형근로자, 실망실업자(605천명 '21.05 통계청)들에 대하여 속수무책이다.

둘째, 4차 산업혁명을 목전에 두고 기존 생산방법은 디지털 인공지능을 도입하며 대량으로 방출되는 실업의 불안이다. 생산에 도입되는 인공지능으로 하여금 없어지는 일자리와 새로 만

---

10) (사)실업극복인천본부 이사장, (사)전국실업단체연대 이사장, 국민기본일자리포럼 회장, 전 한국노동연구소 소장, 전 한국노동교육원 교수, 역서 : 「7개국 노동운동」, 저서 : 「민족분단과 통일문제」

들어지는 일자리로 논쟁의 여지는 있으나 기존 일자리에서 일하는 노동자가 새로운 일자리로 전직되도록 과정 준비 없이 갑작스럽게 닥치는 실업 문제는 현실로 다가오는 불안이다.

셋째, 인간수명이 길어진 100세 시대에서 50대에 정년 내지 해고된 노동자들의 실업문제가 심각한 사회문제로 대두되었다. 인생의 나머지 반 정도를 실업자로 살아야한다는 위기감.

넷째, 소득의 양극화로부터 오는 불안이다.
4차 산업혁명으로 기술의 복잡, 고기능, 고학력자는 고임금이 보장되지만 저학력, 단순노동, 임시, 일용직 노동자들은 저임금에 시달리다 인공지능 자동화 기계의 도입으로 해고 1순위가 되며 이들에 대한 수요가 줄어듦으로 오는 불안.

다섯째, 자본주의의 본질적 구조적인 실업의 문제다.
자본주의란 재화상품을 만들어 여기 생산과정에 참여한 자본가와 노동자가 임금과 소득으로 분배받아 그 돈으로 만들어진 재화상품을 돈 주고 사서 쓰는 제도이다.
그런데 노동자는 임금으로 받은 돈을 거의 다 생활에 필요한 상품을 사서 쓰지만 자본가의 소득은 상당부분 일부 소비 후 대부분 저축을 하게 된다. 그래서 저축되는 만큼 생산된 상품도 안 팔리고 재고로 쌓이게 된다. 재고가 있는 만큼 사용자는 생산을 줄이고 줄인 생산만큼 고용도 줄이므로 실업은 필연적이다. 물론 세계화 과정에서 다소 양상은 다를 수 있으나 크게 보면 마찬가지이며 실업은 필연이란 논리가 존재한다.

여섯째, 일자리에 대한 주민들의 인식이 기본적 인권으로 인식하는 문제다.
헌법 32조는 모든 국민은 일할 권리가 있고 국가는 일자리를 원하는 국민에 대하여 일자리를 제공해야한다고 규정하고 있다. 이것은 단순한 선언적 의미에서 국민의 기본권으로 새롭게 인식 해석하며 국가에 대하여 일자리를 요구하게 되는 것이다.

이상과 같은 상황으로 이제 기본일자리란 개념이 단순한 일자리정책, 실업대책, 복지대책이 아니라 그것이 국민의 기본권 내용이고 국가는 이를 실천할 의무가 있다는 패러다임의 전환 인식이다. 이로서 기본일자리는 자본주의의 모순인 실업을 해결하는 완전고용이며 현존 불안정한 복지보장제의 한계를 완전히 보완 극복하는 발상이다. 이미 자본주의는 이러한 사회불안 실업에 대하여 사회보장제도로 극복 노력을 해왔다. 그러나 끝없이 새로운 문제가 발생하여 그 보장제도가 원래의 목표를 이루지 못하고 있다. 이에 필자는 본론에서 기본일자리란 개념을 1차적으로 정리하고 그 시행방법을 생각하고자 한다.

우리 정부는 이미 사회보장제, 사회적경제 정책을 시행해왔다. 기본일자리에 대한 시행을 위해선 이에 대한 명확한 개념규정과 이 실현을 위해 이미 실시해온 사회보장제, 사회적경제 정책을 평가 연구하여 새롭게 발전시켜야한다. 그리하여 마침내 기본일자리를 우리사회에 정착시킴으로서 완전고용 사회보장의 완성을 이루어야 할 것이다.

본론

1) 기본일자리의 개념

기본일자리란 일자리를 원하는 모든 국민에 대하여 국가가 사용자적 입장에서 일자리를 해결해 주는 것을 말한다.

지금까지의 국가 실업대책, 고용정책의 요지는 일자리는 개인 기업에서 만드는 것이고 정부는 이를 교육, 보조금 등으로 지원하는 것이 골자였다. 그러나 정부가 아무리 기업에 인센티브를 주고 취업지원을 해도 기업은 목표가 이윤추구지 고용증대가 아니다 고로 사회적으로 필요한 실업자 고용의 한계가 있을 수밖에 없다. 따라서 해결 못하는 실업자 문제를 국가가 직접 해결하는 것 그것이 기본일자리의 개념이다.

모든 국민의 안정적인 생활보장은 소득이 보장 되어야만 하는데 전 국민 가계소득의 90%이상이 노동소득이다. 따라서 실업자들의 소득보장을 위해서 노동소득 즉 취업고용이 가장 확실한 방법이고 정부가 이를 책임져야만 한다는 것이 기본소득의 기본개념이다.

헌법 32조 1항에서 '모든 국민은 근로의 권리를 가진다. 국가는 사회적, 경제적 방법으로 근로자의 고용증진과 적정 임금의 보장에 노력해야 한다.'고 규정하였다.
즉 국가가 국민(근로자)의 고용증진을 의무사항으로 규정하였다. 이는 헌법이 경제적 약자인 근로자의 인간다운 생활을 보장하기 위한 '근로의 기본권'을 명시한 것이다. '근로의 기본권' 이라함은 근로자를 개인의 차원에서 보호하기 위한 '근로의 권리'로서 근로자의 노동3권 (단결권, 교섭권, 행동권)과 함께 근로자의 [기본권]인 것이다. 기본권이라 함은 인간의 기본적 인권으로서 이것이 결여되면 인간의 구실을 할 수 없다는 권리라는 뜻이다. 봉건제 붕괴와 함께 개인의 자유 평등 사상으로 시작하여 언론, 출판, 사상, 종교의 자유를 이루며 소유권, 직업선택권, 생존권 등이 기본권 중심을 이룬다. 기본권을 자연법사상에 의해 확고히 자리 잡아 국가에 의해 법률로 보장하게 되어 헌법에 규정 된 것이다. 곧 국가의 존립이유가 인간의 자유권, 기본권을 보장하기 위한 이유이기도 하다.

2) 기본일자리 [근로권리]의 본질

① 근로와 노동의 차이
근로와 노동은 비슷한 것 같지만 내용과 뉘앙스가 분명히 다르다. 근로란 열심히 일한다는 사전적인 뜻이고 노동은 노동력을 팔고 그 대가인 임금을 받는다는 뜻이 강하다. 따라서 근로란 지시대로 열심히 일한다는 뜻이 내표되어 있고 노동이란 사용주와 대등한 관계에서 노동력을 팔고 그 대가를 받는다는 계약관계의 뜻이 강하다.

② 근로의 권리는 곧 일자리의 청구권이다.
근로의 권리는 사회적 기본권의 하나로 그 본질에서는 [근로기회 제공 청구권]을 의미한다.
근로의 의사와 능력이 있음에도 취업의 기회를 얻지 못한 자가 국가에 대하여 근로의 기회를 제공하여 줄 것을 요구할 수 있는 권리를 말한다.
바이마르 헌법 제 163조 2항 제 2문에는 '적당한 노동의 기회가 부여되지 않는 자에 대하여는 필요한 생계비를 지급 한다'고 규정하여 국가가 일자리 제공을 의무화 하고 그것을 수행치 못 할 시 생계비까지 지원하도록 하였다.
우리 헌법 32조 1항은 국가가 일자리를 원하는 자에 대하여 일자리 제공 규정이 선언적 의미라고 대부분 해석하지만 이제는 이 규정이 선언적 의미가 아니라 명문화된 정부의 의무조항으로 해석하고 이를 실천하는 것이 기본일자리 개념인 것이다. 적극적인 근로의 권리를 국가가 실천하는 것이다.

③ 근로의 권리가 기본권이 되는 이유

근로(노동)는 인간의 물리적인 생존 조건이며 모든 인간 생활의 첫째가는 근로조건이다.(피이테) 근로(노동)가 없이는 인간은 생존 할 수가 없다. 근로를 통해 인간은 자연을 자기생존에 맞게 변형시켜 삶을 영유한다. 노동을 통하여 도구, 기계, 문명이 발전하게 되고 인간 자신과 인간의 생산력, 인간사회, 인간의 역사를 만들어 왔다(Hegel).

고로 노동은 인간의 자기 활동이고 자기 확인이다. 따라서 근로는 인간의 생존필수 조건이며 그 누구도 근로의 권리를 뺏을 수 없는 기본권이 되는 것이다.

기계문명이 고도로 발달된 자본제 사회에선 생산수단을 소유한 사용자 측에서 노동력을 구매함으로 고용이 이루어진다. 그래서 자칫 근로의 기회가 사용자에게 달려 있는 것처럼 상대적으로 보이지만 사용자에게 근로가 인간이 필요적 생존조건이기 때문에 기본권으로서 국가가 책임을 져야만 하는 것이다.

특히 자본제 사회에선 인간이 소득이 있어야만 살 수 있는데 노동을 통해야만 소득이 발생하기 때문에 더욱 그렇다. (국민의 소득 중 근로소득이 90% 이상) 자본소득이나 임대소득, 부동산 소득, 복지 지원소득 등도 모두 근로로부터 변형된 소득일 뿐이다.

④ 근로의 권리와 근로의 의무관계

헌법32조 1항은 근로는 모든 국민의 권리임을 규정하고 동법 2항은 근로는 모든 국민의 의무임을 규정하고 있다. 근로는 인간 생존의 가장 중요한 핵심요소이기 때문에 국민의 기본권으로서 국가가 책임을 지되 국민은 기본적 의무사항으로 일해야 한다고 규정한 것이다.

자본제 사회에서 생산수단을 장악하고 있는 사용주의 전횡에 따라 고용과 실업이 일어나고 힘든 노동의 결과 노동을 기피하는 현상이 벌어지고 있다. 계급사회에서 사농공상의 풍조가 만들어 지며 힘든 노동을 피하려 사무직, 관료직, 화이트칼라로 집중되는 풍조가 생겨났다. 그리하여 인간생존의 필수 요소인 노동을 기피하는 풍조가 생겨났는데 이는 심각한 인간 생존의 왜곡현상이라 할 수 있다. 노동(근로)을 할 수 있도록 기회를 사회와 국가가 주고 소득분배를 정의롭게 하며 힘든 어려운 일은 기계로 보충하며 노동을 삶의 기회, 삶의 의미로 느껴질 수 있도록 노동의 질을 높여야 할 것이다. 그렇게 하여야만 건전한 인간의 삶이 보장되고 의미 있는 생산적 사회가 전개 될 것이다, 그렇기 때문에 근로는 권리이며 의무인 것이다. 동전의 양면이다.

3) 일자리를 원하는 국민은 누구인가?

① 일자리를 원하는 대상자
통계청 자료(2020년 12월)에 실업자는 1,108천명이었다. 여기에 현재 아르바이트로 일하지만 추가로 시간 일을 더 할 수 있는 자[1] 1,157천명 잠재경제활동인구[2] 2,043천명 도합 4,308천명 즉, 4,308천명이 실제 일자리를 원하는 국민이다.
정부는 이들에 대하여 일자리를 구해 줄 의무가 있는 것이 헌법(32조 1항)의 규정이며 이것이 곧 기본일자리의 대상이 된다.

① 시간관련 추가 취업가능자는 주당 1~17시간 일하는 1,901 천명 중 추가로 일하기를 원하는 자이다 (통계청 자료 고용보조지표1)
② 잠재경제활동인구는 통계청 고용보조지표2 로서 잠재취업가능자와 잠재구직자를 포함한다.
　　*잠재취업가능자 = 비경제 활동인구 중 지난 4주간 구직활동을 하였으나 조사대상 기간에 취업이 가능하지 않은 자 49천명
　　*잠재구직자 = 비경제 활동인구 중 지난 4주간 구직활동을

하지 않았지만 조사대상 주간에 취업을 희망하고 취업이 가능한 자.
　①과 ②에 실업자 수를 더한 것을 고용지표3으로서 확장실업률 {(①+②+실업자)÷확장경제활동인구} X 100% 이라한다.
　*확장경제활동인구 = 경제활동인구 + 잠재경제활동인구
③ 고용보조지표 구성도

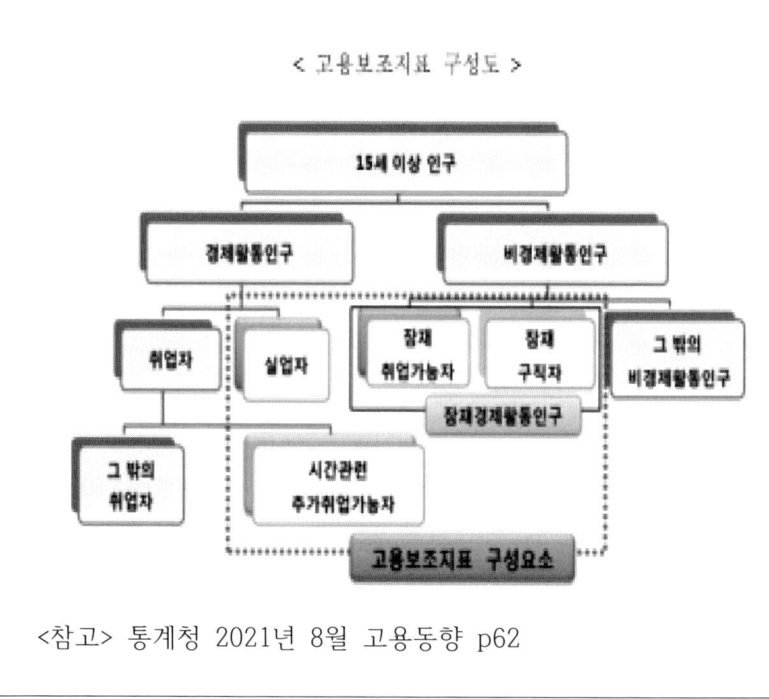

<참고> 통계청 2021년 8월 고용동향 p62

② 일자리에 소요되는 재원
정부에서 이들 구직 희망자 430만 명중 실업자 110만 명과 잠재경제활동인구 200만 명 합 310만 명의 최저임금을 적용하면 2200만원/년 X 310만명= 68조, 알바지망생 115만 명의 4시간씩 알바일자리에 소요비용은 115 X 2200만 X 1/2 = 12.6 조 총합 80.6조 여기에 사용자 보험료 10% 8조원, 기본일자리 진행

간접비 20% 16조원

총합 년 104.6조원이 소요된다.

이 비용을 현재 소요되고 있는 일자리예산 ('21년도 기재부 일자리 예산기금) 35조원에 정부예산의 매년 흑자예산(GDP대비 약 0.98%) 재원 (2020 GDP 1933조) 19조원, 지방정부의 흑자예산재정 약 60조(연간)를 더하면 114조원으로 충분하다. 이는 기존 복지제도 예산을 그대로 지속하면서도 실현 가능한 수치이다.

③ 인천의 기본일자리 대상자와 소요재원

인천의 기본일자리 대상자는 23만 명이다. 이중 잠재경제활동인구 9.7만 명, 실업자 8.5만명 합계 18.2만 명

재원 : 182,000 x 2200만원 = 4조원

추가 4.8만 X 1,100만(추가 시간제 4시간) = 4조 5천200억

사대 보험료 10% 4,500억, 관리 간접비 20% 9,000억

합계 5조8천7백억 소요

i) 인천 추가 취업 가능자 - X, 전국 8.3%를 인천에 대입
  (X + 8.6만) ÷ 161.9 만 = 8.3/100 = 0.083X + 8.6만 = 0.083 x 161.9만 = 13.4377만
  X = 13.4377만 - 8.6만 = 4.8377만 (약4만8천명)

ii) 잠재경제활동인구 = X
  (8.6만 + X) ÷ (161.9만 + X) x 100 = 10.7만
  (8.6만 + X) / 161.9만 + X x 100 = 10.7/100 = 0.107
  8.6만 + X = (161.9만 + X) 0.107 = 17.3233만 +0.107X
  0.893X = 8.7233만
  X =9.7685 명(약9만 7천명)
iii) 일자리를 원하는 실업자=8.6만명(실업자)+4.8만명(추가알바원)+9.7만(잠재경제활동인구)=약 23만**명**

4) 인천 기본일자리의 전개과정

① 기본일자리의 방향
기본일자리란 일자리를 원하는 국민에게 국가(관)가 일자리를 제공하는 것을 말한다.
국가(인천광역시)가 사용주로서 일자리를 제공하는 것을 말한다.
그래서 인천의 경우 일자리를 원하는 자 23만 명(이중 4.8만 명은 파트타임(알바)으로 일하는 분 들이 추가로 파트타임을 원하는 자임)에 대해 일자리를 제공하는 것이 기본일자리의 범위 내용이 된다.
일자리의 기본방향은 시중의 일반 기업 일자리와 충돌이 안되게 공식적 성격인 사회서비스 일자리등 사회적 경제 기업이 되어야한다.
경제의 디지털화(4차 산업혁명) 중진국형 경제수준 고령화, 양극화 저출산 등에 따라 더욱 필요해진 사회서비스와 사회적 경제 일자리로부터 많은 일자리를 만들어야한다.
사회서비스는 국민의 삶의 질 향상과 경제적 구조로부터 요청되는 필수 사항이다.
즉, 교육, 의료, 복지, 공공행정서비스, 돌봄 등의 분야에서 국민의 삶의 질을 향상 충족시킬 수 있는 일자리를 만드는 것이다.
일반행정, 환경, 안전의 공공행정, 의료, 주택, 사회복지, 보육, 아동, 장애인, 노인보호일자리 등의 사회복지, 방과 후 활동, 특수교육의 교육부문, 도서관, 박물관, 미술관의 문화부문의 일자리는 취약한 국민들과 모든 국민들의 삶을 향상 시킬 수 있는 일자리이다.
그런데 정부는 이미 사회서비스일자리를 해왔다.
특히 노인에 대한 돌봄과 일자리, 장애인에 대한 일자리, 의료

요양 등에 대한 돌봄 노동 등등을, 사회적경제 기업 (사회적 기업, 자활근로, 마을기업, 협동조합)과 사회서비스 일자리로 해왔다. 다만 필요에 따라 예산범위 내에서 무작위로 실천해왔다. 문제는 기본일자리 관점에서 볼 때 일자리를 필요로 하는 구직자에 대한 완전고용의 입장에서 사고하고 계획을 수립하고 실천할 필요가 있는 점이 다른 점이다.
이런 관점에서 보면 인천의 23만 명에 대한 일자리고용 대책이 기본일자리 대책인데 인천의 2020년 2021년에 어떻게 진행됐는지 일자리 공시제를 평가 분석함으로서 알아보고자 한다.

② 인천의 일자리
인천의 일자리 (공시제)는 기본일자리란 개념 없이 즉 일자리를 원하는 구직자의 수적 범위를 규정함 없이 막연한 필요에 의해 계획 수립 실천했음을 알 수 있다.
그리고 일자리 정책 실시의 근간은 일자리는 기업이 창출한다는 전제 아래 교육, 상담, 인센티브를 주종으로 계획 실천하고 있다.
구체적 내용을 보면 2020년 평가에서 일자리 지원, 일자리 창출에 144,527명을 지원 한 것으로 되어있고 이중 코로나로 인한 피해자 보상지원에 33,730명을 지원하고 나머지는 인천형 뉴딜에 투자 지원한 것으로 나왔다.
'21년도 공시제 계획을 보면 알자리 지원 사업에 134,706명을 지원 목표로 하고 있다.
여기에 지원예산을 3조 667억인데 국비 4천 677억 4300만원, 시비 5천 638억 7900만원
군.구비 1천 110억 4400만원 민자 2조 5246억 3900만원으로 되어있다.
세부내용을 보면,
i) 취약계층 일자리 확대지원 9,347명에 906억 원 (자활 3800,

장애인 1791, 희망근로 1694, 공공근로 560명, 지역공동체 300명, 지역방역 504명, 사회적경제 기업-사회적 기업, 마을기업, 협동조합 등 789명) 1인당 연봉 9,600,508원 (80만원/월)
ii)생애맞춤형 일자리 지원 63,466명에 1849억 원, 청년 취업지원 3372명,(구직 320,취업준비 1,000,재직dream 600), 청년채용인센티브 227, 경력단절여성 15,381, 신중년 480, 노인일자리 43,916 1인당 연봉 2,913,370 (약 24만/원)
iii) 지역 특화일자리 코로나 대응 1조 2174억 20,293명, 항공산업, 뿌리산업, 아이스관광스타트업 인프라 구축 및 인력양성 및 취업지원
iv)고부가가치 먹거리창출 5646억 원 2680명 biocluoter, 첨단디지털산업 육성, startup 생태접근성 등 인프라 구축
v) 고용안전망 강화 1948명 131억 원 일자리위원회,국민취업지원제도,종합일자리 지원제도, 새로일하기센터, 구인구직, 노동인권센터, 복지시설, 민간위탁
1인당 연봉 1,330,219원 (약 11만/월)
요약 평가하면 i),ii),v)는 일자리에 직접고용 성격이 강하고 iii), iv)는 인프라 구축으로 기업의 토대를 구축하여 일자리 창출 고용이 가능하도록 한 성격이 강하다.
그런데 i),ii),v)는 연봉이 960만원, 290만원,133만원으로 모두 최저임금 미달이다. 그리고 3개 부문 모두 82,751명이고 iii), iv) 부문 합 20,293명으로 도합 103,044명에게 혜택을 주었다. 그리고 나머지 약 3만 명은 어떻게 지원했는지가 자료에 명확하지 않다.

요약하면 일자리를 원하는 23만 명중 약 13만 명을 지원하는 것으로 되어있으나 최저임금 미달인 것이다.
<표>인천의 일자리 공시제 및 재원조달계획

정책분야	추진전략	실천과제	목표	사업비					추진부서
				합계	국비	시비	군구비	민자	
합 계			134,706	3,667,304	467,744	563,880	111,044	2,524,639	
① 코로나19 고용 충격 최소화			16,899	1,192,303	63,601	110,594	16,892	1,001,216	
	1)취약계층 일자리 확충	(1)저소득층 실업자 일자리 지원	3,058	16,296	9,885	3,205	3,205	0	사회적경제과
		(2)장애인 일자리 창출	1,791	23,926	7,004	8,877	8,045	0	장애인복지과
		(3)자활 근로 확대	3,800	42,481	37,415	3,452	1,614	0	생활보장과
		(4)사회적경제조직 지속가능한 생태계 조성	788	7,903	4,856	2,146	896	6	사회적경제과
	2)공공 주도 일자리 강화	(1) 시·군·구 상생 협력 일자리 사업추진	200	2,362	0	1,600	726	36	일자리경제과
		(2) 공무원, 공기업 채용	1,571	10,607	0	9,656	0	951	인 사 과/재정관리담당관/교통정책과/관광진흥과/환경기후정책과
	3) 민간고용창출 마중물 조성	(1)글로벌 마케팅 및 수출 인프라 확충 지원	53	4,297	0	4,297	0	0	산업진흥과
		(2)스마트공장 보급 확대	330	2,500	0	2,500	0	0	산업진흥과
		(3)산업단지 고도화 추진	0	0	0	0	0	0	산업진흥과
		(4)중소기업 지식재산 및 디자인 지원 강화	100	6,924	2,215	4,229	480	0	산업진흥과
		(5)우수기업 발굴 및 육성 지원	103개사	628	0	628	0	0	산업진흥과/일자리경제과
		(6)인천기업 지원 협력	0	0	0	0	0	0	산업진흥과
	4) 경영회복 신속 지원 (소상공인, 중소기업)	(1)중소기업 자금 지원	5,016	1,045,000	0	45,000	0	1,000,000	산업진흥과
		(2)소상공인 경영안정 지원	107	20,600	0	20,600	0	0	소상공인정책과
		(3)전통시장 경쟁력 강화	85	8,779	2,226	4,404	1,926	223	소상공인정책과
② 생애주기별·지역특화 일자리			105,279	1,897,288	325,750	314,745	92,376	1,164,438	
	1)전생애 일자리 강화	(1)청년 일자리 탐색 및 일경험 지원	3,372	11,636	2,898	8,363	200	175	일자리경제과/청년정책과/산업진흥과
		(2)맞춤형 여성일자리 지원	15,381	6,733	3,232	3,217	2	282	여성정책과
		(3)지속가능한 어르신 좋은 일자리 창출	43,916	161,216	77,826	45,131	38,259	0	노인정책과/인천복지재단담당관/일자리경제과
		(4)신중년 일자리사업 강화	480	1,597	425	1,172	0	0	노인정책과/일자리경제과
		(5)다문화 일자리 기회 확대	317	3,702	1,667	1,057	978	0	가족다문화과
	2)지역특화형 일자리 활성화	(1)항만 물류산업 경쟁력 강화	23	3,550	0	1,200	0	2,350	해양항만과
		(2)고용안정 선제대응 패키지 지원사업	1,597	7,265	5,085	1,880	300	0	일자리경제과
		(3)인천공항 경제권 구축	17,573	1,161,895	2,725	2,310	0	1,156,860	일자리경제과/서비스산업과
		(4)마이스 생태계 조성	111	985	266	663	0	56	마이스산업과
		(5)관광산업 경쟁력 강화	259	9,561	1,636	3,154	56	4,715	관광진흥과

<참조> 인천광역시 「지역일자리 목표공시제 2021년도 일자리대책 연차별 세부계획」 중 p33

정책영역	추진전략	실천과제	목표	사업비 합계	국비	시비	군구비	민자	추진부서
		(6)원도심 활성화를 통한 일자리 창출	388	32,940	23,713	8,389.5	837.5	0	주거재생과/건축계획과/도시재생과
		(7)중소기업 일자리 만들기	342	1,180	590	590	0	0	일자리경제과
	③인천형 사회서비스 확대로 일자리 지원	(1)장애인 분야	5,292	128,234	89,764	19,235	19,235	-	장애인복지과
		(2)노인 분야	846	17,080	11,956	2,573	2,551	0	노인복지과
		(3)건강 분야	238	8,229	4,185	2,058	1,986	0	건강증진과/보건의료정책과
		(4)보육 분야	7,146	134,064	76,880	38,249	18,935	0	여성가족과/보육정책과/육아지원과
		(5)아동 분야	1,544	24,748	13,916	5,553	5,279	0	아동청소년과
		(6)여성 분야	13	363	57	306	0	0	여성정책과
		(7)청년 분야	55	2,597	1,324	699	574	0	생활보장과/아동청소년과
		(8)문화 분야	74	2,264	690	1,077	497	0	도서관정책과/문화유산과
		(9)체육 분야	167	5,330	2,441	1,883	1,006	0	체육진흥과
		(10)환경 분야	1,026	17,220	3,810	12,019	1,392	0	시정혁신담당관/자원순환과/대기보전과/보건환경연구원
		(11)교통 분야	4,686	139,020	0	139,020	0	0	버스정책과
		(12)공공, 행정서비스	433	15,880	645	14,947	288	0	상수도사업본부/토지행정과/세정담당관/재정관리담당관/스마트시티과/투자유치기획과
[3] 고부가가치 미래 일자리			2,680	564,583	75,612	129,926	61	358,985	
	①인천형 뉴딜을 통한 혁신 일자리 발굴	(1)투자유치 활성화	280	261	0	261	0	0	투자창조과/신성장산업유치과
		(2)4차 산업 육성	10	698	0	698	0	0	미래산업과
		(3)세계 물포럼, 바이오 클러스터 조성	180	6,312	4,412	1,900	0	0	신성장산업유치과
		(4)융합기술을 통한 PAV 핵심기술 개발	시제품제작	1,105	666	300	0	139	산업진흥과
		(5)로봇분야 창업 및 일자리 지원	20	5,100	0	5,100	0	0	미래산업과
		(6)자동차부품산업 육성 지원	40	700	0	700	0	0	미래산업과
		(7)뷰티산업 육성 지원	11	1,200	0	1,200	0	0	미래산업과
		(8)AI, SW 산업 육성 관광산업 경쟁력 강화	180	7,297	1,050	6,247	0	0	미래산업과
		(9)문화콘텐츠 산업 육성	242	6,251	2,051	4,201	0	0	문화콘텐츠과/공연예술과
		(10)산단대개조	20	14,400	10,500	3,900	0	0	산업진흥과
		(11)녹색산업 육성	6	4,020	100	520	0	3,400	환경기후정책과
		(12)최소금속산업 육성	99개사	3,503	2,523	980	0	0	산업진흥과
	②스타트업 생태계 조성 통한 일자리 강화	(1)창업 인프라 확대 지원	353	16,799	4,798	10,867	0	1,134	투자창조과/스마트시티과
		(2)창업 단계별 지원 확대	415	45,812	29,742	5,470	0	10,600	투자창조과
		(3)귀농, 귀촌 및 창업농,어가 일자리	21	451	305	85	61	0	농업정책과/농축산유통과/수산자원센터
	③IFEZ 글로벌 신산업 일자리 확대	(1)복합리조트 집적화	32	333,177	19,465	0	0	313,712	서비스산업유치과
		(2)비즈니스 거점 지구 육성	100	30,000	0	0	0	30,000	서비스산업유치과
		(3)국제도시 기반시설 조성	770	87,497	0	87,497	0	0	영종청라개발과

<참조> 인천광역시 「지역일자리 목표공시제 2021년도 일자리 대책 연차별 세부계획」 중 p34

정책분야	추진전략	실천과제	목표	사업비 합계	국비	시비	군구비	민자	추진부서
② 더 든든한 고용안전망 강화			9,848	13,131	2,801	8,615	1,715	0	
	1)일자리 New 거버넌스 재정립	(1)일자리거버넌스 활성화	4회	72	0	72	0	0	일자리경제과
		(2)데이터기반의 열린 일자리 행정	해당없음	0	0	0	0	0	일자리경제과
	2)고용서비스 인프라 혁신	(1)일자리 서비스 지원 기반 강화	9,778	3,837	0	3,837	0	0	일자리경제과
		(2)산업 맞춤형 교육훈련 실시	2,572명	2,916	2,751	165	0	0	일자리경제과
		(3)미래 일자리 탐색 지원	120명	174	0	174	0	0	일자리경제과
		(4)시민사회 교육 자격증 과정 운영	25개과	175	0	175	0	0	인재개발원
	3)더 일하기 좋은 환경 조성	(1)노동존중 정책 실현	2,100명	4,106	50	2,341	1,715	0	노동정책과
		(2)근로여건 개선	70	1,851	0	1,851	30	0	노동정책과 일자리경제과 여성가족과 가족다문화과

<참조> 인천광역시 「지역일자리 목표공시제 2021년도 일자리 대책 연차별 세부계획」 중 p35

결론

평가요약하면,

① 인천의 일자리 대책은 기본일자리 종합대책이 아니고 막연하고 필요한 구직대상자에게 예산 범위 내 계획 실천한 것이다.

② 인천의 일자리는 기본적으로 기업지원으로 일자리를 창출하도록 하는 것이었고 상담, 교육, 취업으로 구분 되어 있다.

③ 향후 일자리 대책은 기본일자리 대책으로 되어야 한다.

 기본일자리 대책은 첫째, 일자리를 구하는 실업자 즉, 구직자의 범위를 명확히 확정하고 전국 통계청 고용통계처럼 인천통계에서도, '실업률 고용지표Ⅰ- 추가 시간제를 원하는 시간제일자리취업자, 실업률 고용지표Ⅱ - 잠재 구직자' 가 조사되어야 한다.
　둘째, 누가 구체적으로 일자리를 원하는지 구체적으로 확인, 발굴하여 워크넷 구직신청, 각 취업알선센터에 구직신청, 각 동사무소에서 구직 실업자를 파악하여
　셋째, 이들에게 일자리를 제공하는 대책, 즉 재원을 확보하여 취업대책, 일자리 대책을 세워야 한다.

④ 그리고 기업을 지원하여 인프라 구축으로 취업이 가능하도록 하는 기업지원 정책도 지속되어야 하는데 이는 기업지원 대책으로 기본일자리대책과 명확히 구분해야 한다.

⑤ 구직자에게 교육 상담 훈련도 지속하되 기본일자리대책과 명확히 구분해야 한다.

⑥ 기본일자리 대책은 현재 진행되어온 사회서비스사업, 사회적경제기업의 경험을 연구, 발전시켜 사회서비스사업 일자리가 중심이 되도록 발전시켜야한다.
　즉, 사회적경제기업인 사회적기업, 마을기업, 협동조합, 자활기업 등을 연구, 발전시키고 노인일자리, 장애인일자리, 경력단절여성일자리, 바우처 등 사회서비스 사업 일자리에 집중 연구발전 시켜야한다.

⑦ 기업지원 정책은 첨단산업(바이오, 디지털 4차 산업), 그린뉴딜사업, 그리고 취업자의 90% 고용을 담당하고 있는 중소기업을 부문별로 지원하는 종합지원 대책을 세워야한다.

<참고문헌>

일자리정책 국가가 발벗고 나설 때다 전용복
사회적 기업과 사회서비스 정무성, 황정은, 김수영, 현종철, 서정민
사회적기업의 이해와 국내외 경영사례 조영복
따뜻한 혁신 알찬경영 사회적기업 한국사회적기업진흥원
포용적성장과 사회적경제 김용구 정영수
성공하는 사회적기업의 모든 것 노동부
인천광역시 고용동향 2020.1-2021.6 경인지방통계청
인천경제동향 2020.12-2021.6 인천광역시
(지역일자리 목표 공시제) 2021년도 일자리대책 연차별 세부계획 인천광역시
고용동향 2020.1-2021.5 통계청
임금근로 일자리 동향 2020.4/4분기 통계청
KDI경제전망 2020 하반기 KDI
KDI경제전망 2021상반기 KDI
철학대사전 동녘
철학대사전 학원사
헌법 기본강의 정희철

2부 기본일자리의 실천방안

기본일자리의 추진방법으로서 사회적경제
한국 사회적경제의 역사
한국일자리정책20년사

기본일자리의 추진방법으로서 사회적경제

유재성[11]

Ⅰ. 들어가는 말

2000년대 들어와 사회적경제가 재등장하며 세계 각국에서 활발한 논의와 다양한 실천이 이루어지고 있다. UN은 각국의 노력과 의지를 반영하여 2012년을 협동조합의 해로 정하기도 하였다. 사회적경제에 대하여 관심을 갖게 되는 이유는 오늘의 세계가 처한 현실을 반영하고 있다고 본다. 특히 1990년대 시작된 신자유주의는 노동시장 유연화에서 보듯 고용시장의 불안으로 이어지며 노동의 양극화로 실업률의 증가 등 실직 빈곤층이 늘어나고 있다. 한편 자본의 강화는 빈부 차별이 극대화된 양극화로 이어지고 있다고 본다. 따라서 사회적경제가 재등장하게 된 것은 신자유주의의 강화에 따른 부의 양극화로 사회적차별, 배제의 심화와 고용의 구조적 불안으로 실직, 빈곤층의 증가와 일자리의 어려움이 근본문제가 된 현실에 그 해결, 해소를 위한 대안(목적)에서 기인한 것으로 본다. 한편 한국에서 사회적경제는 IMF외환위기(이하 IMF 위기)에서 처음 등장하였다. IMF 위기가 서구에서처럼 산업화 과정을 통하여 자본주의 형성과 성장 그리고 복지국가로의 발전 등 정상적인 이행과정은 아니었지만, 우리로서는 근대화 과정로서 산업화를 이루며 소위 자본주의 시장경제체제에서 맞이한 초유의 파국적 상황이었다. IMF체제라는 외부세력에 의한 경제 통치로서 국가는 주도성 그

---
[11] 목사, 사회복지학 석사, 실업극복연수센터장, 전 인천녹색소비자연맹 상임운영위원장

리고 시장은 강제적 구조조정을 요구받는 등 제 기능을 상실하게 되었고 대량해고와 이에 따른 실직자와 빈곤층이 양산되는 상황이었다. 더구나 한국은 압축 성장에 따른 기본적인 사회안전망 기반도 제대로 갖추지 못한 낙후된 복지현실이었다. 이런 총체적인 위기의 현실 앞에 민간, 시민사회 세력이 자발적으로 나서 범국민조직으로서 실업극복위원회를 구성하게 되었다. 한편 전국적 단위의 사업수행을 위하여 지원조직을 구성하게 되었고 실직자와 가정 그리고 저소득층을 지원하기 위하여 전 국민적인 모금사업을 전개하게 되었다. 실업극복국민운동은 실업대책의 일환으로서 우선적으로 긴급구호 사업을 통하여 실직자와 실직, 저소득층 가정의 기본적인 생계비를 지원하는 등 복지안전망을 마련하였다. 한편 정부는 실직, 저소득층 등에 대한 소득보장의 일환으로 사회적일자리로서 공공근로사업을 추진하였고 실업극복국민운동 단체들은 민관협력 참여(방식)인 공공근로사업에 주도적으로 참여하게 되었다. 한편 범시민적 위상으로서 실업극복위원회를 비롯해 복지관련 시민사회와 학계는 정부가 취약계층 등에 대하여 보다 책임적인 위상으로서의 법(령)과 제도의 필요성을 제기하게 되었다. 정부는 법령으로서 국민의 생존권을 명시한 국민기초생활보장법과 취약계층의 자립, 자활 등 노동권을 보장하는 차원으로 자활제도를 마련하게 되었다. 한편 실업극복국민운동을 비롯 현장에 참여한 제 단체들은 제도로서의 자활 지원 사업에 위탁 참여하게 되었다. 한편 법령, 제도가 만들어졌지만 여전히 제도의 사각지대와 근로빈곤층 등의 취약한 계층을 위한 일자리 마련이 요구된다고 보며 정부에 지속가능한 일자리 마련(창출)을 제기하였다. 필요성에 공감한 정부는 2003년을 시점으로 사회적일자리 사업(노동부)을 정책으로 마련 시행하게 되었다. 실업극복인천본부를 비롯 복지와 고용을 연계하여 일자리 창출을 모색하던 제 시민사회단체들은 사회적일자리 사업에 적극적으로 참여하게 되었고 이행 발전과정을 통하여 사회적기업, 자활기업으로 발전하게 되었다.

한국사회에서 사회적경제에 대한 단초를 만드는 계기는 앞서 언급하듯 IMF 위기의 상황에서이다. 한편 IMF 위기는 항상적이고 구조적으로 존재했지만 개인이 책임지고 개별적 돌봄의 대상이었던 실직, 취약계층에 대하여 국가 스스로가 기본권 보장을 책임지는 위상과 역할로 발전하는 계기가 되었다. 무엇보다 실직이 바로 빈곤층으로 이어지는 취약계층의 현실에 근로능력의 배양과 배려된 일자리 등 제도의 마련을 통하여 탈수급, 탈빈곤으로서 자립과 자활 등 일자리 정책의 변화를 가져오는 계기가 되었다. 특히 2003-4년 정부정책으로 준비되고 시작된 사회적일자리 사업은 민간, 시민사회의 일자리 현장의 참여가 확대가 이루어지는 등 한국에서 사회적경제에 대하여 지평을 넓히는 계기가 되었다. 한편 사회적경제에 대하여 본격적으로 시민적 관심을 갖게 된 것은 사회적기업육성법이 제정되는 등 사회적기업이 활성화가 되면서이다. 더구나 정부가 나서 사회적경제를 정부의 일자리 정책 지표로 삼으며 사회적경제는 일자리 문제를 해결할 사회적 화두에 이르게 되었다. 실제 사회적기업은 꾸준히 성장 발전 2019년 현재 사회적기업은 총 2,352개소에 이르고 있다. 이중 서울은 450개 경기는 400개 이며 인천은 144개소(6.1%)가 있다.(한국사회적기업진흥원 자료참조) 사회적경제로서 사회적기업에 대한 기대가 높은 것이 현실이다. 다만 최근에 사회적기업에 대한 지원이 종료되는 등 지원이 줄어들며 다소 주춤한 것이 지금의 추세이다. 여기에 대해서는 지원이 줄어들며 당연한 현상으로 사회적기업 스스로가 정비 등 숨 고르기에 들어간 것이 아닌가 하며, 한편에서는 사회적경제의 측면에서 사회적기업이 정체성 등 모색기에 들어간 것이라는 입장도 있다. 이런 견해에는 한편으로 사회적기업에 대한 사회적 관심과 사회적경제로서 자리매김하는 것 사이에는 현실의 간극이 존재한다고 본다. 좀 더 구체적으로 살펴보면 한국사회에서 고용의 불안전성과 고용의 진입이 어려움 등 일자리의 장벽 속에서 사회적기업을 통하여 일자리를 창출, 정착시켜야 하는 정부의 현실적 과제와 사회적경제로서 사회적기업을 목적과 특성에 맞게 발전 시켜야 하는 인식과 관점 사이에 차이가 존재한다는 것이다. 이 점은 지금은 고인이 되었지만 한국의 사회적경제에 대한 대표적인 이론가이자 실천가인 장원봉의 한국사회에서 사회적경제에 대한 평가에 주목할 필요가 있다.

"사회적경제의 실질적 형성의 주체인 시민사회가 단순히 정부의 정책의 수행자로 전락하거나 정부가 서비스 비용을 줄이고자 하는 의도에 이용되거나 시장경쟁 속에서 생존하기 위한 이윤추구 모델로 퇴행 또는 시민사회의 대변 활동을 위축시킬 수 있는 가능성을 보여주고 있다." (장원봉.(2021). 한국사회적경제의 거듭남을 위하여. 추모집)

정부로서는 일자리가 사회적 화두의 현실에 사회적경제가 사회적양극화의 해소와 무엇보다 취약계층의 일자리 해결을 위한 대안으로서 기대하며 사회적경제에 대하여 기대로서 접근하였다고 본다. 따라서 한국사회에서 사회적경제의 위상은 취약계층을 위한 목표지향적인 보완적인 일자리 정책으로서가 아니었나 한다.

사회적경제는 서구 유럽을 중심으로 시작된 것으로 등장배경에서 국가와 시장의 성격 그리고 복지전통 등 처한 현실이 한국과는 사회경제적 자리의 이행과정 등에 차이가 존재한다. 더구나 새로운 (대안)경제로서 목적이나 가치(지향) 그리고 무엇보다 사회적경제조직으로서 기존의 시장경제와는 다른 제 민간이나 시민사회의 참여의 폭을 넓히고 호혜 등 나눔을 통하여 공동체로서 사회경제의 지평을 확대하고 있는데 목적을 두고 있다고 본다. 한국의 사회적경제의 경우 서구 유럽과는 다른 산업화나 자본주의 이행 발전과정을 경험하지 못한 현실에 사회적경제를 우리의 자리에서 재해석하고 한국적 적용에 어려움이 많다고 본다. 실제 한국사회에서 사회적경제는 앞서 사회적기업의 발전 과정에서 언급하듯 당면과제로서 근로빈곤층 등 취약계층의 일자리 창출 등에 천착하는 등, 성과 중심의 한계를 노정하고 있다. 반면에 사회적경제에 대하여 실제 이론과 실천에 대한 연구물이 많지 않고 논의 또한 제대로 이루어지지 않는 등 정리된 담론과 합의 등 실천을 위한 대안이 마련되지 못한 것이 현실이다. 여기에 사회적경제를 예단하고 실용주의적 접근을 통해 해석, 적용 경우도 존재하는 등 아쉬움과 우려스러움이 든다. 사회적경제에 대한 이론과 실천의 현실이 이런 처지에 한국사회에서 제대로 된 대안으로서 사회적경제를 논한다는 것은 필자로서 주제가 넘는 일이라고 본다. 다만 현장에서 실업운동에 참여하는 입장에서 사회적경제가 한국사회의 실업운동의 대안(모델)으로서 의미와 시사하는 바가 크다고 보며 논하고자 한다. 필자는 이번 기회에 우선 사회적경제에 대하여 한국에서의 연구자들 중심으로 개념 등 과정을 살펴보며 둘째로 사회적경제에 대한 기본적인 이해로서 대체로 수용 가능한 것에 대한 정리 마지막으로 서구와 다른 이행과정으로 한국의 사회적경제에 대하여 과제를 제안으로 덧붙이고자 한다.

Ⅱ. 한국에서 사회적경제 연구의 흐름

한국에서 사회적경제에 대한 이론 연구의 시발점은 에릭 비데(2000), 장원봉(2005)이다. 장원봉의 (박사)학위 논문은 사회적경제에 대한 전반적인 것을 논증하고 있는 것으로 사회적경제 연구의 방향에 이정표가 될 수 있다고 본다. 특히 그는 서구 유럽과 한국의 사례를 통하여 사회적경제가 (노동시장의) 공공정책으로서 사회적 서비스영역 그리고 제도화로 이어진 것까지 구체적으로 언급함으로서 사회적경제를 보다 폭넓게 이해하는 데 영향을 주었다. 한편 신자유주의 체제가 지배하는 지금의 세계화의 현실에서 사회적경제에 대하여 우려하며 "서구도 신자유주의의 대표적인 민영화 전략에서 보듯 사회적경제가 포섭(대리인)으로서 전략의 우려'가 있다며 비판적 관점으로 보고 있으며 한국의 경우도 ① 신자유주의 질서에 덧붙여 ② 서구와는 달리 복지국가의 발전과정 등 경험(축적)을 하지 못하고 국가나 시장의 경직성 그리고 낙후된 국가복지 기반 등 정부가 제도나 정책으로 추진하고 있는 사회적경제가 한계가 있다고 보며 사회적경제가 "사회적경제운동으로 새로운 사회운동의 이념과 방식을 모색할 필요가 있다"고 제안하고 있다. 이와 비슷한 논조는 이후 노대명(2007), 신명호(2007), 이영환(2009) 등에서 볼 수 있다. 한편 장원봉은 사회적경제를 "자본과 권력을 핵심자원으로 하는 시장과 국가에 대한 대안적인 자원배분을 목적으로 하며, 시민사회 혹은 지역사회의 이해당사자들이 그들의 다양한 생활세계의 필요들을 축적하기 위해서 실천하는 자발적이고 호혜적인 참여경제 방식이다"라고 정의하고 있다. 그의 사회적경제에 대한 정의는 대안경제라는 전제지만, 자원배분.호혜성이라는 지향하는 '가치'와 '시민사회 또는 '지역사회의 이해당사자들' 이라는 영역으로서 조직의 위상과 역할 그리고 방식 등 사회적경제의 목적과 지향 등 개념적 정의를 분명히 하고 있다. 또한 대안 경제로서 자리매김하려면 전제로서 ① 시대의 방해와 장애물을 전략적 방법(제도적/조직적/가치적)을 통하여 극복하고 ② 이념과 실천의 합의가 있어야 하며, 덧붙여 ③ 궁극적인 것(모델)으로서 공동체주의에 대한 비전이 제시되어야 한다는 그의 논조는 비록 대안적 경제라는 전제이지만 한국에서의 사회적경제가 처한 현실의 어려움과 극복으로서 전략적 모색 그리고 궁극적으로 제시해야 할 비전 등 사회적경제가 가야할 전형을 제시하고 있다고 본다. 한국에서 사회적경제에 대한 실천적 논의는 IMF 외환 위기에서 실업국민운동의 민간, 시민사회의 참여 사례와 복지와 노동이 연계된 (국가)제도와 정책으로서 자활지원사업과 사회적일자리 사업에 대한 사회적경제로서 의미와 개선을 요구하고 있다. 특히 자활공동체와 관련하여 자발성과 민주성에 근거하며 탈빈곤. 탈수급 등 제도의 목적과 목표를 넘어 빈곤계층들의 자기실현, 주민생활공동체를 지향하는 '공동체성의 회복'이라는 측면에서 (김홍일.이문국.김정원 등)

사회적일자리 사업의 경우 사회서비스 등 사회의 변화에 조응하는 일자리로서 보다 자율성에 기반한 지원속에 민간,시민사회가 폭넓은 참여가 이루어진다면(노대명.신명호.장원봉 등) 한국의 사회적경제에 발전에 의미가 있다고 본다. 한편 정부의 제도로서 ① 정부중심으로 제도의 미비 ② 제도 초기 과정으로서 갈등 ③ 무엇보다 이행이나 발전과정에 대한 세부적이고 구체적인 계획이 없는 등 한계를 지적하며 제도개선을 주문하고 있다. 특히 사회적일자리가 취약계층의 저임금 일자리로서 머무는 것에 대해 우려와 함께 공공, 공적영역에서 사회서비스 일자리가 사회적경제로서 발전해 나갈 수 있도록 적극적인 배려 등 보완의 필요성을 제기하다.

한편 한국사회에서 사회적경제에 대한 진전된 논의는 엄형식(2008)에서 이루어졌다. 이 시기는 사회적기업지원법(2007)이 제정되며 일자리가 기업형태로 발전하는 일자리에 대한 패라다임의 전환이 이루어진 시기였다. 유럽의 사회적경제조직의 경우 비영리단체 등 시민사회가 사회적기업 등으로 발전한 단계로 상호 교차 비교해 볼 수 있는 기회로 그 관심이 높았다. 따라서 엄형식의 서구의 경험사례와 한국의 사회적기업에 대한 비교 연구는 ① 유럽의 맥락에서 사회적기업의 개념을 이해하고 무엇보다 우리로서는 사회적경제조직으로서 사회적기업을 성찰할 수 있고 또한 ② 한국적 상황에서 '재해석하고 향후 발전 방향을 모색'해보려는 그의 연구 목적은 우리에게 구체적인 사례를 돌아볼 수 있다는 점에서 의미가 있다. 한편 ③ 사회적경제의 등장은 역사적배경으로 매 시기 목적과 목표 그리고 사회적경제의 특성 등의 따라 차이가 존재한다. 한편 ④ 사회적경제에 대한 개념 정의에 따라 한국사회에서 적용으로서 벨기에 왈룬 사회적경제위원회에서 채택한 지침에 기반하여 한국의 사회적경제조직을 '전통적 사회적영역'과 '신사회적 영역'으로 구분하고 있다.

사회적경제를 대안경제로서 실천하기 위해서는 '국가와 시장'이 영역으로 중요한 범주이다. 그러나 비영리단체 등 민간, 시민단체 등 사회적경제조직에 대한 고찰이 매우 중요하다. 엄형식의 한국사회에서 사회적경제조직에 대한 구분 등 연구는 의미가 크다 이후 일군의 연구자들(신명호.김정원 등)에 의해서 연구가 지속적으로 이루어지고 있다. 다만 사회적경제조직에 있어서 국가와 시장을 대체 보완할 민간,시민사회에 대하여 한국사회의 경우 유럽 등 서구사회는 다르게 시민사회의 발전이 더디었고 또한 사회경제와 관련하여 국가와 시장이 중심이 되어 역할 분담하여 전통과 관례를 극복 배려하는 등 세심한 접근이 필요하다.

한국에서의 신사회 경제 현황

구분	사회적기업	마을기업	농어촌 공동체 회사	자활기업	협동조합
소관 부처	고용노동부	안정행정부	농림수산식품부	보건복지부	기획재정부
근거 법령	사회적기업 육성법	도시재생 활성화 및 자원에 관한 특별법	농어업인 삶의 질 향상 특별법	국민기초생활보장법	협동조합 기본법
시작 연도	2007년	2010년	2011년	2000년	2012년 (12.1)
주 참여자	취약계층 중심 (사회적기업 육성법 근거)	지역주민중심	농어촌주민 중심	저소득층 중심(수급자 및 차상위)	이해 당사자 중심+이해관계자
정책 목표	고용창출+ 사회서비스 공급	지역공동체 활성화	농어촌고용창출+소득증대	탈빈곤	새로운 법인격도입을 통해 시장경제 문제점 보완
지원 내용	인건비 및 사회보험료,경영컨설팅,법인세•소득세 50%감면,경영•회계 •노무컨설팅, 세제지원	시설비,경영컨설팅 등 최대 2년, 기업당 8,000만원	제품개발비,경영컨설팅 등 기업당 5,000만원	인건비 지원(기초생활수급자최대2년),초기사업자융자, 자활근로 매출적립금활용	협동조합 상담 및 컨설팅, 교육 및 홍보
개수	1,012개 ('13.12월기준 *예비사회적기업, 약2000개	781개	720개	1,342개 9천여명종사	'14.1.31. 현재 일반 3,459 개소 사회적 122개소
중간 지원 조직	사회적기업진흥원,권역별통합지원기관	권역별 통합 지원기관	농어촌공사	지역,광역,중아자활센터	사회적기업 진흥원

* 김정원(2014), "한국의 사회적경제의 현황 및 전망" 「사회적 경제의 이해와 전망」 인용 김정원은 엄형식의 구분을 참조하여 한국의 사회적경제를 구사회경제와 신사회적경제로 구분하고 있

다.

Ⅲ. 사회적경제의 이해

1. 사회적경제의 역사적 배경

'사회적경제'라는 용어는 ① 1830년 프랑스의 자유주의 경제학자 샤를 뒤느 와이어(Charles Dunoyer)의 논문에서 처음 사용되었다.   당시 19세기 프랑스는 산업화에 따라 빈곤층이 발생하는 등 사회적으로 어려움을 겪던 시기로 일찍이 노동자협동조합이 출현하였다. 그의 논조는 당시의 상황을 경제순환에 따라 생산과잉이 일어나고 불황에 처하며 노동자들이 실업상태에 이르게 되었다고 설명한다. 다만 대처 등에 있어 예지와 저축 등 미리 대비해야 하는 개인적인 관점에서 머무르는 한계를 보여주고 있다. 현대에 가까운 사회적경제의 용례는 샤를 지느(Charles Gide)에서 볼 수 있으며 그는 협동조합운동에 앞장섰던 인물로서 자본주의 형성과정에서 발생한 노동자들의 비참한 현실에 비인간적인 자본주의의 문제를 지적하며 생활세계 활동으로서 협동조합 그리고 결사체로서 공제조합 등을 통하여 인간다운 삶을 회복하는 인도주의적 목적으로 사회적경제가 등장하게 되었다고 본다.
한편 일찍이 산업화를 이룬 영국의 경우에서도 급속한 도시화에 따른 빈곤층의 발생 그리고 열악한 도시 위생 등 그 참상과 폐해가 컸다. 한편 노동자들의 대응으로 1884년 세계최초의 로치데일 선구자 조합이 등장하였다. ② 사회적경제가 본격적으로 주목받는 것은 1970년대 유가파동 등으로 재정지출의 축소와 대량의 실직자의 발생이라는 복지국가 위기와 이에 대한 재편 과정 속에 사회서비스 일자리 등 취약계층의 고용창출을 위한 목적으로 등장한다. 여기서 '사회적이란 의미'는 프랑스의 경우 협동조합과 공제조직의 전국연합회들이 모여 협의체를 구성하고 복지와 의료분야 등에서 결사체를 형성하는 것을 의미한다. 특히 프랑스를 주목하는 것은 집권당인 프랑스 사회당 정부가 사회적경제에 대한 다양한 지원정책을 제시했기 때문이다. 다만 정권이 보수정당으로 바뀌며 경제가 회복되고 규제가 완화, 장려되면서 일자리 창출은 기업의 몫 그리고 양극화의 해소는 정부의 몫이 되었다. 그런 가운데서도 1980년대 사회적경제는 연대의 경제로 새 활력을 얻게 되는 데 여기에는 사회적경제가 체제 순응적이고 시장 지향적인 것에 대한 비판과 함께 사회적경제가 사회적 배제를 해소하기 위한 노동시장으로부터 배제된 이들의 노동통합 등 사회적 연대의 경제를 구축하는 계기로 이어진다.

③ 1990년대 신자유주의체제로 인하여 소득의 양극화와 대량의 실직, 근로빈곤층이 발생하게 되었다. 특히 서구 유럽의 경우 신자유주의를 방치한 반성으로서 비시장경제의 원리와 호혜의 정신에 입각한 새로운 협동경제를 통하여 사회차별의 해소와 취약계층의 고용을 위한 방향으로서 사회적경제가 등장하게 되었다. 서구의 사회적경제는 산업화와 자본주의 형성과 발전과정에 필연적 요인으로 발생하며 위기에 대처, 대응하는 목적으로 등장하게 된다. 필연적임(!)에도 불구하고 사회적경제의 구체적 형태는 각 나라의 성격 그리고 노동시장이나 복지의 전통 또한 당면한 과제에 따라 다소의 차이가 존재한다. 한편 대응, 대처에 있어서 '사회적가치'라는 새로운 지향과 제3의 영역으로 대안조직의 형성이나 역할. 특성이 매우 중요하다.

2. 사회적경제란 무엇인가

"사회적 목적과 경제적 목적을 동시에 추구하며 연대에 기초하며 특정 재화나 서비스 지식을 생산하는 기업이나 조직"(김의영(2016)을 일반적으로 의미한다. 최근의 유럽을 중심으로 사회적경제에 대한 관심은 사회적경제가 복지국가의 어려움과 사회적차별, 배제를 해결, 해소하는 데 유용하다는 현실적 이유 등을 담고 있다. 한국에서는 사회적경제가 특히 취약계층의 사회통합과 복지서비스 등 일자리의 참여(제공)를 의미하고 있다.

서구 유럽의 사회적경제의 등장배경에서 나타나듯 사회적경제의 목적과 목표 그리고 특성 등에 있어 다소 차이가 존재하는 것처럼 사회적경제 개념에 대한 분명한 이론적 정의를 내리기는 쉽지 않다.
더구나 사회적경제는 주어진 현실과제 앞에 대안경제라는 실천을 위한 것으로 조직에서 방법이나 방식 등 전략에 이르기까지 함께 고려되어야 하는 것이다. 따라서 분명한 정의를 내리기는 쉽지 않다.
그러나 제도나 정책으로서 목적과 행위의 정당성을 위하여 개념적 정리가 필요하다. 우선 위의 도표를 참조하기 바란다. 서구 유럽의 경우 법적 제도적 규정보다 자율성이나 민주성 등 규범이나 연대성 등 특성에 따라 사회적경제 조직을 정의하고 있다. 이에 따라 유럽에서는 일반적으로 협동조합,공제회,결사체,재단,사회적기업 등을 지칭하고 있다. 한국의 경우 사회적경제에 대하여 대안경제로서 민간 시민사회의 참여나 주도성 그리고 호혜성이라는 사회적 가치를 추구하는 참여라는 적극적 정의를 내리고 있다.
그러나 한국의 현실은 국가와 시장의 역할이 매우 크고, 사회적경제조직으로서 시민사회는 발전과정에 있는 상황으로 상호 협력관계를 유지할 필요가 있다. 이와 관련하여 국가와 시장과 확연히 구분되는 영역으로 보기보다는 사회적경제조직은 국가, 시장, 시민사회의 중첩적 영역에 속하는 다양한 조직과 결사체 공공과 민간, 공식과 비공식 영리와 비영리와 가치가 혼재되어 나타나고 있다.
엄형식(2008)은 드프르니의 사회적경제에 대한 개념(윤리지침)에 따라 전통적 사회적경제와 새로운 사회적경제로 구분하고 이후 EU의 개념에 따른 유연하며 자발성에 근거한 느슨한 사회적경제조직으로 확장되기도 한다. 특히 한국에서는 역사성이나 한국의 특성에 따른 사회적경제조직에 대한 심도 높은 연구들이 진행되고 있다.

결론적으로 사회적경제에 대한 관심도 새로운 복잡, 다양한 사회,경제적 문제 해결 및 효과적인 사회서비스의 전달에 있어 국가와 시장의 한계를 넘어 시민사회의 잠재력에 주목하고 있다. 한편 사회적경제가 추구하는 사회적가치와 관련하여 사회적경제조직의 특성을 반영한 만큼 기준으로서 윤리지침 등 규정은 매우 중요하다고 본다.

IV. 한국사회의 사회적경제의 과제와 전망

1. 중요문제점과 한계
- 한국에서 사회적경제에 대한 논의는 IMF 와환위기 실업대책으로 시작된 실업극복국민운동으로부터 실직 저소득층 등 취약계층을 대상으로 복지강화와 일자리 제도와 정책 등 일년의 사회경제 활동을 사회적경제의 실천활동이라고 보며 (비판적)성찰과 여전히 구조적인 현실속에서 사회통합과 일자리 등 고용문제를 해소하려는 (새로운) 목적으로 사회적경제를 실천 대안(경제)으로 접근 모색하고 있다. 그러나 현실의 사회적경제는 새로운 대안 경제로서 자리매김 하는데 많은 한계를 노정하고 있다.

- 한국에서 사회적경제(조직)로서 대표적인 사회적기업을 살펴보면 ① 민간부문에서 자생적으로 ② 자활 지원 사업이나 사회적일자리사업에서처럼 정부의 제도나 정책으로서 ③ 사회적기업 육성법 등 지원정책에 편승하여 참여한 민간, 시민사회 ④ 기업연계를 통하여 등등 다양한 이행 경로 등을 통하여 발전해 왔다. 그렇다면 우선 사회적경제(조직)라고 규정할 수 있는 그 기준은 무엇이며 한편 자립기반 등 살아남는 것이 당면한 현실인 상황에서 지속가능성을 담보할 사회적경제는 무엇인가 등등 사회적경제에 대한 관심과 실제(본질) 사이에 혼재, 혼란이 존재한다고 본다. 더구나 사회적기업가 양성을 통하여 사회적기업의 활성화 등 확장을 하고자 하였다. 최종은 대부분 개별, 개인적 창업으로 이어지며(실용주의적 접근) 이것을 사회적경제의 발전으로 보기에는 한계가 있지 않나 한다. 이 모든 것은 사회적경제를 바라보는 잘못된 시각 여기에 일자리가 국가적 과제인 현실에 (정부의) 조급성에 원인이 있었다고 본다.
- 한편 사회적경제의 이론와 실천에 있어서 중요한 지점이 사회적경제조직의 영역이다. 서구 유럽의 경우 노동자들의 열악한 삶을 극복하기 위한 공제조합, 결사체로서 시작하여 사회적 연대를 통하여 기반을 구축하고 특히 (자본과 노동이 조응한) 복지국가 등 사회정치적 발전을 통하여 민간, 시민사회가 사회적경제조직으로 적극적으로 참여하였다. 이에 반해 한국사회는 복지국가로서 이행 경험이 없는 낙후된 복지국가로서 특히 후발의 민간, 시민사회 발전과정 그리고 여전히 국가와 시장이 역할분담 주도함에 따라 그간 전통적 사회적경제로서 (시장의) 근린영역이 국가의 포섭(!)으로 자율성이 어려움이 있는 현실이다.

- 서구의 사회적경제와 비교하여 역사나, 제도, 그리고 경험론적으로 우리는 초보적(제한적 범위) 단계에 머물아있다. 더구나

사회적경제의 등장배경이 되는 복지국가 등 이행 경험 없는 우리로서는 이념, 가치 등에 있어 사회경제적 장애물이 존재한다. 따라서 사회적경제의 한국적 적용을 위한 재해석의 과정과 한국적 지형에서의 방법과 방식 등에 대해 전략이 요구된다고 본다.

- 한편 사회적경제에 대한 한국의 현실을 보면 학계 연구자들이나 정부 정책입안자들에 의해 개별적인 연구나 논증으로 또는 일방적 설명(논조)으로 합의된 이론은 없으며, 실제로서 한국의 적용으로서 실천사례가 거의 없다.

2. 향후과제와 전망
① 사회적경제의 이론에서 실천으로 이어지는 명확한 개념정리와 실천으로서 대안 모델의 설정 등 활발한 공론화 과정이 있었으면 한다.
② 향후 사회적경제의 실천을 위하여 대안 모델이 마련되었으면 한다. 이를 위하여 지속가능성을 위한 전문연구의 필요성과
③ 사회적경제조직의 민간시민사회의 네트워크를 통한 한편으로 건강성과 대안모델을 위하여 현장에 기반 한 연구소의 필요성을 제기한다.

한국은 복지국가 이행 경험이 없다. 복지국가는 사회정치적 변화와 조응하다. 한국의 경우 비정상적인 정치사회과정 여기에 낙후된 국가복지의 기반을 구축해야 하고 또한 사회적경제조직의 근간이 되는 민간, 시민사회가 이제 사회경제에 대해 관심에서 참여로 나아가는 과도기에 서있다.
- 한편 한국의 사회적경제는 이 삼중의 한계와 장애물이 현실이다. 이해의 폭을 넓히기 위해 사회복지운동과 함께 특히 적절한 일자리로서 나아가기 위해서는 사회정치운동으로 발전해

야 한다고 본다. 이 점은 사회적기업이 사회서비스 돌봄에서 새로운 일자리로서 기여를 하였으나 현실은 저임금구조에 노동자로 권리가 심각하게 훼손되는 등 강요된 일자리로서 나타나고 있다.

- 우리가 적절하고 건강한 일자리로서 기본일자리를 내세우는 논거이기도 하다. 사회적경제는 빈부의 차이에 따른 사회적양극화, 사회적배제와 노동시장의 양극화 고용의 불안에 따른 실직과 빈곤이 구조화 된 현실에 사회적연대를 통하여 해소, 해결하기 위한 목적을 분명히 하고 있다. 기본일자리를 통한 보완 보충을 통하여 더불어 살아가는 사회적 가치와 적절한 노동(일)의 대가가 실현되는 보다 정의롭고 공정한 사회로 나아가기를 기대한다. 특별히 사회적경제(조직)으로서 민간, 시민사회의 관심과 적극적인 참여를 기대한다.

<참고문헌>

김기섭(2018), 《사회적경제란 무엇인가》, 들녘
김정원(2014), "한국의 사회적경제 현황 및 전망"《사회적경제의 이해와 전망》 아르케
김의영외(2016). 《사회적경제의 혼종성과 다양성》. 푸른길
노대명(2007), "한국 사회적경제의 현황과 과제.사회적경제의 정착과정을 중심으로
《시민사회와 NGO》 (2917), "한국의 사회적경제와 사회보장: 신상과 협력관계"
《IMF20년 실업과 일자리 정책포럼》, 전실련.한국지역자활센터협회.국회의원.윤관석
신명호(2006), "한국의 사회적경제 개념 정립을 위한 시론"

《동향과 전망》
(2014), "사회적경제의 이해"《사회적경제의 이해와 전망》아르케

엄형식(2008), 《한국의사회적경제와 사회적기업》, 재)실업극복국민재단 함께일하는 사회

이문국/변재관(2014), "자활사업과 사회적경제"《사회적경제의 이해와 전망》아르케

이영환(2009), "사회적기업의 의의와 과제", 《인천지역 사회적기업 발전방안 모색을 위한 정책토론회, 인천고용복지단체연대회의.사회적기업지원네트워크.인천시

이인재(2006), 《자활정책론》. 나눔의 집

임혁백외(2007), 《사회적경제와 사회적기업:한국형 사회적일자리와 사회서비스 모색》, 송정문화사

장원봉(2005), 사회적경제의 대안적 개념구성에 관한 연구:유럽과 한국의 사례를 중심으로,
한국학대학원 박사학위논문 (2006), 《사회적경제의 이론과 실제》, 나눔의집
(2021), 《한국 사회적경제의 거듭남을 위하여》, 착한책가게

주성수(2010), 《사회적경제 이론,제도,정책》. 한양대학교출판부

한국 사회적경제의 역사

김혜원[12]

제1절 서론

사회적경제는 공공경제도 영리시장경제도 아닌 제3의 경제를 지칭한다. 시장경제와 공공경제와 구별되는 의미에서 사회적경제를 정의한다면 이윤을 추구하지 않고 정부의 영향력에 있지 않은 자선단체, 결사체 등 다양한 경제활동을 모두 포괄할 것이다. 그런데 근대적인 사회적경제가 자본주의의 폐해를 교정하는 의식적인 노력으로 등장했으므로 현대의 사회적경제 역시 자본주의 시장경제에서 직면한 사회 문제를 해결하는 가치 추구 경제라고 정의할 수 있다.

사회적경제를 구성하는 주요한 주체들은 경제활동을 수행하는 비영리조직, 사회적 가치를 추구하는 협동조합 그리고 사회적 가치를 추구하는 상법상 회사 등이다. 사회적경제를 탐구하기 위해서는 협동조합의 역사, 비영리조직의 역사와 함께 비교적 최근에 등장한 사회적 가치를 추구하는 기업 조직의 역사까지 살펴봐야 하며 이러한 역사 속에서 사회적경제로 정의될 수 있는 영역의 역사를 다시 추출하여 그 변천을 설명해야 한다. 이를 위해서는 방대한 양의 서술이 필요할 것이다.

지면의 한계와 필자의 능력의 한계를 감안하여 이 글에서는 세

---

[12] 한국교원대학교 교육대학 전문대학원 교수. 서울대 경제학 박사. 전 국회예산처 예산분석관, 전 한국노동연구원 연구위원. 저서 「사회경제법 연구」「제3섹터부문의 고용창출 실증연구」

부적인 디테일에 대한 설명보다는 한국 사회적경제의 역사를 큰 흐름으로 정리하고자 한다. 필자는 사회적경제가 자본주의 시장경제에 대한 대응으로서 발전했으며 자본주의 시장경제의 변화에서 매우 중요한 사건은 복지국가의 출현과 변천이라고 생각한다. 그렇다면 사회적경제는 복지국가의 출현 전의 모습과 복지국가 형성 이후의 모습 그리고 복지국가의 변화 이후의 모습으로 구분될 수 있을 것이다. 이 글은 한국의 복지국가가 시간의 흐름에 따라 어떻게 성장, 발전했는지를 설명하고 이에 조응하여 한국의 사회적경제가 변화해 왔는지를 살펴본다. 복지국가의 형성을 주된 분기점으로 파악한다는 점에서 일제시대나 해방 전후의 시기로 거슬러 올라가 다루지 않는다. 이후 설명하겠지만 필자는 전통적 복지국가가 한국에서 형성된 시기를 2000년 전후로 보고 있으므로 사회적경제의 역사에서 1990년대를 중요한 시기로 두고 그 이전 시기의 흐름과 그 이후 시기의 흐름을 개관할 것이다.

이 글의 제2절에서는 서구 자본주의 역사에서 사회적경제가 어떻게 형성되고 변화했는지를 복지국가의 변화와 관련지어 설명한다. 그리고 제3절에서는 한국 자본주의 역사에서 복지국가가 어떻게 형성되고 변화했는지를 개관하고 그러한 변화에 대응한 사회적경제의 등장과 발전을 설명한다. 제4절은 요약을 담고 있다.

제2절 선진국의 경험

1. 선진국 복지국가의 변천

복지국가는 사회적경제의 역사에 중요한 영향을 미쳤다. 복지국가에 대한 논의에서 사회적 위험은 복지국가의 유형과 변천을 이해하는데 중요한 개념이다. 19세기 자본주의 사회의 보편적인 사회문제는 빈곤의 문제였다(Polanyi, 2009). 빈곤을 낳는 요인들을 해결키길 요구한 사회적 힘이 증가하면서 복지국가가 성립하였다. 복지국가 형성 시기에 주되게 부각된 위험은 실직의 위험, 노령화에 따른 소득 활동 중단의 위험, 산업재해의 위험 그리고 질병에 따른 비용 부담과 소득 활동 중단의 위험이었다. 이 네 가지 위험이 초래하는 소득 중단과 빈곤의 문제가 시급히 해결될 필요가 있었다. 각각의 위험에 대해 실업보험, 국민연금, 산재보험 그리고 건강보험 제도를 마련하는 것으로 복지국가의 기초가 마련되었으며, 이들 위험에 대한 대응에도 불구하고 빈곤에 이르는 경우에 대응해 공공부조제도가 마련되어 최후의 안전망으로 작동하였다.

복지국가의 성장 과정에서 소득 지원만이 아니라 다양한 사회서비스의 제공이 수반되었다. 실직자에게 실업급여만을 제공하는 것이 아니라 취업알선, 직업상담 및 직업훈련 등의 서비스가 제공되었으며 빈곤 가구원이 겪는 정신적 문제에 대한 상담이나 빈곤 가구 아동 및 청소년에 대한 영유아 교육 및 긴급 돌봄 서비스 등이 발달하였다. 신체적 정신적 장애를 가진 이들에 대한 치료 서비스와 돌봄 서비스도 확대되었다. 약물 중독, 알콜 중독에 빠진 이들에 대한 치료 서비스와 재활 서비스도 늘어났다.

20세기 중반 이후 발전된 자본주의 사회에는 실업, 노령화, 산업재해, 질병 등의 사회적 위험과 같은 전통적 위험 이외에 새로운 위험이 등장했는데 기존의 위험을 구사회적위험(old social risk)이라고 부르고 새로운 위험을 신사회적 위험(new social risk)으로 부른다. 신사회적 위험으로 주되게 거론되는 것은 여성의 노동시장 참여로 인해 보편적 생계부양자 가구로의 전환과 이와 관련된 위험, 고령화로 인한 사회적 돌봄과 건강보험의 비용 증대의 위험, 인구 감소의 위협, 노동시장 유연화로 인한 비전형 일자리 등의 위험 등이다(윤홍식(2006), 김교성 외(2015)).

여성의 경제 활동 참가와 노인 증가로 인해 기존의 가족 구조 내에서 여성이 전담하던 돌봄에 의한 성별 분업이 지속가능하지 않게 되었다. 국가, 기업, 사회가 이 문제를 해결하도록 요구했고 기업의 일-생활 양립 정책이나 정부의 다양한 보육정책과 장기요양제도의 시행 등이 요구되었다.

전후 선진국의 노동시장에서 정규직 전일제 근로자 유형이 양적으로 지배적이면서 동시에 규범으로서 작동하였다. 하지만 1970년대 불황을 거치면서 비전형 근로 유형이 늘어났고 임시직, 기간제 일자리가 상당한 수준으로 증가하였다. 수직통합된 대기업의 모델도 1980년대 금융시장의 요구와 함께 해체되면서 핵심 비즈니스 외에 여러 자회사들이 분리되고 하청이나 도급, 프랜차이즈 등의 계약 관계로 전환되었다. 이에 따라 소규모 회사로 전환된 기업의 일자리의 안정성이 약화되고 임금 수준도 낮아졌다. 게다가 노동을 제공하는 이들이 사업주와 맺는 관계가 사업주와 근로자 사이의 고용관계가 아닌 계약관계로 전환되는 양상이 나타나고 계약관계로 전환된 이들은 임금근로자가 아니라 1인 자영업자, 노무제공자 또는 프리랜서 등으로 불리게 되었다(Weil, 2015).

유연한 고용형태와 저임금 일자리의 확대는 한편으로 여성의 경제활동 참가를 촉진하는 결과와 함께 남성 생계부양자 모델을 약화시켰다. 소득의 불안정성이 커지고 저임금, 저소득이 늘어나면서 남성 가구주가 혼자 일하고 여성 배우자가 돌봄을 전담하는 것이 지배적인 모델로 유지되기 어려워진 것이다. 이에 따라 앞서 언급한 돌봄 결핍, 돌봄 위기의 문제는 더욱 심각해졌다. 다른 한편으로 유연한 고용형태와 저임금 일자리의 확대는 근로빈곤의 문제를 악화시켰다. 고용 불안정성으로 인해 일을 하더라도 연간 근로 개월이나 근로시간이 충분치 않아서 가구 소득이 낮으며 저임금 일자리가 만연하면 아무리 충분히 일하더라도 빈곤을 벗어나기 어려워진다.

1970년대 서구 선진국에 불어 닥친 경제 불황 문제는 복지국가가 그동안 제공한 소득 지원과 서비스 지원을 그대로 유지하는 것을 어렵게 만들었다. 우선적으로 기존의 관대한 실업보험제도와 실업부조제도 그리고 공공부조제도를 유지하기 어렵게 만들었다. 사회보험제도와 공공부조제도를 엄격하게 운영하는 한편 수급자가 일하는 것을 독려했고 이 과정에서 수급자 및 수급 위험 집단이 저소득 일자리를 갖는 것을 촉진하거나 강제하는 정책이 시행되었다. 소득 위험을 완화하고자 한 복지국가의 이상은 재정 위기를 거치면서 만연한 근로빈곤과 동거하는 타협을 하게 된 것이다(김종일, 2006).

복지국가의 재정 위기는 빈곤층과 장애인 등의 취약집단에 대한 서비스 지원을 지속하는 것 또한 어렵게 만들었다. 사회서비스에 대한 재정이 삭감되면서 취약 가구의 어려움은 가중되었으며 소득 창출 활동을 지속하는 것을 더욱 어렵게 만들었다.

요약하면 19세기 사회 문제는 복지국가를 낳았으며 실업, 노령화, 산재, 질병의 구사회적 위험에 적절한 해결책을 제공하였다. 여성의 경제활동 참가와 인구 고령화 그리고 노동시장 유연화라는 변화는 기존의 소득 위험 중심의 복지국가로 대처하는 것이 어렵게 되었다. 게다가 1970년대부터 시작된 경제 불황은 기존의 복지국가의 관대성을 유지하기 어렵게 만들었으며 사회서비스에 대한 재정 지원을 줄여야 하면서 복지국가의 어려움을 가중시켰다.

2. 선진국 사회적경제의 역사

19세기 자본주의의 발흥과 함께 전통적인 농촌 공동체가 해체되고 도시나 공장에서 일하는 임금근로자들은 나쁜 작업장 환경, 열악한 주거지의 환경 그리고 저임금으로 고통 받았다. 노동자들의 저항은 한편으로 임금을 인상하고 근로조건을 개선하는 노동운동의 모습을 띠었고 다른 한편으로 자본가에 의한 공장 경영을 노동자들 사이의 협동에 의한 공장 경영으로 대체하는 생산협동조합 운동으로 표출되었다(Cole, 2012).

초기에 시도된 생산협동조합은 경영 실적의 불안정에 시달렸고 자본가와 정부의 탄압이 가중되면서 대부분 파산하였다. 하지만 로치데일에서 시작된 소비자협동조합은 경영 실적의 안정성을 달성하였고 이 모델은 유럽 전역으로 확산되었다. 소매협동조합에서 시작한 소비자협동조합은 도매협동조합을 통해 규모화와 협동화를 동시에 달성할 수 있게 되었다. 협동조합 모델의 가능성은 소비자협동조합을 넘어서서 농민들의 공동 구매와 공동 판매를 돕는 농업생산자 협동조합, 서민의 금융 욕구를 협력의 방식으로 해결한 신용협동조합 모델이 성장하였다(최진배, 2021).

19세기의 사회 문제를 해결하고자 나선 것은 협동조합만은 아니었다. 사회 문제를 해결하기 위한 목적으로 종교재단, 부유한 자산가, 회원의 기부와 회비에 의해 운영되는 재단이나 결사체 등의 비영리조직 역시 다양한 영역에서 활동하였다. 비영리조직은 협동조합보다 더 오랜 역사를 가지고 있었고 자본주의에 특수한 조직은 아니었지만 협동조합과 함께 자본주의가 야기한 사회 문제를 해결하는데 기여했다. 그런데 비영리조직은 재화나 서비스를 생산하여 판매하는 등의 시장 활동을 거의 하지 않았고 기부와 회비를 재원으로 하여 취약계층에게 무상으로 전달하는 방식을 취했기에 경제조직으로 부르기 어려웠다.

앞서 언급한 대로 복지국가가 형성되고 적극적으로 사회 문제에 개입하면서 협동조합과 비영리조직의 역할과 기능에 변화가 나타났다. 협동조합은 경제조직으로서의 안정성을 확보하였지만 사회 문제 해결이라는 규범적 가치를 실현하는 데 한계를 보였다. 유통산업이 발전하고 소비자 보호제도가 정착되면서 소비자협동조합이 갖는 경제적, 사회적 우위가 크게 줄어들었다. 정부의 금융 산업 규제가 확대되고 금융소비자에 대한 보호가 충실해지면서 금융협동조합의 서민 금융기관으로서의 우위 역시 줄어들었다. 협동조합은 19세기 중반 자본주의 경제의 문제점을 극복하기 위한 대안적 기업으로 등장했으나 20세기에는 대안적 기업이라기보다 제도화된 조직으로 정착하였다(최진배(2021), Hansmann(2017)).

빈곤층에 대한 복지국가의 역할이 확대되면서 빈민층 구호에서 중요한 역할을 했던 비영리조직의 영역은 크게 약화되었다. 하지만 앞서 언급한 것처럼 복지국가가 소득 보장 기능과 함께 사회서비스 제공에 대한 정부 책임을 늘리면서 비영리조직은 새로운 중흥기를 맞이하였다Salamon, 2009). 정부는 정부기관이나 공공기관을 설립하여 직접 사회서비스를 제공하기도 했지만 비영리조직을 선정하여 재정을 지원하고 비영리조직이 사회서비스를 제공하는 방식도 함께 늘렸다. 비영리조직의 숫자와 규모는 확대되었지만, 비영리조직의 시장 활동이 늘었다기보다는 정부의 서비스 위탁이 늘었다는 점에서 비영리조직이 독립적인 기업조직으로 평가되기는 어려웠다.

1970년대의 대불황으로 인해 빈곤 문제가 심화되고 복지국가의 역할이 약화되면서 정부정책에 기대기보다 사회 문제를 해결하는 사회 내의 자생적인 움직임이 촉발되었다. 복지국가의 위기 또는 신사회적 위험에 대응한 새로운 복지국가의 등장과 함께 사회적경제가 다시 주목받기 시작했다. 새로운 사회적경제는 전통적인 협동조합이나 전형적인 비영리조직이라 부르기 어려운 활동 내용과 새로운 조직 모델을 갖추고 등장했다.[13]

이탈리아에서 등장한 사회적협동조합은 노동자 조합원 이외에 자원봉사자, 기부자 그리고 수혜자가 조합원으로 포함되는 새로운 협동조합 모델이었다. 프랑스의 공익협동조합 역시 사회적 유용성 즉, 공익과 관련된 재화와 서비스의 생산과 공급을 목적으로 하는 새로운 형태의 협동조합이다. 노동자, 수혜자, 재정 충당자, 자원봉사자, 지자체 등의 개인과 법인이 협동조합의 조합원이 되는 다중이해관계자 협동조합이고 배분 불가능한 적립금에 연간 순잉여의 일정 비율 이상을 적립해야 한다. 기존의 협동조합이 조합원의 상호적 이익을 촉진하는 모형이었으나 사회적협동조합은 사회 문제를 해결하는 사회적 가치를 촉진하는 모형이었다.[14]

---

13) "19세기의 사회적 경제가 자본주의 산업화와 시장경제로의 이전으로 인한 사회적 위험에 대처하는 노동자들의 집합적 대응전략이었다면, 20세기 후반의 사회적 경제는 세계경제의 변화 속에서 자본주의 축적체계의 위기 과정에서 야기되는 실업과 복지후퇴에 대처하는 시민사회의 집합적 대응전략이라고 할 수 있다. 최근에 유럽 각국의 정부에서 사회적 경제에 대한 적극적인 수용은 그것을 사회정책의 장으로 확장시키는 결과를 가져오고 있다"(장원봉, 2007 p. 17)

14) 김신양(2021)은 유럽에서 기존의 사회적경제가 진부화되면서 1980년대

유럽 전역에서 등장한 노동통합기업은 저소득층, 장애인, 이민자 등 노동시장에서 제대로 된 일자리를 얻기 어려운 이들을 지원하여 이들에게 일자리를 직접 제공하거나 일자리 경험을 제공하여 노동시장에서 일자리를 얻는 것을 도와주는 기업이다. 노동통합기업은 협동조합의 조직 구조를 갖기도 했지만 비영리조직인 노동통합기업도 있고 완전히 상법상의 법적 형태를 갖기도 했다. 또한 지역관리기업은 지역주민이 주체가 되어 만든 기업으로서 빈곤 지역의 청소, 환경 미화, 건물들의 유지관리, 녹지관리 등을 맡아서 지역의 일자리를 늘리고 지역 경제를 살리는 기업으로 활동했으며 영국의 커뮤니티 비즈니스 역시 지역 일자리를 창출하고 지역경제를 활성화하는 기업으로 성장하였다(Borzaga and Defourny(2001), 김신양(2018).

협동조합 주류의 활동에도 변화가 나타났다. 국제협동조합연맹 중앙위원회는 1978년 레이들로 박사에게 협동조합 운동의 미래에 대한 연구를 맡겼고 1980년 국제협동조합연맹 모스크바 대회에서 제출된 레이들로 보고서에서는 협동조합이 자본주의적 기업과 차별성을 보여주지 못한 것이 협동조합 위기의 원인으로 진단하고 사상과 가치의 정립이 필요함을 역설했다(최진배, 2021). 레이들로 보고서에서 표출된 협동조합의 정체성에 대한 고민은 1995년 국제협동조합연맹 창립 100주년에 협동조합 정체성 선언으로 귀결되었고 지역사회 기여가 협동조합 원칙의 하나로서 선언되었다.

부터 새로운 연대경제의 도전을 받았고, 이탈리아의 사회적협동조합의 등장으로 '다중 이해당사자'를 구조로 하는 새로운 협동조합의 출현과 법제화로 사회적기업이 보편성을 획득하기 시작했다고 설명한다. 사회적협동조합은 '사회적 배제' 문제에 적극적으로 대응하며 공공부문과 민간영리부문의 자원을 결합하는 새로운 기업방식으로 간주되면서 조직의 지위보다는 실제 활동의 목적성을 강조하는 혁신성과 유연성을 보여주었다고 평가한다(장원봉 외, 2021).

정부의 사회서비스 예산의 비중이 증가했던 비영리조직의 경우에도 변화를 겪었다. 정부 예산이 축소되면서 그동안 추진하던 사업을 중단하고 그와 관련된 사회 문제를 외면할 것인지 아니면 새로운 재원을 발굴하고 새로운 경영 방식을 도입하여 사회 문제 해결의 노력을 지속할 것인지 선택에 직면하게 된 것이다. 비영리조직은 기부금과 정부 예산 중심의 재원에 재화와 서비스의 생산과 판매를 통한 시장 매출 수입이라는 새로운 재원을 추가하였다. 또한 펀드레이징과 전문가 중심의 서비스 전달 관리에 치중한 경영 방식을 탈피하고 사회 문제를 해결하는 기업적 방식을 도입하였고 영리기업의 경영 기술을 활용하기 시작했다. 이러한 변화는 비영리조직에 머물지 않았고 상법상 회사를 통해서 사회 문제를 해결하고 사회적 가치를 실현하는 새로운 방식까지 이어졌다(Kerlin, 2006).

이상의 설명에 따르면 사회적경제를 전통적 사회적경제와 신사회적경제로 구분해 보는 것은 유용할 것이다. 전통적 사회적경제는 전통적인 협동조합, 전통적인 비영리조직을 지칭한다. 이에 비해 신사회적경제는 이탈리아의 사회적협동조합, 프랑스의 공익협동조합과 연대경제기업, 영국의 공동체이익회사, 미국의 소셜벤처 등과 같이 새롭게 등장한 기업들의 활동을 총칭한다. 지난 40여년의 과정을 요약하자면 전통적 사회적경제가 운동성을 상실하고 정체되면서 새로운 사회 문제에 대응하지 못한 상황에서 신사회적경제가 신사회적 위험과 복지국가 위기에 적극적으로 대응했다.

제3절 한국에서의 사회적 경제

1. 한국 복지국가의 형성

복지국가의 활동이 사회적경제에 미치는 영향력이 매우 컸다는 서구 선진국의 경험을 비추어볼 때 우리나라의 복지국가가 어떻게 형성되었는지를 살펴보는 것이 필요하다. 복지국가는 사회적 위험을 대응하는 사회보험과 최후의 안전망으로서의 공공부조제도 그리고 소득 지원으로 환원되기 어려운 문제를 해결하는 사회서비스로 구성된다. 우리나라에서 산재보험, 건강보험, 국민연금 그리고 고용보험 그리고 근로능력자에 대한 공공부조제도 그리고 사회서비스 제도의 순서대로 확립되었다.15)

가장 먼저 마련된 사회보험은 산재보험이다. 1953년 제정된 근로기준법에서 재해보상제도가 규정되어 그 시초가 마련되었으나 실질적으로는 1964년 산업재해보상보험법 실시로 시작되었다. 법 제정 당시 500인 이상 광업과 제조업으로 한정되었으나 이후 꾸준히 확대되어 2000년부터 1인 이상 근로자 고용 사업장으로 전면 확대시행되었다. 건강보험은 1977년 500인 이상 사업장 건강보험에서 출발하여 직장의료보험 중심으로 확대되었다. 1979년 300인 이상, 1981년 100인 이상, 1982년 16인 이상 사업장으로 적용범위가 확대되었다. 1988년 농어촌지역 의료보험이 실시되었으며 1989년 지역의료보험이 도시로 확대되어 도시 비임금근로자 가구가 편입되어 전 국민 의료보험이 달성되었다.

국민연금은 1988년 첫 시행되었으나 적용대상은 10인 이상 사업장 근로자에 한정된 불완전한 보험이었다. 1992년 5인 이상 사업장, 1995년 농어촌 지역으로 적용대상이 확대되었고 1999년 도시지역 자영자로 확대됨으로써 전 국민 연금제도로 발전

---

15) 한국의 사회보험제도의 성립에 대한 생생한 기록은 이계진(2019)를 참조할 수 있다.

하였다. 실업에 따른 소득 감소에 대처하는 고용보험은 1995년 최초로 마련되었다. 하지만 고용보험은 30인 이상 사업장에 한정되어 적용되었기에 영세사업장 근로자의 실업을 포괄하지 못하였다는 점에서 한계가 명백했다. 1997년 외환위기를 통해 비로소 1인 이상 사업장 전체의 상용근로자로 확대되었고 2002년 그 동안 배제되었던 일용근로자에게도 고용보험이 적용되기 시작했다.

공공부조제도는 생활보호제도로 출발하여 근로무능력자의 생계를 보장하는 제도로서 1961년부터 오랫동안 기능했다. 1978년에는 의료보호사업이 본격적으로 실시되었다. 2000년 새롭게 시행된 국민기초생활보장제도는 근로능력 빈곤층에 대한 소득보장을 실시하는 획기적인 제도였다.

구사회적 위험에 대한 복지국가 우리나라의 사회보장제도는 1989년까지 산재보험과 건강보험만 있었으며, 외환위기를 경험하기 전까지 1990년대 내내 실직으로 인한 소득 상실과 근로능력자의 고용불안정과 빈곤문제에 대한 안전망을 갖추고 있지 못했다. 1997년 우리사회가 외환위기를 겪게 되자 수많은 사람들이 실업자가 되었고 이들이 아무런 안전망 없이 추락했다. 이러한 고통 속에서 제대로 된 고용안전망이 처음으로 외환위기 과정에서 우리 사회에 제도화되었다.

서구 선진국에서 구사회적 위험에 대응한 소득 보장제도가 확립된 후 신사회적 위험이 도래하는 데는 상당한 기간이 소요되었다. 하지만 한국의 경우 구사회적 위험에 대응한 소득보장제도가 확립된 시기와 신사회적 위험이 도래하는 시기는 거의 일치했다. 노동시장의 유연화 현상은 외환위기를 기점으로 본격적으로 도래하였다. 대량실업의 경험과 함께 평생직장의 신뢰는 사라졌으며 경력직 이동도 늘어났다. 1993년 41.1%의 최저 비율을 찍은 뒤 임시일용직의 비중이 추세적으로 증가하여 1999년에는 50%를 넘어섰다. 이와 함께 근로빈곤의 문제는 심화되어 갔다.

그림 6 취업자 상대빈곤율 추이(2006-2019)

주 : 전국 가구, 1인 가구 포함. 가계동향조사와 가계금융조사의 차이를 2016년의 차이를 이용해 연결시킴.
자료 : 빈곤통계연보, 각년호, 한국보건사회연구원

2000년대 초반 인구 고령화의 충격은 한국 사회를 뒤흔들었는데 고령화 사회로 전환되는 기점이 되는 노인인구비율 7%를 2000년에 돌파한 뒤 전 세계 유례가 없는 속도로 고령화가 진행되어 2018년 14%를 넘어섰다. 또한 25-34세 결혼 적령기 여성의 경제활동참가율이 60%에 도달한 시기는 2006년으로서 여성의 일과 가족생활의 양립 문제가 2000년대 이후 한국 사회 내 사회 문제로 확고히 자리 잡았다. 미국의 경우 1978년, 영국은 1983년, 프랑스가 1974년, 독일이 1980년에 25-34세 여성의 경제활동참가율이 60%를 넘어섰으며 이 시기는 전통적 복지국가가 새로운 도전에 직면한 시기와 일치한다.

2000년대 초 우리나라 정부는 사회서비스 정책을 강화하기 시작했다. 이것은 앞서 선진국의 복지국가 역사에서 개관했던 신사회적 위험과 이에 대응한 신사회적 정책의 발전에 조응한 현상으로 해석할 수 있다. 사회서비스 정책은 김대중 정부에서 시작하여 노무현 정부에서 빠르게 확대되었는데 교육, 보건, 사회복지, 환경 및 문화 분야에서 공적인 서비스 제공을 강화하기 시작했는데 예를 들어 교육 분야에서는 방과 후 학교, 지역아동센터 등의 아동, 청소년에 대한 서비스를 강화했다.

정부의 사회서비스 제공은 초기에 사회적 일자리 사업 또는 사회서비스 일자리 사업의 형태를 통해 이루어졌다. 취약계층에 대해 서비스를 제공하는 사업과 취약계층에게 일자리를 제공하는 사업이 결합된 형태로 진행되었고 고용노동부와 보건복지부의 임시적인 예산 사업 형태를 띠었다. 하지만 사회서비스 제공이 임시적인 일자리 사업 형태로 지속되는 것은 서비스 제공의 공적 책임성 보장이나 서비스 품질의 보장 측면에서 한계가 있음이 분명했고 이에 따라 사회서비스 제도화의 과정을 겪게 되었다(남찬섭, 2011).

영유아 돌봄에 대한 정책적 지원도 늘어나서 어린이집에 대한 재정 지원이 폭발적으로 늘어났으며 노인 돌봄 서비스나 장애인 돌봄 서비스도 대폭 확대되어 2005년부터 시범사업으로 시작된 노인장기요양서비스는 2008년 노인 장기요양보험제도로 제도화되었다. 중증장애인의 자립생활을 위한 활동보조서비스 요구는 2005년 시범사업을 거쳐 2007년부터 본격적으로 시작되었으며 장애인 활동지원에 관한 법률이 2010년 제정되어 제도화되었다. 보육, 노인요양, 장애인 활동지원 등의 대표적인 사회서비스가 법적 기초를 갖는 권리화된 제도로 자리매김하였던 반면 좀 더 소규모 인구집단의 특별한 서비스들에 대한 요구는 사회서비스 전자바우처 사업을 통해 제도화되었다. 시민들에게 바우처를 제공하여 시민들이 자유롭게 서비스 공급기관을 선택할 수 있는 방식의 바우처 사업은 과거에 생각지 못한 다양한 서비스가 정부가 재정 지원을 받게 되었고 2011년 사회서비스 이용 및 이용권 관리에 관한 법률 제정으로 제도화되었다(조현승 외, 2012).

2. 한국 사회적경제의 형성과 발전

(1) 고용안전망 확립 이전의 사회적경제

압축성장의 시기 우리나라 빈곤율은 1990년대 초까지 지속적으로 하락했다. 하지만 경제 규모가 커지면서 경제성장률은 하락해 갔고 빈곤율은 하락 추세를 멈추었다. 1990년대 초중반은 빈곤율이 횡보하던 시기였고 임금 격차의 감소도 멈추면서 불평등이 커져가기 시작한 시기이다. 외환위기를 경험하기 이전부터 도시빈곤문제는 과거보다 더 심각해지고 있었고 1996년의 빈곤율은 1987년 수준에 육박했을 정도이다.

사회적경제는 자본주의 시장경제에 대한 대응으로서 등장한 역사적 산물이다. 서구 사회가 자생적인 사회적 발명을 통해 다양한 방식으로 시장경제의 폐해에 대응했던데 비해 자본주의화가 늦었던 우리나라는 사회적경제기업의 조직 구조나 운영 모델을 수입하여 착근시키는 것으로 출발하였다. 협동조합의 도입과 정착 과정은 이러한 관점에서 이해될 수 있다.

서구의 협동조합이 초기에 주력한 영역은 서민과 노동자의 생활상의 욕구 문제이다. 생활상의 욕구는 크게 소비 영역과 금융 영역 그리고 소득 영역으로 구분할 수 있으며 소비 영역에서 소비자 협동조합이, 금융 영역에서 신용협동조합 등이 금융협동조합이 소득 영역에서 노동자협동조합이나 생산자협동조합 등이 활동하였다. 우리나라에서 농업협동조합과 신용협동조합 그리고 새마을금고는 일찍부터 법률을 갖추고 제도화되었으나 정부의 통제나 정책적 영향력에 강하게 영향 받으면서 성장하여 정부로부터 독립적인 자주적인 운영이 어려웠고 사회 문제를 해결하는 지향이 강하지 않았다(정원각, 2013). 소비자협동조합 역시 자생적으로 나타났지만 비교적 규모 있는 직장을 중심으로 조직되어 서민이나 저임금 노동자의 어려움을 해결하는데 기여하지 못했다. 서구와 마찬가지로 유통산업이 성장하고 경쟁이 강화되고 소비자 보호 규제가 확립되는 외적 충격 속에서 우리나라의 경우 영리 유통업체들이 시장의 주도권을 행사하였다.

1980년대 초 유기농법으로 생산하는 농민과 신뢰할만한 친환경 농산물을 원하는 소비자 간의 거래 모델이 성공하면부터 소비자협동조합은 안정적인 사업 모델을 갖추게 되었다. 홍동면 풀무소비조합은 1983년 발전적인 해산 후 재창립을 계기로 수도권의 소비자단체와 소비조합 조합원 농민이 생산한 농산물을 직거래하는 방식으로 사업을 전환하였다. 1985년 강원도 원주 소비자협동조합은 생명 존중의 사상을 가진 생산자로부터 도시의 소비자가 직접 농산물을 공급받는 도농 상생의 공동체를 지향하는 사업을 중심에 두었고 이것은 오늘날 한살림 생협으로 이어졌다(김형미 외, 2012).

의료협동조합은 사회보험으로서의 건강보험이 제대로 기능하기 전 도시 서민의 의료 문제를 해결하고자 설립되었다. 1968년 청십자 의료협동조합이 설립되었고 유사한 모델이 전국에 퍼져갔으며 1972년에는 청십자 의료협동조합중앙회가 설립되었다. 청십자 의료협동조합은 1989년 전 국민 의료보험이 실시되면서 스스로 해산하였다. 빈민층의 의료 문제를 해결하는 의료협동조합 운동도 존재했다. 1974년 서울대 의대 카톨릭 학생회가 서울 난곡 빈민 지역에서 주말 진료를 실시하였는데 난곡 외, 비교적 형편이 나은 지역 주민이 주말 진료를 이용하고자 하여 빈곤한 지역민에게 서비스를 제공하고자 협동조합을 설립하였다. 이곳 역시 1989년 건강보험 전국화에 따라 사라졌다(신명호, 2016).

의료보험이 의료비에 대한 부담을 낮추었지만 영리를 추구하는 병의원들이 제공하는 과잉진료, 과다처방 그리고 과소한 예방의료의 문제는 심각한 상황이었다. 의료생활협동조합은 이러한 문제를 지역 중심의 협동조합 방식으로 해결하는 모델로 출발하였고 성공적으로 착근되었다. 안성의료생협은 1987년 연세대 기독학생회가 주말진료소를 안성시 고삼면 가유리에 열면서 시작되었다. 농민의 의료문제를 체계적으로 해결하기 위해 1992년에 한의원을 개원하였고 1994년에 안성농민의원을 개원하고 안성의료생협을 창립하였다. 1996년 설립된 인천 평화의료생협은 도시형 의료생협의 모델로 최초의 시도였으며 이후 도시 의료생협이 확산되었다. 2013년 협동조합기본법에 의해 사회적 협동조합으로 법인격을 전환하여 지역 의료 문제를 해결하는 사회적 가치에 더욱 충실한 조직이 되었다(김기섭, 2016).

비영리조직 역시 사회적 문제를 해결하는 조직이다. 자선단체를 중심으로 해서 예술, 학술 등의 특정 목적의 활동을 추구하는 것이 일반적이다. 협동조합이 서민들의 자조적인 노력을 기반으로 하는데 비해서 비영리조직은 고소득층의 기부나 중산층 이상의 회원들의 자원봉사를 기반으로 하는 특성을 보이지만 대표적인 기관의 특성이 그러하다는 것이지 이와 같은 기준으로 명확히 구분되는 것은 아니다.

비영리조직을 구분하면 공익단체와 종교단체 그리고 집단이익 추구 단체로 나눌 수 있으며 공익단체는 다시 사회서비스 단체와 권리옹호 단체로 구분할 수 있다(박상필, 2001). 사회서비스 단체 내에는 의료법인, 사회복지법인, 학교법인, 문화예술학술 법인 및 관련 단체 등이 포함되며 권리옹호단체에는 민주화운동단체, 인권 옹호 단체, 환경 보호 단체, 소비자 권리 보호 단체, 노동권 옹호 단체, 주거권 옹호 단체, 장애인 권리 옹호 단체, 여성 권리옹호 단체, 경제 정의 옹호 단체 등이 포함된다.

사회서비스 단체들은 시민들의 기부와 정부 지원을 재원으로 하여 공익적 서비스를 제공하거나 취약계층에 대해 현금, 현물 그리고 서비스를 제공하는 형태로 활동하였다. 취약계층 지원과 관련하여 1980년대 이후에는 지역사회복지관이 대거 설치되고 이를 통해 생활지원, 상담, 교육, 돌봄 등을 지역에 거주하고 있는 저소득층에 제공하는 사업이 크게 증가하였다. 사회복지관의 설치도 운영비용도 모두 정부에 의해 제공되므로 정부의 통제력이 지배적이었고 민간의 주도성이 발휘된다고 보기 어려웠다(김영종, 2012).

우리나라 시민사회단체의 중요한 활동은 반독재투쟁이었는데 1987년 민주화운동 이후 형식적 민주주의가 확보되면서 전투적 민권운동의 영역을 줄어들었지만 시민운동은 훨씬 다양한 영역에서 만개하였다. 환경 운동, 소비자 권리 운동, 주거권 옹호 운동, 장애인 권리 옹호, 정부 정책 감시 단체 등 다양한 운동이 만개하였다. 하지만 이러한 운동은 권리옹호활동 중심이어서 근로자를 고용하여 재화와 서비스를 생산하고 판매 또는 전달하는 등의 경제적 활동의 비중은 크지 않았다.16) 하지만 점차 일부 시민사회단체는 옹호
활동과 더불어 또는 옹호 활동을 대체하여 경제적 활동을 수행하기 시작했다.17)

이 중에서 우리는 도시 빈민 거주지에서 주거권 옹호 운동에 관여한 그룹의 활동에 주목할 필요가 있다. 이들은 빈곤 지역민의 실질적인 삶을 개선시킬 수 있는 방안을 마련하고자 노력했고 빈곤 지역민의 자주적인 노력과 운동 그룹의 지원이 결합하면서 한국 사회에서 새로운 기업 조직을 탄생시키게 되었다(김정원·황덕순, 2016).

1990년대 빈곤층 밀집지역에서 빈민지역운동에 관계하던 종교인, 지식인들 등은 철거반대운동을 넘어 빈민들의 일상생활에서 실천하고 참여하는 운동을 고민했다. 건설업과 봉제업을 중심으로 여러 생산공동체가 만들어졌는데 1990년 허병섭 목사

---

16) 우리나라 비영리부문은 자선부문과 시민운동부문으로 크게 나눌 수 있으며 자선부문은 정부가 가진 자원에 의존하여 복지전달체계로서 기능했다. 이에 비해 시민운동부문은 비민주적인 정부의 행태에 저항하고 대안적인 정책을 제안하였지만 시민과 서민의 삶의 문제에 직접적인 개입은 하지 못했다(공석기 외, 2017).
17) 아름다운 재단의 아름다운 가게는 대표적인 사례이다.

등이 시작한 월곡동의 일꾼두레, 도화동 철거민 정을진이 1992년 설립한 건설업 공동체 마포건설, 1993년 송경용 신부를 중심으로 봉천동에서 만들어진 나섬건설, 김홍일 신부가 중심이 되어 만든 봉제생산공동체인 실과 바늘, 구로지역 여성봉제노동자들이 참여하는 협동조합 한백이 결성되었다. 도시빈민의 주체적인 자립 의지가 돋보였던 생산공동체의 경영 실적은 그렇게 성공적이지 않았다. 노동자들 간의 협동과 자립을 위한 공동체를 추구했으나 이들 기업은 중층적 하청 구조의 하층이었으며 협동의 가치만으로 성공하기 어려웠고 기술력과 자본력 및 경영능력이 취약한 초기 조건 역시 불리한 요인으로 작동했다(김수현, 2010).

(2) 고용안전망 확립 이후의 사회적경제

가. 자활사업과 사회적일자리 창출사업

외환위기는 빈곤 문제 특히 근로빈곤 문제를 일시적으로 급증시켰을 뿐만 아니라 구조적으로 변화시켰다. 외환위기가 극복되고 거시적 불황이 사라진 뒤에도 빈곤율은 하락했으나 위기 이전 수준으로 복귀하지 않았다. [그림 1]에서 보는 바와 같이 빈곤율은 등락을 거듭하며 점진적으로 증가하는 양상을 보였다.

그림 7 도시근로자 상대빈곤율 추이(1982-2006)

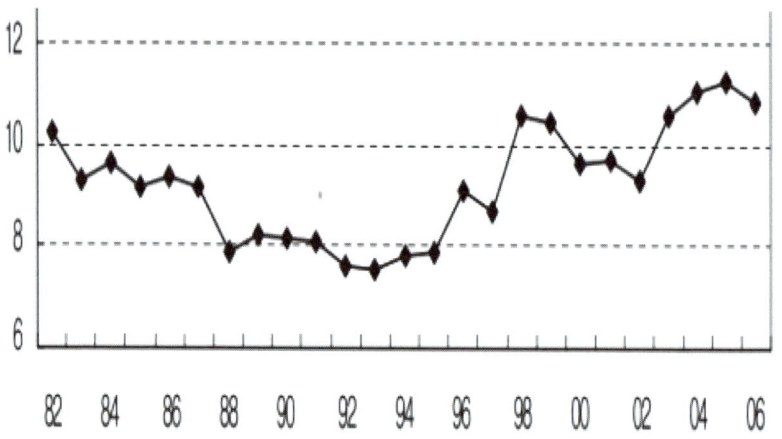

자료 : 통계청 가계조사
출처 : 이병희 외(2007), 상대적 빈곤, 노동리뷰

외환위기 직후 실업자를 구제하기 위해 공공근로사업이 진행되었다. 공공근로사업 추진 과정에서 생산공동체 운동을 주도했던 단체만이 아니라 시민사회단체들이 참여하여 지역에 필요한 사회서비스 제공에 일자리를 만드는 사업을 수행했고 이 과정에서 기업 운영의 경험을 쌓게 되었다. 대량실업이 해소된 이후 공공근로사업을 발전적으로 계승할 방안에 대한 논의가 활성화되었고 1990년대 유럽 및 OECD에서 주목받은 사회적기업도 하나의 대안으로 논의되었다.

국민기초생활보장제도가 2000년부터 시행되면서 자활근로사업이 중요한 의제로 부각되었다. 자활후견기관이 전국적인 조직을 갖추고 자활근로가 기초생활보장 수급권자에게 시행되면서 자활근로사업이 발전하여 자활공동체가 되고 자활공동체가 다시 발전하여 사회적기업으로 되는 사회적기업으로의 발전 경로가 논의되었다. 모든 자활근로사업에서 나타나지는 않았지만 자활공동체를 통한 자활의 과정 속에서 기존의 영리기업이나 영세 사업체 창업과는 다른 방식의 새로운 실험들이 이루어졌고 이러한 과정 속에서 한국적 사회적기업의 맹아들이 나타나기 시작했다. 사회적기업은 이를 구성하는 주체들의 성장 과정과 분리될 수 없으며 자활근로사업이라는 틀 내에서 한국의 사회적기업가들이 성장하게 된 것이다(정선희, 2006).

2003년 노동부의 사회적일자리 사업은 사회적기업 논의를 풍부하게 만드는 계기가 되었다. 노동부 사회적일자리 사업은, 비영리단체들이 지역사회에 필요한 서비스를 공급하면서 동시에 일자리도 창출하는 사업을 경쟁적으로 제안하면 노동부는 이 중에서 사회적 목적의 달성가능성이 높고 일자리 창출 효과도 있는 사업을 선정하여 사업 참여자들의 인건비(의 일부)를 지원하는 구조를 가지고 있다. 노동부 사회적일자리 사업을 통해 지역사회에 밀착한 다양한 비영리기관들이 일자리 창출과 서비스 제공이라는 사업경험을 축적하게 되었다. 일자리사업 참여자들이 수급권자에 한정되지 않음으로서 보다 양질의 노동력이 이 사업에 유입되었다. 이러한 점들은 자활공동체와는 또 다른 방식의 사회적기업의 가능성을 열어가기 시작했다(김혜원, 2007).

2004년 다른 부처에서도 사회적일자리 사업을 시작하면서 사회적일자리 사업은 범정부적 의제로 발전했다. 그런데 노동부 이외의 부처로 확대되면서 사회적일자리 사업과 사회적기업 사이의 연관관계가 약화된 측면이 없지 않다. 하지만 2005년 이후부터 일자리사업으로서의 의미보다 사회서비스 확충이라는 맥락 속에 사회적일자리 사업이 위치지어 지면서 사회적기업 논의는 탄력을 받기 시작했고 국회에서도 사회적기업 육성법 입법 논의가 활성화되었고 2006년 12월 사회적기업 육성법이 국회를 통과되었다.

나. 사회적기업 육성법 제정 이후

2007년 첫 사회적기업 인증이 이루어졌는데 그 결과는 사회적기업을 출현시킨 역사를 잘 보여준다.[18] 113개 기관이 인증 신청을 했는데 실제 인증된 기관은 36개와 조직유형 비중에서 거의 유사하므로 신청 기관 분석으로 특징을 살펴보아도 무방하다. 비영리민간단체가 가장 많은 비중을 차지하여 54.9%에 달하고, 다음이 상법상 회사 23.9%, 민법상 법인 19.5%이다.

2016 사회적기업 실태조사에 따르면 2007년부터 2012년까지 인증된 사회적기업 중 기존 비영리조직에서 분리된 사회적기업의 비중은 52.6%라는 결과와 일관된다. 절반 정도의 사회적기업이 모태로서 기존 기관의 사업단이거나 기존 기관의 출자 등으로 출발하였다.

사회적기업 인증이 계속되면서 이후 인증사회적기업의 조직 유형은 비영리조직과 관련된 경우가 줄어들고 상법상 회사로 창업되거나 기존 상법상 회사가 인증 신청하는 경우가 주도적인 것으로 바뀌었다. 2016 사회적기업 실태조사 결과를 보면 2013년부터 2016년 사이 인증된 사회적기업 중에서 모기관이 있는 비중은 15%에 불과하고 85%가 모기관이 없었다(길현종 외, 2017).

앞서 설명한 바와 같이 사회적기업의 직접적인 모태가 된 것은

---

[18] 제1차 사회적기업 인증의 결과는 조영복(2007)에서 상세히 설명되고 있다.

노동부의 사회적일자리 창출 사업이었다. 사회적일자리 창출사업은 외환위기 시기 민간기관의 일자리 사업이 가진 잠재력을 기업 차원으로 전환하기 위해 새롭게 시작한 사업이었다. 2009년 인증사회적기업 사업보고서 원자료에는 사회적일자리 창출사업에 참여했던 기업인지 여부를 확인하는 변수가 포함되어 있어서 초기 인증사회적기업 중에서 사회적일자리 창출사업에 참여한 기업이 어느 정도 비중을 차지하는지 확인할 수 있다. 2009년 인증사회적기업은 289개였는데 이 중에서 절반을 넘는 150개 기업이 사회적일자리 창출사업에 참여했다.[19]

도시빈민운동과 함께 출현한 생산공동체는 2000년대 사회적경제의 본격적인 출발의 직접적인 기원이었다. 생산공동체가 자활사업단 또는 자활공동체의 역사를 가지고 있는 인증사회적기업은 2009년 289개 기업 중 75개로서 25.9%를 차지하고 있었다. 하지만 2016년 사회적기업 실태조사에서 응답한 인증사회적기업 중에서 자활사업과 관련된 기업은 3.8%에 불과하여 초기에 자활기업, 자활공동체가 사회적기업에서 차지했던 중요성은 전체 사회적기업 규모가 커지면서 크게 줄어들었다(길현종 외, 2017).

2011년 12월 협동조합기본법이 제정되면서 사회적경제 영역의 오랜 과제가 하나 해결되었다. 2008년 금융위기 이후 유럽 협동조합의 고용 성과가 돋보였고 2006년 사회적기업 육성법 제정 이후 사회적기업의 성장으로 사회적경제의 잠재력에 대한 우호적인 여론이 형성되면서 기본법이 제정되어 일정한 요건만

---

[19] 2008년 인증사회적기업은 218개이며 이 중에서 사회적일자리 창출사업에 참여했던 기업은 116개로 역시 절반 정도이다. 사회적일자리 창출사업에 참여한 기업들이 그렇지 않은 기업에 비해 기업 규모가 조금 더 컸다. 2008년 기준 사회적일자리 창출사업에 참여한 기업의 평균 근로자 수는 44명인데 비해 그렇지 않은 기업은 33명으로 10명 이상 차이가 난다.

갖추면 협동조합을 자유롭게 설립할 수 있게 되었다.

우리 사회에 협동을 통한 기업 설립의 열망이 잠재해 있었던 점과 기업 조직의 법인격 인정이 갖는 중요성으로 인해 2012년 12월 최초 설립된 일반협동조합을 시작으로 2016.8.1.까지 설립 신고가 완료된 일반협동조합 수는 9,243개, 사회적협동조합 수는 502개로 양적 팽창 달성했다(최슬기 외, 2016). 또한 협동조합 설립의 유형별 구성을 살펴보면 사업자협동조합이 차지하는 비중이 압도적인 것이라는 것을 알 수 있다. 선진국에서 사업자협동조합의 비중은 낮은 편인데 비해, 한국에서 사업자협동조합이 많은 것은 영세 사업자들의 경제적 어려움이 심대하며 사업자 스스로 해결책을 강렬히 갈구하고 있음을 반영하고 있다. 협동조합의 설립 산업도 다양해서 농림어업과 함께 도소매업, 교육서비스업보건복지업, 사업지원서비스업 등 다양한 분야에서 나타나고 있으며 제조업이나 음식숙박업의 설립이 많은 일반기업과 차이를 보여준다.

협동조합기본법 내에서 협동조합은 일반협동조합과 사회적협동조합 두 유형으로 구분되며 사회적협동조합은 사회적 가치를 추구하며 잉여를 조합원 간에 배분하지 않는다. 사회적기업 인증을 받은 기업 중에서 협동조합적인 운영을 하지만 주식회사 법인격을 가지고 있었던 기업들 일부는 협동조합기본법이 시행된 후 사회적협동조합으로 전환하였다. 이들 기업 중에는 생산공동체 또는 자활공동체로 설립되었던 기업도 포함되어 있어 한국 사회적경제의 역사를 상징적으로 보여주고 있다.

[표 3-2] 협동조합/일반기업 업종별 설립신고 비중(상위3개 업종)

(단위: %)

협동조합				일반기업			
일반협동조합		사회적협동조합		5~9인		10~49인	
도매 및 소매업	25.2	교육 서비스업	30.5	제조업	22.9	제조업	32.2
교육 서비스업	12.3	보건업 및 사회복지 서비스업	28.5	도매 및 소매업	21.0	도매 및 소매업	14.4
농업, 임업 및 어업	11.1	사업시설 관리 및 사업지원 서비스업	7.8	숙박 및 음식점업	13.3	숙박 및 음식점업	9.6
계	48.6	계	66.8	계	57.2	계	56.2

출처 : 최슬기 외(2016)

제4절 결론

이 글에서는 사회적경제의 역사를 복지국가의 형성과 변화와 연관 지어 설명하는 것을 목적으로 했다. 선진국의 사회적경제의 역사는 복지국가 형성기와 신사회적 위험에 따른 복지국가 변화기를 전후하여 구분된다. 복지국가 형성기 이전에는 협동조합이 대안적 기업형태로서 새롭게 등장하여 독점력을 발휘하는 영리기업의 횡포에 맞서 노동자와 서민 그리고 자영농과 자영업자들의 소비, 금융, 생산 활동에서의 이익을 지키는 역할을 했다. 이에 비해 비영리조직은 자선활동 등에서 큰 기여를 했지만 경제 활동 측면에서 미미한 역할을 하였다.

실업, 산재, 질병, 노화에 따른 소득 위험을 사회보험으로 완화하고 공공부조제도를 통해 최후의 안전망을 확립한 복지국가는 협동조합의 필요성을 약화시켰고 협동조합은 사업 조직으로서 경쟁력과 안정성을 확보하는데 집중했다. 이에 비해 비영리조직은 복지국가의 공공서비스를 위탁받아 제공하는 파트너로서 크게 성장하고 규모와 수가 늘어났으나, 정부의 재정 의존도가 높아지면서 자주적인 경제 활동의 주체로 보기에는 어려웠다. 이런 점에서 사회적경제는 경제 측면에서 성장했지만 가치 측면에서 침체된 시기라고 할 수 있다.

신사회적 위험의 도래와 복지국가 재정 위기의 시기 사회적경제는 다시 재평가되고 새로운 도전을 하고 있다. 협동조합 내에서 사회적협동조합, 공익협동조합 등의 사회적 가치를 추구하는 새로운 협동조합이 등장하였고 주류 협동조합 진영에서도 정체성 선언을 통해 사회적 가치 추구를 중요한 원칙으로 채택하였다. 노동통합기업, 커뮤니티 비즈니스, 지역관리기업 등 노동시장의 유연화와 근로빈곤의 확대의 위험에 대처하는 새로운 기업 조직이 선진국에서 동시다발적으로 등장하고 그 영역을 확대시켜가고 있다.

한국에서 복지국가의 형성과 변화 양상은 선진국과 차이를 갖는다. 소득 위험에 대한 사회보험과 공공부조제도는 2000년에 이르러서야 비로소 제도화되었다. 그 이전까지 근로빈곤계층은 스스로 자구 노력을 해야 했다. 다행히 한국의 **빠른** 경제 성장은 더 나은 일자리를 지속적으로 창출함으로써 빈곤 문제가 사회를 분열시킬 수준까지 이르지는 않았다. 하지만 1990년대는 경제성장률이 낮아지고 임금 불평등이 확대되면서 빈곤의 문제가 중차대한 사회 문제로 부각되었다. 이에 따라 생산공동체를 통해 빈곤 문제를 해결하고자 하는 자주적이고 목적의식적인 사회적경제 조직이 등장하였다.

복지국가의 형성과 신사회적 위험의 등장이 2000년을 전후하여 동시에 나타나면서 우리나라는 2000년 이후 사회서비스를 확대하고 고용안전망 제도와 정책을 강화하는 복지 확대 국면으로 접어들었다. 2000년대 초반 등장한 사회적기업은 복지 재정 증가 속에서 사회서비스 공급자이거나 취약계층의 일자리 창출을 담당하는 기업으로서 성장했다. 협동조합기본법이 제정되면서 협동조합의 설립도 대폭 늘어났다.

선진국의 경우 전통적 사회적경제가 정체된 상태에서 신사회적경제가 새롭게 등장한 과정으로 지난 40년을 요약할 수 있다면 우리나라의 경우 고용안전망이 제도적으로 만들어지기 전인 1990년대 빈곤에 대응한 생산공동체가 등장하면서 사회 문제를 해결하고자 노력했으며 이것이 거대한 변화의 시작이 되어 사회적기업을 필두로 한 신사회적경제 운동으로 성장했다고 볼 수 있다. 그리고 우리나라에서는 협동조합 기본법의 제정이 늦춰진 때문에 전통적 사회적경제라고 불리는 협동조합 내에서도 농축협과 신협 등에 한정되어 발전하였다. 협동조합 기본법 제정 이후 이미 **빠른** 속도로 성장하던 사회적기업과 기본법 협동조합이 결합하면서 신사회적경제의 성장이 가속화되었다.

<참고문헌>

공석기. (2017). 한국 비영리섹터 지형분석. 제17회 기부문화심포지엄 자료집.
길현종 외. (2017). 2017 사회적기업 실태조사 연구보고서, 한국사회적기업진흥원.
김교성, 유희원. (2015). 복지국가의 변화: 신구 사회정책에 기초한 이념형 분석, 사회복지연구 46(1).
김기섭. (2016). 한국 민간 협동조합의 역사와 의미. 김신양 외. 한국 사회적경제의 역사. 한울 아카데미.

김수현. (2010). 자활지원사업의 역사와 평가. 노대명 외. 자활정책에 대한 평가 및 발전방향. 한국보건사회연구원.
김신양 외. (2016). 한국 사회적경제의 역사. 한울 아카데미
김신양. (2018) 마을에서 함께 읽은 지역관리기업 이야기. 착한책가게.
김신양. (2021). 사회적경제는 어떻게 사회연대경제가 되었나?. 장원봉 외. 한국 사회적경제의 거듭남을 위하여. 착한책가게.
김영종(2012), 한국 사회서비스 공급체계의 역사적 경로와 쟁점, 개선 방향, 보건사회연구 32(2)
김정원·황덕순. (2016). 한국 사회적기업의 역사와 현실. 김신양 외. 한국 사회적경제의 역사. 한울 아카데미.
김종일. (2006). 서구의 근로연계 복지. 집문당.
김형미 외. (2012). 한국 생활협동조합운동의 기원과 전개. 푸른나무
김혜원. (2007). 사회서비스 분야 사회적기업은 지속가능한가. 노동리뷰. 한국노동연구원.
남찬섭. (2011). 한국 사회서비스 제도화의 현황과 전망. 월간복지동향 153. 참여연대 사회복지위원회
노대명 외. 자활정책에 대한 평가 및 발전방향. 한국보건사회연구원.
데이비드 와일. (2015). 균열 일터 (송연수, 역). 황소자리.(원서 출판 2014)
레스터 살라몬. (2009). NPO란 무엇인가? (이형진, 역). 아르케. (원서 출판 1999).
박상필. (2001). NGO 개념의 역사와 실체. 현상과 인식 85.
신명호. (2016). 개괄적인 한국 사회적경제의 역사. 김신양 외. 한국 사회적경제의 역사. 한울 아카데미.
윤홍식. (2006). 새로운 사회적 위험과 한국사회복지의 과제 : 사적(가족)영역으로부터의 접근. 한국사회복지학회 2006년도 추

계 공동학술대회. pp. 103-137
이계진. (2019). 한국의 사회보험, 그 험난한 역정. 도서출판 나남.
장원봉 외. (2021). 한국 사회적경제의 거듭남을 위하여. 착한책가게
장원봉. (2007). 사회적 경제의 대안적 개념화: 쟁점과 과제. 시민사회와 NGO. 5(2): 5-34.
정선희. (2006). 한국의 사회적기업. 도서출판 다우.
정원각. (2013). 한국의 협동조합운동의 역사와 현재. 진보평론 57.
조영복. (2007). 제1차 사회적 기업 인증결과와 과제. 노동리뷰. 한국노동연구원.
조현승 외. (2012), 전자바우처 도입과 사회서비스산업의 환경변화, 산업연구원
최슬기 외. (2016). 제2차 협동조합 기본계획 수립 연구. 한국개발연구원.
최진배. (2021). 협동조합 운동 - 대립과 순응의 역사. 율곡출판사
칼 폴라니. (2009). 거대한 전환. (홍기빈, 역). 도서출판 길.(원서출판 1944).
콜. (2012), 영국 노동운동의 역사 (김철수, 역). 책세상. (원서출판 1947).
헨리 한스만. (2017). 기업 소유권의 진화. (박주희, 역). 북돋움.
Borzaga and Defourny. (2001). The Emergence of Social Enterprise, Routledge.
Kerlin, J. (2006). Social Enterprise in the United States and Europe: Understanding and Learning from the Differences. Voluntas 17.

한국 일자리정책 20년사

문병인[20]

1. 서론

고용 문제, 일자리 정책에 관하여 논할 때 우리는 흔히 IMF이전과 이후를 말하곤 한다. 정부 일자리정책 20년사에 앞서서 IMF 직후의 고용 및 일자리 상황을 먼저 짚어 보고자 한다.
1998년도 고용노동 현황 중 두드러진 현상을 살펴보면, IMF외환위기로 인한 급증하는 실업문제 해결을 위한 범정부적인 대책 수립이 매우 필요했고, 이 가운데 고용보험제 확대 적용, 임금채권보장제 도입, 교원노조설립 허용 등 근로자권익보장과 노동기본권 신장 등이 두드러진 현상으로 나타난다.
임금 등 고용요건 하향 조정과 고용보장을 교환하는 모습이 곳곳에서 있었으며, 노조의 정치 참여 허용, 정리해고제, 근로자 파견제 도입 등 노동시장의 유연성 등이 IMF이후 나타난 모습들이다.

정부 일자리정책 20년사를 간추려 봄에 있어 너무나 방대한 분야인 점 이를테면, 노동, 노사관계, 고용서비스, 직업능력개발, 최저임금 및 근로시간, 고용 및 산재보험 등 일자리정책과 서로 유기적으로 연관되어 있어 다뤄야 할 것들이 많아 엄두가 나지 않았다. 그래서 고심 중에 큰 틀에서의 일자리정책에 중점을 두고 더욱이 새 정부가 들어서면 공통적으로 일자리정책의 5년 로드맵이 마련된다는 점에서 연도별 접근보다는 20년간

---
20) 인천광역시 경제자유구역청 정책특별보좌관, 전 한국종합인재개발원 경영지원 부회장

의 역대 정부의 취임 초기를 중심으로 살펴보는 것으로 가닥을 잡았다.

특히, 대통령 취임 1년차인 경우 임기 시작이 연초(2월)이기 때문에 이전 정부에서 편성한 예산을 집행하는 수준으로서 새 정부의 국정방향과 다소 차이가 있으므로, 아무래도 2차년도를 집중적으로가 살펴봐야 할 것이다.
취임 시기가 문재인 정부는 2017년 5월, 박근혜 정부는 2013년 2월, 이명박 정부는 2008년 2월, 노무현 정부는 2003년 2월이므로, 2018년도, 2014년도, 2009년도, 2004년도의 일자리정책을 위주로 하되, 순서는 최근 연도를 가장 먼저 살펴보고 과거 순으로 정리해 보고자 한다.

2. 본론

가. 문재인 정부의 일자리 정책(2018년도 정책을 중심으로)
(1) 문재인 정부 일자리정책의 개괄
'일자리 경제'는 정부의 경제정책 중심 기조인 '소득 주도 성장'을 위한 핵심 전략이다. 소득주도성장은 좋은 일자리를 많이 만들어 가계소득을 늘리고, 늘어난 소득이 소비를 확대해 내수를 활성화하고 그 효과가 다시 성장으로 이어지도록 하는 경제전략이다.

2017년 5월 정부 출범 당시 문재인 대통령은 제1호 업무지시로 대통령 직속 '일자리위원회'를 신설하고 집무실에 일자리 상황판을 설치했다. 5대 국정목표 중 하나인 '더불어 사는 경제' 부문의 국정전략 맨 앞에 '소득 주도 성장을 위한 일자리 경제'를 내세우며 '일자리 정부'를 공식화했다.

정부는 '국정운영 5개년 계획'을 통해 일자리 중심의 국정운영을 통해 △일자리를 늘리고, △노동시간과 비정규직, 노동시장에 성차별과 격차를 줄이며, △일자리 질을 높여가는데 있어 정부가 모범적으로 앞장서고, △기업과 노동자가 사회적 기반으로 일자리가 안정화될 될 수 있도록 뒷받침 하는 방향을 제시했다.

특히, 청년실업과 같은 시급한 일자리 문제 해결에 있어서 공공부문이 마중물이 될 수 있도록 공무원 신규채용을 확대하고, 공공부문 비정규직의 정규직 전환과 사회 서비스 공단 설립 등을 통해 일자리의 질을 높이는데 초점을 맞췄다. 고용보험 사각지대 해소를 위한 가입대상 확대, 중소기업 근로자를 위한 공적 퇴직연금 제도 확충 등 일자리 안전망도 강화방안도 담았다.

(2) 추진 방향
일자리정책 5년 로드맵을 통해 구체적인 추진 방향을 제시하고 있다.
일자리 창출과 일자리의 질 개선을 위한 5대 분야, 10대 정책과제, 100대 세부 추진과제의 연도별 추진방안과 이행목표를 설정하고 있다.
○ 4차 산업혁명, 저출산·고령화 등 미래변화에 선제적 대비
○ 상생형 생태계와 혁신성장기반 구축으로 지속가능한 일자리 창출
○ 노동시장 이중구조 해소와 근로조건 개선을 통해 일자리 질 제고
○ 청년·여성·신중년 등 취업애로 계층에 대한 맞춤형 지원 등이 기본 방향이다.

일자리정책 5대 로드맵 10대 중점 과제로는,
① 일자리 인프라 구축으로서 일자리 중심 국정운영 시스템 구축과 일자리 안전망 강화 및 혁신형 인적자원 개발의 과제를 두고 있다
② 공공일자리 창출로서 81만 명 확충 과제를 담고 있다.
③ 민간일자리 창출에서는 혁신형 창업 촉진, 산업경쟁력 제고 및 신산업·서비스업 육성, 사회적경제 활성화, 지역일자리 창출 등 4개 과제를 설정했다.
④ 일자리 질 개선으로서 비정규직 남용 방지 및 차별 없는 일터 조성, 근로여건 개선 등 2개 과제이다
⑤ 맞춤형 일자리 지원 분야에서는 청년·여성·신중년 등 맞춤형 일자리 지원을 담고 있다

(3) 문재인 정부 후반기 일자리정책 추진방향 (2020.3.9.)
정부 출범 전반기 일자리 위기상황을 극복하고, 역대 최고 수준 고용률 달성, 포용적 고용안전망 구축 등 소기의 성과를 이뤘다.
사람·노동 중심의 일자리 패러다임을 기반으로 2022년까지 고용률 68%, 고용보험 1,500만 명 가입 달성을 목표로 ①일자리 문제 해결형 보강·신규 핵심과제(50개)를 선정해 중점 추진한다. ②지속 추진이 필요한 일자리정책 5년 로드맵의 세부과제(50개)는 당초 목표 달성수준까지 차질 없이 진행한다는 것이다.

분야별 핵심 정책과제를 통해 공공에서 민간 일자리로의 확산을 통해 민간의 고용창출 역량에 집중한다는 것이며, 공정한 노동시장 구축함으로 노동 생산성을 제고하고, 고용안전망을 완성하여 국민이 체감하는 적극적 노동시장정책 및 고용안전망을 완성하겠다는 것이다. 또한, 수혜계층별 지원 확대를 통한

맞춤형 지원을 강화하고, 청년·40대·신중년 등 전생애 맞춤형 일자리지원 강화와 여성·장애인·농어촌 등 대상별·분야별 지원 확대를 도모하겠다는 것이다.

(4) 주요 정책 추진 현황
모든 정책을 거론할 수는 없겠으나, 일자리위원회를 중심으로 논의 및 결정됐던 사안에 대해 14개 사례를 중심으로 살펴보고자 한다.

○ 일자리 중심 국정운영체계 구축방안-제2차 일자리위원회(2017.11)
실업과 저임금 등 일자리 위기가 심화되면서 경제·사회의 안정성이 약화되고 사회 양극화가 갈수록 심화됨에 따라 일자리 중심의 더불어 잘사는 경제 실현을 목표로 정부 정책과 제도를 일자리 중심으로 전면 재설계하기 위해 일자리 중심의 국정운영체계 구축 방안을 마련하였다.

○ 신중년 인생 3모작 기반구축 계획-제3차 일자리위원회(2017.11)
평생 일자리라는 개념이 사라지고, 인생 주기와 사회적 변화에 따라 일자리 계획도 새롭게 설계해야 하므로 노동시장 은퇴를 준비 중인 과도기 세대(5060 세대)의 일자리 창출을 도모하기 위해 신중년 인생 3모작 기반구축 계획을 마련하였다.

○ 사회적경제 활성화 방안-제3차 일자리위원회(2017.11)
사회적경제는 국가와 시장 사이에서 재화와 서비스를 제공하는 경제활동으로 사회 취약계층의 경제 활동과 일자리 창출에 많은 도움이 되고 있다.
고용불안, 양극화 등 시장경제의 구조적 문제 해결책으로 사회적경제 활성화 대책을 수립한다.

○ 과학기술·ICT 기반 일자리 창출방안-제4차 일자리위원회 (2017.11)
4차 산업혁명 시대가 도래함에 따라 단순반복 일자리는 줄어들고 과학기술·ICT 기반의 융합형 직종·신직업이 다수 출현할 것으로 전망됨에 따라 과학기술과 정보통신분야의 고급인재를 양성하고 첨단기술을 활용한 신산업을 적극 육성하여 2022년까지 과학기술·ICT 분야에서 26만개의 일자리를 만들어 나간다는 계획이다.

○ 건설산업 일자리 개선대책-제4차 일자리위원회(2017.12)
건설산업은 단일 업종으로는 가장 많은 185만 명(전체 취업자의 7%)이 종사하고 있는 대표적인 서민 일자리 산업이나, 취업자의 73%가 비정규직 건설근로자(136만명)로서 고용안정성이 떨어지고, 소득수준(월평균 267만원, 전 산업평균의 78%, '16)도 낮은 상황이다. 임금보장 강화, 근로환경 개선, 숙련인력 확보 등 3대 목표 달성을 위한 10대 세부과제를 추진할 계획이다.

○ 현장의 목소리를 담은 여성 일자리대책
남녀고용평등법의 일부조항과 근로기준법 여성노동자 보호조항이 5인 미만 사업장에도 사각지대 없이 적용되도록 하고, 여성노동자 및 여성 관리자 비율 제고를 위한 적극적 고용개선조치의 적용대상을 단계적으로 확대한다.
전국 47개 지방노동관서에 "남녀고용평등업무 전담 근로감독관"을 1명이상 배치하며, 임신기에도 육아휴직을 허용하고 임신기 근로시간 단축(2시간) 청구권을 임신 全기간으로 확대한다. 배우자 출산휴가를 연간 유급 10일로 확대하고, 두 번째 육아휴직자에 대한 인센티브를 강화하며, 육아휴직급여 인상을 추진한다. 또한, 육아휴직, 기간제 근로자가 출산휴가 급여제도, 중소·영세사업장의 저소득 맞벌이 근로자의 어린이집 이용 방안, 경력단절여성 재고용·고용유지 기업에 대한 세제지원 방안 등 계획을 수립했다.

○ 청년일자리 대책-제5차 일자리위원회(2018.3)
청년 고용부진은 구조적 문제로 산업·교육·노동시장의 문제가 누적되고 일자리 수요부진, 미스매치가 지속되면서 그 정도가 더욱 심화되고 있다.
앞으로의 인구 구조적 요인과 경제사회적 변화에 별도의 대응 없이는 재난수준의 어려움이 예상되므로 특단의 한시 대책과 구조적 해결 노력의 병행이 반드시 필요한 상황이라 인식하고, 4대 분야 중점 추진과제로
① 취업 청년 소득·주거·자산형성 및 고용증대기업 지원 강화 ② 창업 활성화 ③ 새로운 취업 기회 창출 ④ 즉시 취·창업 할 수 있는 실질적 역량 강화를 추진하고, 구조적 문제 대응을 위해 ① 선택과 집중 투자로 미래 먹거리 육성 및 일자리 수요 창출 ② 사회보상체계 혁신으로 창업 및 中企 여건을 근본적으로 개선 ③ 인적자본 고도화, 미스매치 해소를 위해 교육·훈련 체계 혁신 ④ 사회적 대화를 통한 노동시장 구조개선을 추진한다.

○ 청년고용 촉진방안-제5차 일자리위원회(2018.3)
청년일자리 대책의 실효성을 높이고 청년에게 와 닿는 정책을 마련하기 위해 청년대표, 전문가, 관계부처 등으로 구성된 '청년일자리 대책 TF'를 구성하여 청년들의 의견을 수렴, 일자리 부족, 열악한 중소기업 일자리, 취업준비 과정에서 느끼는 어려움을 바탕으로
① 기업에는 청년 채용에 대한 강한 인센티브 제공 ② 청년에

게는 중소기업 취업 시 강한 인센티브 제공 ③ 청년의 취업준비 과정에서 발생하는 애로를 적극 해소하여 「청년구직자 일자리안전망」을 구축하고 청년이 원하는 곳에서 일할 수 있는 사회를 만들어 가고자 한다.

또한, 일 경험과 취·창업을 연계하여 일자리의 지속가능성을 높이고, 주거·복지·공동체 등 종합적 정착유인 제고, 지역별 특성과 청년 개개인을 고려한 현장중심의 맞춤형 정책대응을 전개하고자 한다.

○ 소셜벤처 활성화를 통한 일자리 창출방안-제6차 일자리위원회(2018.5)
소셜벤처 판별 및 가치평가체계구축, 특화지원, HUB 구축 등을 추진하는데,
첫 번째로, 소셜벤처 판별 가이드라인을 마련하고, 가치평가체계를 구축. 두 번째로, 청년 소셜벤처 HUB를 구축. 세 번째로, 창업사업화 및 투자 등 특화 지원을 확대 등의 방안을 제시했다.

○ 바이오헬스 일자리 창출계획-제7차 일자리위원회(2018.9)
'미래 헬스케어 발전으로 국민 건강증진 및 일자리 창출'에 비전을 두었으며, 3대 추진 목표를 설정했다. ①바이오헬스 일자리를 '17년도 14.4만 명에서 '22년도 18.6만 명으로 확대한다. ②바이오헬스 벤처 창업은 15년도 연 7백 개에서 22년도까지 연 9백 개로 늘리는 것을 목표로 한다. ③바이오헬스 전문 인력은 22년까지 1만 명을 양성한다.
이를 위해 제약·의료기기·화장품 산업 육성, 바이오헬스 산업 창업 활성화, 바이오헬스 전문 인력 양성, 미래신산업 육성 및 해외시장 진출 지원 등 4대 추진과제를 수립했다.

○ 소프트웨어 일자리 창출 전략-제7차 일자리위원회(2018.9)
SW기반 혁신 일자리 창출, SW산업 생태계 혁신의 2트랙 접근을 통해, 4차 산업혁명 분야 유망 일자리의 양과 질을 확충한다는 것으로 소프트웨어 핵심 및 실무인재를 양성하고, 청년 소프트웨어 창업을 촉진하며, 타산업과 소프트웨어의 융합을 통한 소프트웨어 뉴딜을 추진한다.

또한, 국가 지식재산 창출·보호·활용 체계를 강화하여, 22년까지 양질의 지식재산 직접 일자리 1만 1천개, 간접 일자리 3만 5천개 창출을 추진한다.

○ 공공 및 청년일자리 창출계획-관계부처 합동(2020.5)
공공 및 청년일자리 창출 추진계획을 발표하였다. 공공 부문으로서, 공공분야에서 공익적 가치 창출이 가능하고 청년층 경력 개발에도 도움이 되는 비대면·디지털 일자리를 제공하며, 청년·여성, 실직자 등 고용 취약계층을 대상으로 한다. 또한, 코로나19로 어려움을 겪는 주민에게 243개 全 지방자치단체가 수요를 파악하여 설계한 취약계층 공공일자리를 제공한다.

민간 부문에 있어서는, 중소·중견기업에서 IT 활용 가능한 직무에 미취업 청년을 채용할 경우 최대 6개월간 인건비 지원하고, 최근 신규채용 연기·중단 등으로 일할 기회가 감소한 청년을 단기 채용하는 기업에 최대 6개월간 인건비 지원하며, 코로나19 확산 등 고용상황이 특별히 악화된 시기에 이직한 구직자 등을 고용한 중소·중견기업에 채용보조금 지원 한다

나. 박근혜 정부의 일자리 정책(2014년도 정책을 중심으로)
(1) 정책 개요

박근혜 정부의 핵심 키워드는 고용률 70%라고 말할 수 있다. 고용률 70% 달성은 지속적인 경제성장을 통한 GDP 3만 불 달성, 빠르게 진행되는 저출산·고령화에 대한 대응, 중산층 복원 등을 목표로 하는 우리 정부의 핵심전략이자 국민행복 시대를 여는 열쇠로서 국가미래를 위해 꼭 달성해야할 목표인 것이다. 「고용률 70% 로드맵」은 18개 부처가 참여한 범정부 종합대책으로 4대전략 137개 세부추진과제로 구성되어 있다.
첫째, 창조경제를 통한 일자리 창출, 둘째, 일하는 방식과 근로시간 개혁, 셋째, 여성·청년 등 비경활인구의 고용가능성 제고, 일자리를 위한 사회적 연대와 책임 강화이다.

한편 여성 고용률의 획기적 제고를 위해서는 경력단절을 예방하는 것이 핵심이다. 여성들이 육아와 가사로 일을 그만두지 않도록 육아휴직 제도를 강화하고 육아휴직 시 대체인력 활용을 활성화하며 보육서비스도 맞벌이 부부 중심으로 강화한다.

청년층의 조기 노동시장 진입을 위해서는 스펙이 아닌 실력으로 평가받는 능력 중심 사회 구현을 위한 다양한 정책을 추진한다.
장년층 인구의 지속증가 및 고령화 추세를 반영하여 주된 일자리에서 오래 일하고, 퇴직 후에도 일을 통한 제2의 인생 설계가 가능하도록 지원하는 것이다.

특히, 여성·청년 등 핵심인력의 노동시장 참여에 정책역량을 집중하기 위해 「일하는 여성을 위한 생애주기별 경력 유지 지원방안」('14.2.4, 발표)을 본격 추진하고, 정책 모니터링을 강화하는 한편, 「일자리 단계별 청년고용대책」('14.4.15, 국무회의) 추진을 통해 청년 일자리 문제를 해결할 계획이다. 또한, 일·학습 병행제 시행에 따라 기업의 현장훈련 프로그램, 우수 트레이너 양성, 훈련시설 확충 등에 힘쓰고, 고령화에 대비하여 가칭 「장년고용 촉진 대책」을 마련하여 60세 정년연장의 조기 정착 등을 지원할 계획이다.

(2) 주요 정책
(가) 청년 일자리 확충 기반 조성
○ 실력·능력중심 채용관행 정착
학력·스펙 중심의 채용 관행으로 인하여 직무능력과 무관하게 불합리한 차별과 사회적인 낭비를 해소하고자 스펙이 아닌 열정과 잠재력을 가진 청년이 취업할 수 있도록 지원함으로써 실력·능력중심의 채용관행을 확산시키고자 한다. '스펙초월 멘토스쿨' 프로그램을 운영한다.

○ 산업현장 중심의 청년 취업지원
「청년취업아카데미」는 대학이 산업 수요를 적절히 반영하지 못하는 문제를 해결하기 위해 산업현장에서 필요한 맞춤형 교육과정을 운영하여 취업과의 연계를 강화하는 사업이다.
기업·사업주단체가 대학과 협력하여 대학 재학생 및 졸업생을 대상으로 금융·기계·IT 등 다양한 교육과정을 운영하고, 참여 학생에게는 학점을 인정하며, 기업·사업주단체의 협력기업 등으로 취업을 연계한다.
청년을 신규 채용한 중소기업에 임금의 일부를 지원함으로써, 중소기업의 청년일자리 창출을 유도하기 위한 중소기업 청년취업 인턴제 제도이다.

○ 청년의 해외 취업지원사업
"대한민국 청년이 세계를 움직이는 K-Move"를 제시하여, 해외통합정보망 구축·맞춤형 교육훈련을 통한 인재양성·해외취업성공 장려금 지원 등을 추진한다. 해외취업연수, 해외취업알선, 해외취업장려금 지원, 해외 취업지원 인프라 구축 사업 등이 있다.

○ 강소기업 정보시스템 확충·운용
청년고용이 지속적으로 악화되는 상황에서도 중소기업은 여전히 인력난을 겪고 있는 실정이다. 이에 따라 청년들이 중소기업 일자리에 대한 긍정적 인식을 가지며 적극적인 구직활동을 할 수 있도록 청년이 선호하고 성장가능성이 있는 강소기업을 관계기관 합동으로 선정하여 청년과의 매칭을 강화함으로서 청년-중소기업 간 정보의 미스매치 완화에 기여하고 있다.

(나) 여성, 장년, 장애인의 일할 기회 확대
○ 여성 일자리 확대 및 일과 가정의 양립지원
시간선택제 일자리는 근로자의 자발적 수요에 따라 전일제 근로자보다 짧게 일하면서 근로조건 등에 있어 차별이 없는 일자리로서 기존 시간제 일자리보다 양질의 일자리이며 정부는 시간선택제를 확산시키면서 기존 시간제 근로조건을 개선하는 방향으로 정책을 추진하고 있다.

출산전후휴가, 임산부의 시간외근로 금지 및 야간이나 휴일근로 제한, 보건 상 유해·위험한 사업 사용금지, 생리휴가, 육아시간(수유 시간) 보장 등의 정책을 수립·시행하고 있다.
사업장의 직장어린이집 설치·운영을 확대하기 위하여 직장보육 시설 설치비 및 개·보수비, 보육교사 인건비 지원, 세제 혜택 등 다양한 방법으로 사업주의 직장어린이집·운영을 지원하고 있다.

2013년에는 임신·출산여성 고용안정 지원금을 출산육아기 고용안정 지원금으로 전체 명칭을 변경, 육아휴직 등 장려금을 출산육아기 고용지원금(육아휴직 등, 부여)으로 대체인력채용장려금을 출산육아기 대체인력지원금으로 개정하였다. 육아휴직 등, 부여 지원금과 대체인력지원금은 제도 도입 이후 육아휴직의 활성화와 함께 지속적으로 증가 추세에 있으며, 2013년에는 8,493개 사업장에 28,010명 51,343백만 원을 지원하였다.

육아·가사부담 등으로 비경제활동상태에 있는 경력단절여성의 취업지원을 위하여 고용노동부와 여성가족부는 2008년 4월 「여성새로일하기센터」를 지정·운영 하고 있다.

○ 장년의 고용연장 및 촉진 지원
고령근로자의 활용 필요성과 연령차별금지에 대한 사회적 인식을 제고하고, 연령과 관계없이 근로자가 희망하는 한 일할 수 있는 분위기를 확산하고자 2006년부터 고용상의 연령차별금지 홍보캠페인을 전개하고 있다.

고령자 고용유지와 촉진을 위한 국가의 적극적인 지원책의 하나로 정년퇴직자를 계속 고용 또는 정년을 연장한 사업주에게 고령자 고용연장 지원금 제도를 시행하였다. 임금피크제를 실시하는 기업의 소속 근로자에게 54세부터 최대 6년간 연 600만원(분기별 150만원) 한도로 임금피크제보전수당을 지원하였다.

퇴직 중견 전문인력에 대한 재취업 알선·상담을 통해 고용안정을 도모하고 전문인력 활용으로 중소기업 등의 경영애로를 해소하는데 기여하고자 비영리법인 및 공익단체 등을 중견전문인력 고용센터로 지정 운영하였다.
또한, 고령자의 취업능력을 강화하고 일자리 제공 기회를 넓히기 위해 무료직업소개 사업을 하는 비영리법인 또는 공익단체를 고령자인재은행으로 지정하여 운영하였다.

장년 취업인턴제는 장년 미취업자에게 기업 인턴연수 기회를 제공함으로써 자신감과 현장 적응력을 높이고 중소기업에는 일할 의욕이 있고 경험이 풍부한 직원을 채용할 수 있는 기회를 제공하고자 2013년 신규 사업으로 편성 운영하였다.

○ 장애인 일자리 확대 및 고용분위기 조성

1998년부터 5년 단위로 장애인고용 촉진을 위한 기본계획을 수립하여 종합적인 접근을 통해 장애인의 일을 통한 사회참여를 촉진해 왔다.

제4차 계획(13년~17년) 기간 중에는 공공부문 및 민간부문의 장애인 의무고용률 상향등으로 장애인 일자리의 지속적 확충, 맞춤형 서비스 제공 등을 통해 제4차 장애인고용촉진 5개년 계획의 비전을 달성하기 위한 노력을 하였다.

○ 장애인 고용촉진 지원

장애인 중 근로능력이 현저하게 상실된 중증장애인을 위해 중증장애인 지원고용 및 시험고용, 장애인표준사업장 설립지원 등 다양한 일자리 창출정책을 시행하였으며, 중증장애인을 대상으로 직무 및 직장 적응을 위해 「선 배치·훈련 후 고용」하는 방식으로 직무지도원을 배치하여 지원하였다.

수화통역비용, 작업지도원 수당 등 장애인 고용관리비용으로 639개 업체, 1,132명에 대하여 12억 원, 장애인고용시설·장비 개선을 위하여 235개소에 30억 원을 지원하고, 장애인고용시설 자금으로 93개소에 190억 원을 융자하는 등 장애인 고용에 필요한 환경을 개선할 수 있도록 지원하였다.

(다) 수요자 중심의 맞춤형 취업지원
○ 구인·구직 매칭을 위한 취업지원서비스 제공 강화

전국의 83개 고용센터를 통해 제공되는 취업지원서비스는 구직자와 일자리를 직접 이어주는 취업알선, 취업지원프로그램(구인·구직 만남의 날, 동행면접, 채용대행 서비스)과 각종 직업진로지도 프로그램을 통해 구직자의 고용가능성을 높여 원활한 노동시장 진입을 지원하도록 했다.

저소득층 등 취약계층에게는 취업성공패키지와 심층상담 전담제 등을 통해 통합적인 서비스를 제공하였으며, 청년과 함께하는 강소기업 1만 여곳을 선정하여 워크넷을 통해 제공하는 등 온라인 취업지원서비스를 대폭 강화하였다.

2014년에도 실업급여 수급자 및 취약계층에 대해 구직자 유형 분류를 개선하여 정확한 구직자 진단 및 취업계획 수립을 지원하고, 취업지원 업무를 원스톱으로 제공 하는 등 개인별 맞춤형 서비스 제공에 중점을 두었으며, 아울러 일자리 정보망을 타 부처 취업지원 프로그램 및 복지 서비스망 등과 연계하는 등 고용서비스정보망 연계를 지속적으로 확대하였다.

○ 저소득층 취업지원 강화
취업취약계층 대상 일자리 지원 사업인 청년 뉴스타트 프로젝트, 고령자 뉴스타트 프로그램, 디딤돌일자리 사업을 취업성공패키지 사업으로 통합하고 추진 규모를 5만 명으로 확대하면서 예산도 574억 원으로 대폭 증액하였다. 취업성공패키지와 희망리본 연계에 대한 관심이 집중되고 유사 중복 사업의 조정이 필요하다는 공감대가 형성되어 국정과제에 반영되었다. 이에 따라 '13년 9월부터 근로 능력 있는 조건부 수급자는 고용센터에 우선 의뢰하여 취업가능성 여부를 판단하고 고용센터에서 적정 자활경로를 설정하는 근로빈곤층 취업 우선 지원 시범사업이 실시되었다.

희망리본 사업과 취업성공패키지 사업의 통합을 위해 사업 운영 프로세스 및 전달체계 등의 개편이 필요하고, 취업성공패키지 지원 사업을 지속적이고도 안정적으로 추진하였다.

○ 고용복지+센터 운영
고용서비스와 복지서비스의 연계를 통한 수요자 중심 서비스 제공, 국민의 이용편의와 정부의 행정효율 제고 등을 위해 다양한 고용·복지 서비스기관이 한 장소에서 함께 서비스를 제공하는, 공간적 통합모델인 '고용복지+센터'를 추진하였다.

2014년 10곳을 시작으로 2017년까지 70곳 설치를 목표로 고용복지+센터를 확산해 나가는 한편, 서비스 연계 활성화, 유사·중복 최소화 등 서비스 내실화도 함께 추진해 가기로 했다.

다. 이명박 정부의 일자리 정책(2009년도 정책을 중심으로)
(1) 정책 개요
취업에 어려움을 겪는 계층을 위한 시책도 착실히 추진하여 여성에 대한 적극적 고용개선조치를 강화하고, 글로벌 청년 리더 등 다양한 청년 취업촉진 사업을 추진했으며, 임금피크제를 통한 고령자 고용안정도 강화했다. 공공부문의 장애인 의무고용율을 2%에서 3%로 높이는 법안을 국회에 제출했고, 자회사형 표준사업장과 보조공학기기 지원 확대를 통한 중증장애인 고용촉진도 적극 지원했다.

훈련기회가 부족한 중소기업에 대한 지원을 강화하였고, 수요자 중심의 능력개발체계 구축을 위한 직업능력개발 계좌제를 도입하여 2008년 9월부터 시범실시 하였다. 외국인력제도도 개선하여 외국인 고용규제는 완화하되 외국인 근로자에 대한 입국·체류·귀국 지원을 강화하였다.

고용서비스는 일자리에 관련된 서비스를 종합적으로 제공함으로써 개인의 평생 직업생활, 기업의 경영활동 및 국가 인적자원의 효율적인 활용을 지원하는 국가의 핵심 인프라임을 인식하고 고용서비스 향상에 역점을 두었다.

고용서비스의 인프라의 확충을 위한 노력의 일환으로 고용지원센터의 통합·
대형화를 지속 추진하여 2008년 고용지원센터는 81개 센터로 조정되었으며,
2007년 개발된 경력단절여성, 제대군인, 새터민, 위기청소년을 위한 직업 진로프로그램을 본격적으로 운영하였고, 취약계층에 대한 심층상담 및 밀착 취업 지원을 위한 '심층상담 전담제'를 시범 실시하였다.

(2) 주요 정책
(가) 고용서비스 선진화 추진 및 일자리 창출
노동시장의 유연성이 높아지고 양극화가 심화되면서 근로 빈곤층에 대한 안전망으로서 고용서비스의 중요성이 날로 커짐에 따라 고용서비스 선진화를 국가적 과제로 설정하고, 고용서비스 혁신을 추진하였다. 그 결과, 공공고용서비스 인프라가 확충되고, 고용지원센터 이용고객, 취업자 수 등이 증가하는 성과가 있었다.

○ 촘촘한 국가 고용서비스망 구축
국민 누구나 쉽게 고용서비스를 이용할 수 있도록 하기 위해 중앙과 지방, 공공과 민간기관을 촘촘하게 연결한 국가 고용서비스망을 구축하고, 고용지원센터는 고용서비스의 허브기관의 역할을 수행하고 고용서비스를 제공하는 관련기관의 역할 재정립과 유기적인 협력체계의 구축이 필요하다. 고용지원센터는

단기적으로는 취업지원서비스 선진화를 추진하되, 중·장기적으로는 프로그램을 민간에 이관하고, 민간부문을 지원하는 기능을 확대할 계획이다.

○ 공공 고용서비스(고용지원센터) 선진화 정착
2008년 2월부터 운영한 '심층상담 전담제'의 성공적인 시행을 통해 성공사례를 전 직원에 확산, 개인별 맞춤형 취업지원 서비스가 조기에 정착되도록 추진하였다. 그리고 취약계층 직업진로지도 내실화를 위해 2007년에 개발한 취약계층 특화형 프로그램을 전 센터 및 유관기관을 통해 단계적으로 확대하며, 직업능력개발계좌제와 연계하여 훈련상담을 강화하여 시장 수요·구직자 특성에 맞는 훈련 참여를 지원하고, 훈련수료자에 대한 진로지도·취업알선을 통해 신속한 취업 지원체계를 구축했다.
또한, 청년층 뉴스타트 프로젝트, 저소득층 취업패키지 지원 사업 등, 초기 심층 상담을 통한 진로부터 취업까지의 전 과정을 관리하는 통합적 고용서비스 제공을 강화하였다.

○ 사회적기업 육성을 통한 양질의 일자리 창출
2007년 사회적기업육성법의 제정 이후, 민간의 참여와 협력 유도를 위해 사회적기업 네트워크를 구축·운영하였고, 사회적기업에 대한 국민의 새로운 인식을 형성하였다. 사회적기업에 다양한 지원방안을 마련, 시행하였으며, 지방자치단체의 예비사회적기업 발굴·지원 등 참여와 협력을 유도하였다. 또한, 범정부적 사회적기업 육성기본계획(2008~2012)를 수립하여 창의적이고 시장경쟁력을 갖춘 견실한 사회적기업 성공모델 제시 및 사회적기업 육성 전략·추진과제를 마련하였다.

○산 · 학· 관 협력을 통한 청년층 고용촉진 강화

청년고용문제가 일자리 창출 둔화와 인력수급의 미스매치에서 발생하는
구조적 문제로 보고, 2008년 8월에 청년고용 촉진대책을 마련하여 추진하였다. 전략적 과제로, 수요 측면에서는 우량 중소기업 발굴 및 추가채용 지원 등 청년 친화적 일자리 지원사업을 설정하고, 공급 및 인프라 측면에서는 직업체험기회 확대 및 산업수요에 맞는 인력양성, Job World 등 고용인프라 확충 등을 추진하였다.

○ 종합직업체험관 설립 추진
청년실업 및 인력수급 불균형 문제를 완화하기 위한 장기대책으로서 아동기부터 다양한 직업 체험과 직업탐색 기회 제공으로 적합한 진로 및 직업선택, 건전한 직업관 등의 형성할 수 있도록 2005년~ 2011년까지 7년간 총사업비 2,305억원을 투입하여 종합직업체험관 설립을 추진하였다.

○ 고용유지·창출을 위한 고용안정사업 추진
고용안정사업은 산업구조의 변화와 기술진보과정에서 근로자의 고용안정을 보장하면서 기업의 고용조정을 합리적으로 지원하기 위한 제도이다. 고용조정 지원사업과 고령자·여성 등 노동시장 잠재 인력 및 취약계층의 취업촉진을 위한 고용촉진사업으로 대별될 수 있으며, 그밖에 건설근로자의 고용안정 지원 및 직장보육시설 활성화를 위한 지원을 추진했다.

○ 지역맞춤형 고용정책의 추진
지역 특성에 적합한 고용정책을 수립, 추진함으로써 정책 효과를 제고하고 지역 간 고용기회의 불균형을 해소하기 위하여 지역고용정책 강화를 추진해 왔다. 2008년에는 지역고용·인적자원개발사업 공모절차를 거쳐 156개 사업을 선정하여 97억 원을

지원하였다. 이 중 계속 지원 사업은 50건에 36억 원이다.

○ 자활사업 개선추진 등 저소득층 취업지원 강화
- 저소득층에 대한 취업지원제도의 질적 전환 모색
자활사업 관련 예산의 증액을 통해 저소득 근로빈곤층에 대한 통합적인 취업지원제도 마련을 위한 입법추진에 앞서 시범사업을 실시할 수 있는 계기를 마련하였다.
사업의 차질 없는 시행을 위한 세부추진계획을 우선적으로 수립하고, 동 계획에 따라 세부적인 업무추진지침과 업무매뉴얼 등 사업실시를 위한 내부규정 마련과 관련 전산시스템 개발 등 사업실시 준비에 박차를 가하게 되었다.

- 기존 자활사업의 차질 없는 시행
2009년부터 기존 자활사업이 『저소득층 취업패키지 지원』 사업으로 통합·운영되는 점을 감안하여 2008년 12월 말 현재, 기존 자활사업에 참여 중인 자에 대해서는 참여 중인 과정이 종료될 때까지 자활지원을 유지 및 연계 참여가 가능하도록 지침을 마련 시행했다.

○ 구인·구직 매칭을 위한 취업지원 프로그램 운영
고용지원센터의 취업지원서비스는 구직자에 대한 개별상담 서비스 강화를 위해 「심층상담 전담제」를 도입하고, 취업에 어려움을 겪고 있는 구직자를 대상으로 하는 특화형 프로그램을 고용지원센터와 유관기관으로 확대·보급하는데 중점을 두었다.

(나) 저출산·고령화에 대비한 고용대책 추진
○ 여성고용확대 및 일과 가정의 양립지원
2008년 7월에 2012년까지 향후 5년간의 여성 고용정책 비전을 담은 제4차 「남녀고용평등과 일·가정 양립 기본계획」을 수립·발표하였다. 이는 남녀고용평등 및 여성의 경제활동 촉진과 일·가정 양립 지원을 강화하는데 중점을 두었으며, 여성의 역량 제고 및 일자리 확대, 일하는 여성 중심의 육아 지원제도 마련, 가정과 조화되는 근로제도 정착, 남녀 차별이 없는 일터 정착, 사회 합의에 기반한 여성 고용 인프라 확충 등 5대 핵심전략과 함께 20대 핵심 추진과제로 구성되었다.

○ 여성고용확대
2008년 적극적 고용개선조치 시행과 함께 적극적 고용개선위원회 운영을 통해 여성근로자 고용기준에 관한 사항, 적극적 고용개선조치에 관한 사항 등에 대해 적극적으로 논의하는 구조를 만들었다.
여성고용의 촉진을 위해 '여성고용촉진 컨설팅비용 지원사업' 운영했다.

○ 여성 재취업지원
출산·육아 등으로 경력이 단절된 여성에게 특화된 고용서비스를 제공
한다는 취지로 대형 할인매장 2개소에 '주부취업 상담실'을 시범 운영하였다. 경력단절 여성의 접근성이 뛰어나고 취업지원 서비스 경험이 풍부한 기관을 선정하여 '여성 고용지원센터'를 설치하고 다양한 취업 프로그램 등을 경력단절 여성 등에게 제공하였다.

2007년 4월부터 임신·출산·육아를 이유로 회사를 그만둔 여성근로자를 신규 채용한 사업주에게 '출산여성신규고용촉진장려금(엄마채용장려금)'을 지원하고, 근로계약이 1년 이하인 자와 파견근로자들 중 산전후휴가기간 또는 임신기간(16주 이상) 중

에 근로계약 및 파견 계약기간의 종료 즉시 1년 이상의 근로계약을 체결하는 사업주에게 '임신·출산후계속고용지원금'을 지원하고 있다.

○ 고령자의 고용촉진 지원
고령자 고용연장기반 조성 사업으로 Age campaign 전개, 고령자 고용현황 조사 및 이행지도, 임금피크제 보전 수당 및 고령자 고용안정컨설팅 지원 등의 지원제도를 추진했다.

고령자 고용지원사업인 고령자 고용촉진시설 융자지원사업으로서, 고령자 고용친화시설을 설치하는 사업주에게 소요비용의 일정액(최대 10억 원)을 연 3% 이자로 5년 거치 5년 균등분할 상환조건으로 융자 지원하는 제도이다.

퇴직·전직을 희망하는 고급·중견 전문인력에 대한 재취업 알선·상담을 통해 고용안정을 도모하고 전문인력 활용으로 중소기업 등의 경영애로를 해소하고자 중견전문인력 고용지원센터로 지정, 운영하고 있다.

고령자의 취업능력을 강화하고 일자리 제공 기회를 넓히기 위해 무료직업소개 사업인 고령자인재은행을 지정(전국 50개 기관)하여 운영 하였다.

취업을 희망하는 준·고령자를 대상으로 1~4주(1일 4시간, 1주 20시간) 동안 직무수행에 필요한 최소한의 실무기능, 소양교육 및 안전관리 등을 중심으로 고령자 단기적응훈련 프로그램을 확대 실시하였다.

2007년부터 시행하고 있는 '고령자뉴스타트프로그램' 사업을 통해 50세 이상 준·고령자에게 중소기업에서의 현장연수 및 직업능력향상 프로그램을 제공하였고, 고령자와 구인업체간 만남의 장을 제공함으로서 고령구직자의 취업능력을 향상시키는 노력을 하였다.

○ 장애인 일자리 확대 및 장애유형·특성별 서비스 제공
장애인 고용을 확대하고 중증 장애인 위주로 의무고용제도를 개선하는 방향으로 제3차 장애인고용촉진 5개년 계획을 수립하여 시행하였다.

라. 노무현 정부의 일자리 정책(2004년도 정책을 중심으로)
(1)정책 개요
노동시장정책에 있어서는 청년실업 및 전반적인 고용불안 등에 대응하여 일자리 창출과 취약계층의 고용안정에 역점을 두었으며, 종합적인 청년실업대책을 마련하였고, 차세대 성장산업의 육성을 통해 지속적인 일자리 창출을 도모하면서, 복지·환경 등 분야에서 사회적 일자리 창출 사업도 새로 도입하였다.
아울러 여성의 취업촉진을 위한 육아부담의 지속적 완화, 고령자 고용지원제도의 합리적 개선, 장애인 의무고용 적용사업장의 범위 확대 등을 통해 취약계층의 고용안정을 도모하였다.

(2) 주요 정책
(가) 취업알선 및 상담기능 강화
○ 취업상담 및 집단상담 프로그램 확대
취업의 의사와 능력이 모두 갖춰진 구직자에 대해서는 구인정보 제공에 초점을 두고 상담과 취업지원을 제공한 반면 고령자, 장애인 등 취업이 어려운 취약계층에 대해서는 심층상담을 실시하여 구직의욕을 높이고 동행면접 등 적극적인 취업지원 서비스를 제공하였다.

구직자들의 구직의욕과 자신감을 고취하고 이력서작성, 면접요령 등 구직기술 습득을 통해 취업을 적극적으로 지원하는 3종의 집단상담프로그램을 운영하였다.
청년층직업지도프로그램과 취업희망프로그램을 운영하여 근로의욕을 증진하고 대인관계기술, 구직기술 등을 습득토록 하였다.

○채용박람회 및 구인·구직자 만남의 날 개최
구직자·구인업체간 현장면접을 통한 신속한 채용결정으로 구직·구인에 소요되는 시간과 비용을 절감하고 이력서 작성·면접요령 등을 알려주는 취업지원 클리닉, 직업적성검사 등 직업심리검사, 직업훈련과정 안내 등 다양한 고용서비스를 제공하여 취업을 지원하였다.

○직업지도의 내실화
성인용직업적성검사, 청소년용 직업적성검사, 청소년용직업흥미검사 등 다양한 직업심리검사 기법을 개발, 확대·보급에 노력하였다.

(나) 일자리 창출 및 제공
○ 사회적일자리 창출사업 추진
2003년 하반기부터 민간시장(제2섹터)과 공공부문(제1섹터)에서 창출되지 못하는 사회적 서비스 분야의 일자리를 NGO 등 비영리단체(제3섹터)로 하여금 창출하도록 하여 취업 취약계층 등에게 제공하는 적극적인 고용정책인 사회적일자리 창출사업을 시행하였으며, 장기적으로 유럽의 모델인 '사회적기업'을 육성, 지속적인 일자리를 창출 방안을 강구하였다.

○ 구인업체 개척사업 실시

구직활동을 통해 취업가능성이 높다고 판단되는 미취업 청소년 등에게 중소업체를 비롯한 틈새 일자리에 대한 구인개척과 구직활동을 병행 실시토록 함으로써 구직자에 대한 취업을 지원하는 사업으로 취약계층의 3D업종 취업을 통한 중소기업 인력난 해소에 기여하였다.

○ 고용유지 및 취약계층 고용촉진 지원
고용유지지원금 제도는 생산량 감소, 재고량 증가 등으로 고용조정이 불가피하게 된 사업주가 근로자를 감원하지 않고 일시휴업, 근로시간 단축, 훈련, 휴직, 인력재배치 등 고용유지조치를 실시하여 고용을 유지하는 사업주에게 지원함으로써 사업주의 경영부담을 완화하고 근로자의 실직을 예방하고 있다. 고령자고용촉진을 활성화하기 위해 고령자를 신규 채용하는 경우 지원하는 고령자신규고용장려금을 월 25만원에서 28만원으로, 경영상의 이유 등으로 퇴직한 고령자를 재고용할 경우 지원하는 고령자재고용장려금은 월 30만원에서 33만원으로 상향하였다

(다) 취약계층 고용안정 추진
○ 청년층의 구조적 실업해소
청년실업을 근본적으로 해결하고 청년층에게 비젼을 제시하기 위하여 2003년 9월 22일 국무총리를 비롯한 17개 부처 장관, 경제5단체장, 기업의 인사담당자 및 학교 취업담당자 등이 참석한 가운데 대통령 주재로 제2차 경제민생점검회의를 개최하여 청년실업 종합대책을 추진하였다.
청년실업문제를 근본적으로 해결하기 위해 단기 및 중장기 대책을 수립하였다.
단기대책으로서 사회적 일자리창출, 연극·영화 시간제 강사 및 체육 지도사 배치, 문화유산 등 DB 구축 사업, 구인업체 개척

사업, 군 부사관 채용 등이며, 청소년직장체험프로그램(인턴제, 연수제), 이공계 미취업자 현장연수, 중소기업 현장체험, 해외인턴·연수 제도를 통해 기업 및 해외근무 경험기회를 대폭 확대 제공하였다.
또한, 주요지역 고용안정센터에 청년취업지원실을 설치하여 각종 취업지원프로그램의 원스톱 제공으로 취업지원을 강화하였다
중장기 대책으로는 새로운 일자리를 지속적으로 창출하기 위해 10대 차세대 성장동력산업과 문화·관광·레져 등 서비스 산업을 적극 육성하고, 주40시간 근무제를 통한 일자리 나누기 사업을 추진하였다.

○청소년직장체험프로그램 활성화
청소년직장체험프로그램은 18세이상 30세이하 미취업 청소년을 대상으로 취업지원제와 연수지원제로 나누어 운영하였다.
취업지원제는 정규직 채용기회를 제공하기 위한 것으로서 상시 근로자 5인이상 1,000인 미만 기업에게 채용하는 인턴 1인당 월 50만원씩 3개월간 지원하고 이후 정규직으로 채용하는 경우 3개월분 150만원을 지원한다.
연수지원제는 취업이전에 적성에 맞는 직업, 진로를 선택할 수 있도록 연수기회를 제공하는 것으로서 대학, 기업, 공공기관 및 사회단체 등에서 연수를 실시하는 경우 연수생에게 6개월을 한도로 월30만원의 연수수당을 지원한다.

○고령자 고용촉진 기반 조성
300인 이상의 근로자를 고용하는 사업주에 대한 고령자 기준고용률이 기존에 업종에 관계없이 3%로 획일적이었던 것을 제조업 2%, 운수업·부동산 및 임대업 6%, 기타산업 3% 등 업종별로 차등화 하여 고령자고용정책이 보다 실효성 있게 집행될 수 있

도록 기반을 조성하였다.

고령자고용촉진을 활성화하기 위해, 고령자를 일정비율 이상 고용하면 지원하는 고령자다수고용장려금의 지원액을 2001년부터 종전 분기 1인당 9만원에서 15만원으로, 고령자신규고용장려금은 종전 임금의 1/3~1/4을 6월간 지원하던 것을 2001년부터는 정액화하여 월 25만원씩 6월간 지원하다가 2003년부터는 지급단가를 28만원으로 상향 조정하였으며, 경영상의 이유 등으로 퇴직한 고령자를 재고용하는 경우 고령자재고용장려금 1인당 80~160만원 1회 지원하던 것을 2002년에는 월30만원을, 2003년에는 월33만원씩 6개월간 지원하도록 하였다.

○ 장애인 고용기회 확대

정부가 장애인고용에 있어 민간 기업에 모범이 되도록 국가 및 지방자치단체의 장애인고용을 권장사항에서 의무사항으로 변경하였고, 보건복지부장관도 장애인고용촉진기금사업의 주체가 될 수 있도록 하였다. 또한, 장애인고용의무사업장 범위를 300인 이상에서 50인 이상으로 확대하였다.

3. 결론

노무현 정부(2003~2008)때는 사회적으로 빈부 격차가 심화됨에 따른 양극화 문제가 대두되었던 시기였고, 고용노동 환경적인 측면에서 주 40시간제와 외국인 고용허가제의 정착에 역점을 두었던 것으로 보인다. 이에 따라 일자리 만들기를 최우선 과제로 설정하고 청년실업, 고령자 고용촉진, 장애인 고용 기회 제고 등 취약계층 고용 대책에 집중하였으며, 다양한 지역별 특화사업의 개발 및 제공과 구직자 유형별 직업능력개발제도의 혁신에 중점을 두고 범정부적인 일자리 만들기 종합대책을 적극 추진하였다.

또한, 2006년 공공부문의 비정규직 7만 여명을 정규직으로 전환하고 차별을 해소하는 노력, 종합일자리정보망(Job-net)을 구축하여 구직자로 하여금 일자리 정보의 접근성 개선의 성과도 눈이 띈다. 우리사회에 부족한 사회서비스를 공급하기 위해 사회적일자리사업을 확대하고, 자립가능한 일자리를 위해 2007년 '사회적기업육성법' 제정도 큰 성과라도 볼 수 있다.

2008년~2013년의 이명박 정부의 경우, 2008년 상반기 고유가 파동과 하반기 미국 발 금융위기로 인한 경제위기로 많은 어려움이 있었던 시기이다.
직업능력개발의 효율성을 위해 계좌제 도입과 재정지원 및 계좌제의 전국 확대를 꾀했으며, 여성에 대한 적극적 고용개선조치 강화, 임금피크제를 통한 고령자 고용안정 강화에도 집중했음을 알 수 있다.
이 시기에 주목할 사항은 2009년도에 부처 명칭을 노동부에서 고용노동부로 변경한 것이었는데, 이는 고용문제를 우선순위에 두었다는 것과 함께 고용문제의 해결을 위한 정부 차원의 정책 페러다임의 변화를 의미한다고 볼 수 있다. 취업 취약계층인 청년·여성·고령자·장애인 등을 위해 청년인턴제, 경력단절 여성 지원 대책, 중증장애인 고용촉진대책 등의 추진과 취업지원서비스를 확대함으로서 노동시장과 고용현장 중심의 실용적인 정책을 추진한 것으로 평가된다. 또한, 고용률 70% 달성을 목표로 한 「2020국가고용전략」을 수립한 것도 주목되는 점이다.

박근혜 정부의 2013~2017년까지를 보면, 취임 초기부터 고용률 70% 목표와 국민이 체감하는 성과 창출에 매진하였음을 알 수 있다. 그 결과 2015년에 역대정부로는 최초로 고용률 65%대를 달성하였고, 청년·여성 등 주요 정책대상의 고용이 꾸준히 개선되면서 2016년도의 고용률은 66.1%로 역대최고를 기록하였다.

2013년에 51개 기업으로 시작한 일학습병행제는 2014년 2,079개, '15년 5,764개 기업이 참여하는 규모로 확대되었으며, 산업현장 800여개 직무에 대해 국가직무표준(NCS) 개발을 완료하여 이를 토대로 직업교육·훈련 과정을 개편하였다. NCS에 기반한 능력중심채용은 공공기관의 채용 방식에 변화를 주었으며, 기업 현장의 채용 문호아를 바꾸는 계기가 되었다. 또한, 임금피크제 도입 등 임금체계 개편 지원, 퇴직 및 퇴직예정자의 재취업 지원을 위한 전직지원서비스 확대와 대상별 맞춤형 일자리서비스 지원을 강화하였으며, 고용·복지+센터를 확대 설치하여 고용서비스를 한자리에서 제공하는 정책을 시행했다. 다만, 여성의 경제활동 참여를 촉진하기 위해 시간선택제 일자리가 확산되면서 동시에 고용률 역시 역대 최고치인 66.6%로 끌어올렸지만 제조업 일자리 부진성은 오히려 심화되었다는 평가도 함께 따른다.

문재인 정부(2017~2022)의 일자리정책은 아직 임기를 종료하지 않아 현재 진행형이라고 볼 수 있다. 소득주도 성장전략을 국정방향으로 제시하고 공공 일자리를 중심으로 일자리의 기회를 늘리고 양질의 일자리를 높이겠다는 정책을 추진했다.

청년, 여성, 신중년을 위한 맞춤형 지원 대책 추진, 공공이 선도하는 비정규직의 정규직 전환 추진, 4차 산업혁명시대를 대비한 인력양성 인프라 구축, 새로운 형태의 일자리에 대응한 법과 제도의 정비 등이 주요 정책이다.

공공기관의 17만 명 이상의 비정규직이 정규직으로 전환되었으며, 실직의 고통을 덜기 위한 고용보험 구직급여 지급액 인상과 지급기간의 연장, 저소득층, 청년에게 취업지원서비스와 생계지원을 제공하는 '국민취업지원제도' 도입, 대통령 직속

'일자리위원회' 신설 등이 주요 성과로 꼽힌다.
역대 최고 수준의 고용률 달성 등의 유의미한 성과도 있지만 국내의 산업별·연령별 고용 현안이 산재해 있고 국제수준과의 격차도 여전하다는 점, 그리고, 코로나19의 악재로 인해 2020년 초부터 취업자 수가 감소세로 들어가 회복이 늦춰지는 점 등 남은 임기 동안 해결할 과제도 많아 더욱 치밀한 고용정책 수립이 요구된다.

지난 20여 년간 각 정부에서 추진했던 일자리정책을 살펴보고 각각의 고유 정책이 무엇인지 정리해 봤다. 모든 정부에서 공통적으로 추진했거나 일부 보완을 통해 맥을 이어온 정책들도 있고 새롭게 시도한 것들도 있다.
산업 트랜드와 시대흐름을 반영한 정책이었느냐가 중요한 관점이라고 본다. 4차 산업혁명에 맞춰 미래유망 직종에 대한 시의적절한 교육훈련 및 인재 양성이 뒷받침 되어야 하고, 지역 산업 특성에 맞는 인력 적시 공급이 필요하다. 또한, 상대적으로 취업에 더 애로를 겪는 청년·여성·신중년 등에 대한 맞춤형 취업지원서비스가 보다 촘촘히 제공되어야 하며, 지방정부의 의견이 충분히 반영된 지역맞춤형 일자리정책이 더욱 확대되어야 할 것이다.

<참고문헌>

1. 대통령직속 일자리위원회 웹사이트 (jobs.go.kr)
2. 청와대 웹사이트-국정과제 (president.go.kr)
3. 고용노동백서. 고용노동부(1998~2020)

3부 기본일자리의 전개과정

사회적기업 일자리
자활기업 일자리
마을기업 일자리
협동조합 일거리
장애인 일거리
경력단절 일거리
청년 일거리
노인 일거리

사회적기업 일자리
코로나19가 사회적기업 경기에 미치는 영향과
고용정책 대안 모색

박규남[21]

1. 서론

1997년 우리나라는 외환위기를 거치면서 공공근로, 자활사업 등 정부의 지원으로 일자리가 확대되었으나, 2000년대 들어 고용 없는 성장의 구조화, 사회서비스 수요의 증가 등으로 유럽식 사회적기업의 도입에 대한 논의가 시작되면서 2007년 사회적기업 육성법이 제정(2007년 1월 3일)되고 시행(2007년 7월 1일)되면서 법률적 근거를 바탕으로 정부주도로 사회적기업을 육성하기 시작함

사회 양극화와 고령화로 인하여 늘어나는 사회서비스 수요와 고용문제를 해결하기 위한 대안으로 사회적기업에 대한 기대와 필요가 높아지고 있는 가운데, 사회적기업은 양적으로 계속 성장하고 있으나, 이와 함께 자생력을 바탕으로 하는 질적 성장과 다양한 사회 서비스 수요를 충족시키기 위한 사회적기업 활성화 추진 계획이 마련(2013년)되었음

최근에는 정부 주도의 사회적기업 육성 방식에서 벗어나 사회적기업이 스스로 지속 성장할 수 있는 생태계 조성을 목표로

---

21) 수봉마을 도시재생지원센터 센터장, 전 인천테크노파크 기업지원실 선임연구원, 전 숭실대학교 전자계산원 경영정보학과 지도교수, 전 인천상공회의소 부설 인천경제연구소 연구위원

하는 제3차 사회적기업 육성 기본계획(2018년~2022년)이 수립(2018년) 되었음

그러나 2020년 초부터 확산되고 있는 코로나19의 영향으로 전 세계 뿐만 아니라 우리나라도 사회적·경제적 위기 상황이 장기간 지속되면서, 이에 대해 정부에서도 긴급재난지원금, 긴급경영안정자금, 고용유지지원금 등 경기악화 둔화 및 실업률 완화를 위해 선제적·제도적 지원을 제공하고 또한 기업도 살아남기 위해 적극적으로 대응하고 있으나,

수익 창출과 사회적 목적 실현이라는 영리성과 비영리성을 동시에 추구하는 사회적기업이 코로나19로 인한 위기상황에서 경기여건이 얼마나 악화되었는지를 기존연구를 토대로 분석하고, 포스트 코로나 이후 사회적기업이 지속성장 할 수 있는 대안을 고용정책면에서 모색하고자 함

2. 사회적기업의 현황

(1) 사회적기업의 수
 - 2019년 12월말 기준 전국의 사회적기업은 2,352개소로 전년에 비하여 290개소 증가하였으며, 2018년은 전년보다 237개소 증가하면서 매년 꾸준하게 증가
  ※ 인증 사회적기업 기준이며, 예비사회적기업은 3년간 지정되나 기간 만료 기업이 수시로 변동하므로 대상에서 제외함, 2020년 10월 전국 예비사회적 기업은 1,609개소임

 - 한편 인천지역 사회적기업은 144개소로, 전체 2,352개소의 6.1%를 차지
  ☞ 서울 450개소(19.1%), 경기 400개소(17.0%), 경북 146개소

(6.2%), 인천 144개소 (6.1%), 전북 139개소(5.9%) 순으로 인천은 기업 수에서는 전국 4위를 차지

<표 1> 사회적기업의 수  (단위 : 개소)

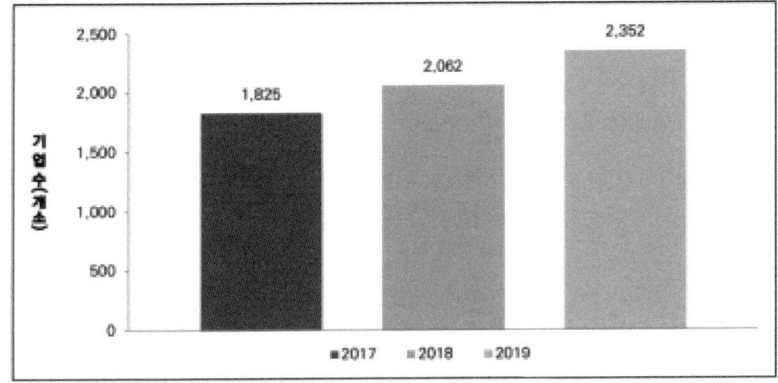

자료: 한국사회적기업 진흥원

(2) 사회적기업의 재무 현황

1) 사회적기업의 매출 현황
- 2019년 사회적기업의 매출액은 4조 8,170억 원으로 전년에 비하여 7천억 원이 증가하였으며, 2018년은 4조 1,174억 원으로 전년 대비 5,640억 원이 증가면서 매년 증가하고 있음
☞ 그러나 2019년 지역총생산(1,924조억 원) 대비 사회적기업 매출비중은 0.25%에 불과
- 사회적기업 평균 매출액은 2019년은 20억 4,823만원으로 전년보다 4,235만원이 증가하였으며, 2018년은 20억 657만원으로 전년도 19억 5,008만원에 비하여 5,649만원 증가
☞ 지역별로는 인천은 9억 8,756만원으로 서울 47억 9,446만원, 세종 20억 9602만원, 경기 20억 4,174만원, 경북 18억 8,679만원, 등 매출 상위지역 보다 크게 낮으며 인천보다 낮은 지역은 부산 9억 4,629만원, 울산 9억 463만원, 대구 8억 8,168만원뿐임
☞ 인천 지역총생산(89조 5,710억원) 대비 인천 사회적기업 매출

(1,422억 950만원) 비중은 0.16%로 전국(0.25%)보다 낮은 편임

2) 사회적기업의 영업이익 현황
 - 사회적기업의 전체 영업이익은 2019년은 전년보다 81억 8,420만원이 증가한 215억 8,885만원으로 증가하였으나, 2018년은 134억 465억 원으로 전년보다 43억 8,583만원이 감소

 - 2019년 사회적기업의 평균 영업이익은 918만원으로 2018년(652만원)보다 266만원 증가 하였으나 2017년(974만원) 보다는 낮음
  ☞ 2019년 영업이익이 발생한 기업은 1,206개소(53.8%)임

 - 지역별 평균 영업이익은 차이가 커서 전북 6,028만원, 서울 3,948만원, 경기 3,179만원 순으로 8개 지역에서 평균 영업이익이 발생한 반면, 영업손실은 9개 지역에서 나타났으며, 세종 1억 2,364만원, 제주 9,506만원, 인천 4,526만원 순으로 손실이 큼

3) 사회적기업의 순이익 현황
 - 2019년 사회적기업의 순이익은 1,155억 3,465만원으로 전년 대비 386억 7,811만원이 증가하였으며, 2018년은 전년보다 153억 4,588만원이 증가한 768억 5,654만원임

 - 사회적기업의 평균 당기순이익은 2019년 4,935만원으로 전년보다 2,825만원 증가하였으며 2018년은 368만원 증가한 3,760만원을 기록
  ☞ 당기순이익이 발생 기업은 1,690개소(72.2%)이며, 당기순손실 기업은 651개소(27.8%)임

- 2019년 지역별 평균 당기순이익은 인천지역만 4,963만원의 당기순손실을 기록하였으며, 나머지 지역은 모두 당기순이익을 기록함
☞경기 8,987만원, 서울 8,155만원, 전북 8,082만원 순으로 당기 순이익이 크게 발생

(3) 사회적기업의 고용 현황

1) 사회적기업의 유급근로자
 - 사회적기업 총 유급근로자는 2019년 49,063명이며, 이중 취약계층은 전체의 61.3%인 30,073명으로 일반 근로자보다 고용비율이 높음
 ☞2019년 사회적기업 유급근로자는 전국 취업자 2,712만 3천명과 비교하면 0.18% 수준
 - 평균 취약계층 근로자는 2017년 14.0명, 2018년 12.7명, 2019년 12.9명이며, 일반 근로자는 2017년 9.0명, 2018년 8.1명, 2019년 8.1명이며, 평균 유급근로자는 2017년 23.0명, 2018년 20.7명, 2019년 20.9명임

<표 2> 사회적기업의 유급근로자 현황
 (단위 : 명)

자료 : 한국사회적기업 진흥원

 - 인천지역 사회적기업 유급근로자는 2,797명으로 기업별 평균 19.4명을 고용
☞2019년 인천지역 사회적기업(144개소)의 유급근로자의 수
 인천 취약계층 유급근로자 1,631명   평균   11.3명(전국 평균

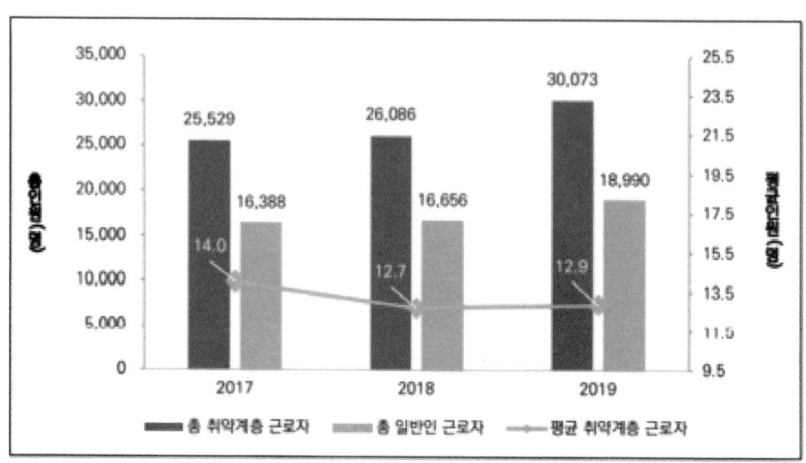

12.9명 보다 적음) 인천 일반 유급근로자 1,166명(추정) 평균 8.1명(전국 평균 8.1명을 적용) 인천 총 유급근로자 2,797명(추정) 평균 19.4 명(전국 평균 20.9명보다 적음)
☞인천 사회적기업 유급근로자는 인천 취업자 158만 6천명 중 2,797명으로 전체의 0.18%

2) 사회적기업의 평균 임금
- 사회적기업의 취약계층 및 일반 유급근로자의 평균 임금은 매년 증가하여 2019년 일반 근로자는 227만원, 취약계층 근로자는 169만원임

<표 3> 사회적기업 유급근로자 평균 임금 추이

(단위 : 천원)

자료 : 한국사회적기업 진흥원

- 취약계층과 일반 유급근로자간 평균 임금차이는 주당 평균 근로시간 차이에서 기인하며, 2019년 말 기준으로 일반근로자는 35.6시간인 반면 취약계층은 31.6시간 근로

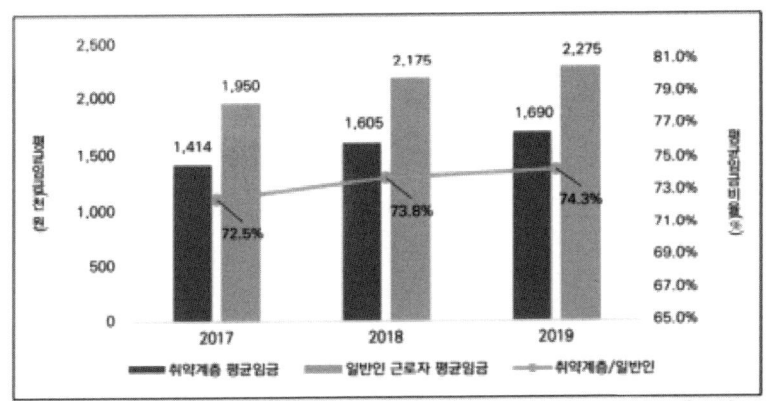

- 임금은 지역별로 차이가 있으며, 일반 유급근로자 월 평균임금은 인천의 경우 196만원으로 평균(227만원)보다 낮고 전국에서 12번째로 낮음(1위 경북 273만원, 17위 경남 180만원)
☞취약계층 월평균 임금도 인천은 154만원으로 평균(169만원)보다 낮고 전국에서 12번째로 낮음(1위 경북 215만원, 17위 세종 146만원)
☞단 일반인과 취약계층의 임금격차는 인천은 42만원으로 전국에서 10번째로 낮은 편임
(임금격차가 가장 많은 제주는 86만원, 가장 낮은 지역은 충남 23만원임)

3. 코로나19 이후 사회적경제기업의 경기동향

(1) 경기동향 조사 개요
 - 사회적기업 진흥원에서 2020년 3월 ~ 8월까지 총 7차에 걸쳐 사회적경제기업의 경기동향을 2주전 경기와 비교 설문조사 하였으며
☞코로나19 발생 이후 사회적경제기업의 경기 변동을 파악하기 위해 온라인 설문조사 방식으로, 전국 17개 광역자치단체별로 사회적기업, 협동조합, 마을기업, 자활기업 등 4개 부문별로 각각 15개 내외 기업을 추천받아 이중 945개 기업을 최종 조사

대상으로 선정

☞표본집단 945개 기업 중 69.31%인 655개 기업이 1차부터 7차까지 1회 이상 응답함

※ 참고로 2019년 12월 기준 전국 사회적경제기업 수는 사회적기업 2,435개, 협동조합 16,846개, 마을기업 1,592개, 자활기업 1,176개 등 총 22,049개로 표본집단 945개는 사회적경제기업의 4.3%에 해당(표본오차 95%, 신뢰수준 ±3.12%)

<표 4> 사회적경제기업의 경기동향 조사 및 응답기업 규모 (단위 : 개소)

구분	조사 시기	응답 기업	사회적경제 부문*				
			사회적 기업	협동 조합	마을 기업	자활 기업	합계
1차조사	3.12.~3.16.	411	184	127	114	54	479
2차조사	3.26.~3.30.	384	170	116	113	57	456
3차조사	4.8.~4.12.	340	155	102	99	56	412
4차조사	5.13.~5.17.	242	112	72	76	35	295
5차조사	6.11.~6.15.	213	103	58	65	30	256
6차조사	7.8.~7.12.	184	83	62	52	24	221
7차조사	8.12.~8.16.	121	61	40	28	18	147
합계		1,895	868	577	547	274	2,266

자료 : 한국사회적기업진흥원

(2) 코로나19 이후 사회적경제기업의 경기동향

1) 매출 동향

- 코로나 19가 확산되기 시작한 2020년 3월 사회적경제기업의 매출여건은 4.32점으로 크게 악화되었으나, 8월 조사에서는 3.21점으로 점차 호전된 것으로 나타남(5점 매우악화, 4점 악화, 3점 보통, 2점 다소 호전, 1점 매우 호전)

<표 5> 사회적경제기업의 매출 여건
자료 : 한국사회적기업 진흥원

- 업종별로는 문화, 예술, 관광업종이 4.07점으로 크게 악화되었으며, 이어 교육 및 보육업(3.98점), 요식업(8.85점)의 순으로

구분		1회차	2회차	3회차	4회차	5회차	6회차	7회차	Total
평균점수		4.32	4.11	4.04	3.51	3.25	3.48	3.21	3.85
표준편차		0.80	0.91	0.90	1.04	0.99	0.93	0.91	1.00
빈도수	매우호전	0	2	0	3	2	1	2	10
	다소호전	10	13	14	37	45	26	22	167
	보통	55	90	88	90	96	67	58	544
	다소악화	139	115	110	57	37	63	27	548
	매우악화	207	164	128	55	33	27	12	626
합계		411	384	340	242	213	184	121	1,895

매출여건이 나빠졌으나, 청소, 환경, 재활용업은 3.38점으로 타 업종에 비하여 크게 나빠지지는 않은 것으로 조사됨

<표 6> 사회적경제기업의 업종별 매출 여건

구분	평균	표준편차	빈도수					
			합계	매우호전	다소호전	보통	다소악화	매우악화
합계	3.85	1.00	1,895	10	167	544	548	626
농·축산·어·임·광업	3.75	0.94	92	0	7	34	26	25
제조업	3.84	0.96	425	3	37	107	156	122
도소매업, 유통업	3.83	1.04	226	2	23	62	63	76
요식업	3.85	1.12	123	1	19	24	33	46
문화, 예술, 관광업	4.07	0.96	325	0	18	86	77	144
교육 및 보육업	3.98	1.10	216	1	24	53	38	100
보건, 복지, 건강업	3.76	0.86	103	0	6	35	40	22
청소, 환경, 재활용업	3.38	0.85	107	1	11	53	30	12
기타서비스업	3.78	0.97	278	2	22	90	85	79

자료 : 한국사회적기업진흥원

- 지역별로는 인천 사회적경제기업의 매출여건이 대전(4.11점)

에 이어 4.09점으로 타 지역보다 크게 악화된 것으로 보임(전국 평균은 3.85점)

- 사회적경제 부문별로는 협동조합(3.90점), 마을기업(3.86점), 사회적기업(3.82점), 자활기업(3.82점)의 순으로 매출여건이 타격을 받았으나, 상대적으로 자활기업은 덜 영향을 받은 것으로 나타남

2) 자금 동향

- 코로나 19로 인한 사회적경제기업의 자금여건은 코로나가 처음 확산되기 시작한 2020년 3월초와 3월말 4.32점, 4.13점으로 크게 악화되었으나, 이후 8월 중순 서서히 호전되어 3.26점으로 나타남

<표 7> 사회적경제기업의 자금여건

구분		1회차	2회차	3회차	4회차	5회차	6회차	7회차	Total
평균점수		4.32	4.13	4.09	3.62	3.35	3.50	3.26	3.89
빈도수	매우호전	0	4	0	1	1	4	2	12
	다소호전	7	6	12	37	50	20	24	156
	보통	53	88	77	77	78	78	49	500
	다소악화	151	125	121	64	42	44	33	580
	매우악화	200	161	130	63	42	38	13	647
합계		411	384	340	242	213	184	121	1,895

자료 : 한국사회적기업진흥원

- 업종별로는 문화, 예술, 관광업(4.07점), 교육 및 보육업(4.02점), 제조업(3.89점), 도소매업, 유통업(3.84점), 보건, 복지, 건강업(3.83점), 농·축산·어·임·광업(3.82점) 등의 순으로 자금여건이 악화되었으나, 청소, 환경, 재활용업(3.54점)은 상대적으로 점수가 낮게 나타나, 코로나 19 확산 이후 경기악화에도 상대적으로 그 영향이 덜한 것으로 나타남

<표 8> 사회적경제기업의 업종별 자금 여건

자료 : 한국사회적기업진흥원

구분	평균	표준편차	빈도수					
			합계	매우호전	다소호전	보통	다소악화	매우악화
합계	3.89	0.99	1,895	12	156	500	580	647
농·축산·어임·광업	3.82	0.94	92	0	8	26	33	25
제조업	3.89	0.95	425	3	33	102	157	130
도소매업, 유통업	3.84	1.02	226	4	18	59	74	71
요식업	3.80	1.14	123	2	19	25	32	45
문화, 예술, 관광업	4.07	0.97	325	0	24	70	90	141
교육 및 보육업	4.02	1.08	216	2	22	45	47	100
보건, 복지, 건강업	3.83	0.89	103	0	5	35	35	28
청소, 환경, 재활용업	3.54	0.86	107	1	5	54	29	18
기타서비스업	3.86	0.96	278	0	22	84	83	89

- 지역별 자금동향은 인천(4.17점)과 대전(4.17점)이 전국에서 자금여건이 가장 악화된 지역으로 나타났으며, 반면 전남(3.74점), 충남(3.74점), 제주(3.78점)은 대도시보다 덜 악화된 것으로 나타남

- 사회적경제 부문별로는 협동조합(3.92점), 사회적기업(3.90점), 마을기업(3.90점), 자활기업(3.87점)의 순으로 자금여건이 악화된 것으로 나타남

3) 고용 동향
- 사회적경제기업의 고용여건은 3월 3.65점으로 매출이나 자금에 비하면 덜 악화된 것으로 나타났으며, 8월(3.17점)까지 지속적으로 고용여건이 점차 나아지고 있음

<표 9> 사회적경제기업의 고용 여건

자료 : 한국사회적기업진흥원

구분		1회차	2회차	3회차	4회차	5회차	6회차	7회차	Total
평균점수		3.65	3.46	3.34	3.30	3.19	3.22	3.17	3.39
표준편차		0.78	0.80	0.76	0.77	0.69	0.68	0.72	0.77
빈도수	매우호전	0	3	2	1	2	2	2	12
	다소호전	7	4	13	13	13	8	11	69
	보통	201	252	236	170	156	133	79	1,227
	다소악화	132	62	47	28	27	29	23	348
	매우악화	71	63	42	30	15	12	6	239
합계		411	384	340	242	213	184	121	1,895

- 업종별로는 문화, 예술, 관광업(3.50점), 요식업(3.49점), 보건, 복지, 건강업(3.47점), 교육 및 보육업(3.46점) 등의 순으로 악화되었으며, 청소, 환경, 재활용업(3.29점)은 타업종 보다 덜 악화된 것으로 나타남

<표 10> 사회적경제기업의 업종별 고용 여건

구분	평균	표준편차	빈도수					
			합계	매우호전	다소호전	보통	다소악화	매우악화
합계	3.39	0.77	1,895	12	69	1,227	348	239
농·축산·어·임·광업	3.36	0.69	92	0	1	67	14	10
제조업	3.36	0.80	425	2	23	274	70	56
도소매업, 유통업	3.29	0.72	226	3	7	156	41	19
요식업	3.49	0.79	123	0	4	74	26	19
문화, 예술, 관광업	3.50	0.79	325	1	3	207	60	54
교육 및 보육업	3.46	0.88	216	4	7	127	41	37
보건, 복지, 건강업	3.47	0.76	103	0	3	63	23	14
청소, 환경, 재활용업	3.29	0.71	107	1	4	74	19	9
기타서비스업	3.28	0.70	278	1	17	185	54	21

자료 : 한국사회적기업진흥원

- 지역별로는 인천이 3.51점으로 세종(3.62점), 대전(3.56점), 전

북(3.53점)에 이어 고용여건이 악화된 지역으로 나타났으며, 충북(3.20점), 경북(3.23점), 부산(3.24점), 제주(3.25점), 전남(3.25점)이 덜 악화된 것으로 나타남

- 부문별로는 마을기업(3.43점), 자활기업(3.43점), 협동조합(3.41점), 사회적기업(3.33점)의 순으로 사회적기업의 고용여건이 덜 악화된 것으로 나타남

4. 코로나19 이후 사회적경제기업의 체감경기지수

(1) 체감경기지수(BSI) 조사 개요
- 사회적경제기업의 매출, 자금, 고용 등 경기 동향을 7차 조사한데 이어, 시간의 변화에 따른 상대적 비교를 위해 체감경기 동향을 BSI(Business Servey Index) 점수로 변환
☞BSI란 생산량, 매출액, 가격 등 실물경기가 아닌 기업가들의 체감경기를 지수로 만든 것으로 단기적인 경기예측을 위해 많이 활용되고 있음

(2) 코로나19 이후 사회적경제기업의 체감경기지수

1) 매출 체감지수
- 기업들의 체감경기를 지수로 만들어 측정하는 BIS 지수 조사에서, 매출 BSI는 코로나가 시작된 2020년 3월 33.94로 크게 악화되었으나 이후 점차 지수가 조금씩 개선되어 8월에는 89.75까지 올라감

- 그러나 업종별 차이가 심하여, 2020년 3월에는 요식업(16.67), 문화, 예술, 관광업(20.89), 교육 및 보육업(23.33)이 매출경기가 크게 악화된 반면 청소, 환경, 재활용업은 97.06으로 크게 나빠지지는 않았음. 이후 8월에는 교육 및 보육업(119.44),

요식업(108.33), 문화, 예술, 관광업(88.89)의 경기는 호전되었으며 다른 업종도 서서히 나아졌으나, 청소, 환경, 재활용업이 75.00으로 체감지수가 낮게 나타남

<표 11> 사회적경제기업의 업종별 매출 체감지수

구분	1차조사	2차조사	3차조사	4차조사	5차조사	6차조사	7차조사
합계	33.94	44.42	48.09	74.38	87.21	75.68	89.75
농·축산,어,임,광업	52.00	62.50	33.33	79.17	95.83	70.00	50.00
제조업	34.30	50.61	50.00	72.32	79.79	71.79	88.71
도소매업,유통업	28.00	54.35	45.12	68.18	97.50	84.38	86.67
요식업	16.67	39.58	48.00	94.44	120.83	81.25	108.33
문화,예술,관광업	20.89	29.84	45.08	63.64	80.56	64.00	88.89
교육 및 보육업	23.33	25.96	34.48	75.00	68.00	82.50	119.44
보건,복지,건강업	45.24	50.00	50.00	68.18	96.88	77.27	83.33
청소,환경,재활용업	97.06	71.74	76.09	87.50	83.33	78.57	75.00
기타서비스업	43.10	43.97	48.94	79.49	94.29	75.00	77.50

자료 : 한국사회적기업진흥원

- 지역별로는 대구(15.52)와 인천(21.88)로 2020년 3월 전국에서 가장 매출여건이 악화된 것으로 나타났으나, 8월에는 인천(133.33)과 제주(125.00), 세종(116.67), 경기(105.00), 대구(100.00) 순으로 매출여건이 나아진 것으로 나타남

- 부문별로는 2020년 3월 협동조합(31.10), 마을기업(32.02), 사회적기업(35.87), 자활기업(37.04) 순으로 매출 체감지수가 악화되었으나, 8월에는 사회적기업(95.90), 협동조합(89.02), 자활기업(84.21), 마을기업(80.36) 순으로 지수가 호전됨

2) 자금 체감지수
- 업종별 자금 체감지수는 2020년 3월 요식업(18.33), 문화, 예술, 관광업(23.42), 교육 및 보육업(26.67)이 가장 크게 악화되었

으나(전체 평균 33.82), 8월에는 요식업(133.33), 교육 및 보육업(119.44), 문화, 예술, 관광업(86.11)이 호전되었으며 전체 평균도 87.30으로 호전된 것으로 나타남

<표 12> 사회적경제기업의 부문별 자금 체감지수

구분	1차조사	2차조사	3차조사	4차조사	5차조사	6차조사	7차조사
합계	33.82	43.51	45.60	68.80	82.56	74.59	87.30
농·축산 어 임 광업	52.00	53.13	33.33	62.50	87.50	80.00	60.00
제조업	32.56	48.78	48.21	68.75	74.47	75.64	79.03
도소매업,유통업	32.00	51.09	47.56	63.64	97.50	85.94	73.33
요식업	18.33	35.42	56.00	97.22	112.50	81.25	133.33
문화,예술,관광업	23.42	32.26	36.07	63.64	76.39	78.00	86.11
교육 및 보육업	26.67	26.92	34.48	58.93	72.00	67.50	119.44
보건,복지,건강업	35.71	56.82	52.63	45.45	90.63	72.73	83.33
청소,환경,재활용업	82.35	63.04	65.22	79.17	79.17	78.57	75.00
기타서비스업	42.24	44.83	43.62	76.92	84.29	55.77	80.00

자료 : 한국사회적기업진흥원

- 지역별로는 2020년 3월 인천이 12.50으로 가장 악화된 지역으로 나타났으나 (전국 평균 33.82), 8월에는 인천이 133.33, 제주 125.00, 강원 125.00, 전남 112.50, 대구 105.56로 자금여건이 가장 나아진 것으로 조사됨(전국평균 87.30)
- 부문별로는 2020년 3월 협동조합(31.50), 마을기업(33.77), 사회적기업(34.51), 자활기업

(34.26)순으로 협동조합의 자금 체감지수가 좋지 않았으나, 8월에는 사회적기업(90.16), 협동조합(86.59), 자활기업(84.21), 마을기업(82.14) 순으로 호전됨

3) 고용 체감지수
- 고용 BSI는 코로나 초기인 2020년 3월 67.52에서 8월은 91.80로 호전되었으며, 업종별로는 3월 보건, 복지, 건강업

(59.52), 문화, 예술, 관광업(60.13), 제조업(62.79) 순으로 경기가 나빴으나, 8월에는 기타서비스업(97.50), 제조업(96.77), 교육 및 보육업(97.22), 문화예술관광업(91.67) 순으로 다소 호전됨. 청소, 환경, 재활용업은 고용 체감지수가 3월 88.24로 크게 악화되지 않았으며, 8월 역시 91.67로 크게 나쁘지는 않았음

<표 13> 사회적경제기업의 부문별 고용 체감지수

구분	1차조사	2차조사	3차조사	4차조사	5차조사	6차조사	7차조사
합계	67.52	76.88	82.99	84.92	90.93	88.92	91.80
농·축산 어 임 광업	80.00	93.75	79.17	75.00	91.67	85.00	50.00
제조업	62.79	78.05	89.29	87.50	84.04	92.31	96.77
도소매업,유통업	77.00	85.87	84.15	81.82	100.00	92.19	86.67
요식업	66.67	68.75	70.00	94.44	95.83	68.75	83.33
문화,예술,관광업	60.13	68.55	78.69	78.41	86.11	94.00	91.67
교육 및 보육업	65.56	68.27	82.76	83.93	84.00	80.00	97.22
보건,복지,건강업	59.52	79.55	76.32	59.09	96.88	90.91	83.33
청소,환경,재활용업	88.24	78.26	84.78	91.67	83.33	89.29	91.67
기타서비스업	69.83	81.90	86.17	94.87	102.86	88.46	97.50

자료 : 한국사회적기업진흥원

- 지역별로는 2020년 3월 인천은 65.63으로 평균(67.52)에 근접하였으나, 충북(80.36), 부산(78.00), 전남(77.78)에 비하여 고용 체감지수가 낮게 나타났으며 2020년 8월에는 83.33으로 나아지긴 하였으나 전국평균(91.80) 보다는 여전히 낮은 지역으로 나타남. 특히 세종(116.67), 부산(107.14), 울산(103.85), 광주(100.00)는 체감지수가 전보다 나아진 것으로 나타남

- 부문별로는 2020년 3월 협동조합(64.57), 마을기업(65.35), 사회적기업(69.02), 자활기업(69.44)순으로 협동조합의 고용지수가 좋지 않았으나, 8월에는 사회적기업(96.72), 협동조합(96.34), 자활기업(94.74), 마을기업(80.36) 순으로 호전됨

5. 고용 보장제, 참여소득제, 기본소득 논의를 통한 사회적기업의 고용정책 대안 모색

 - 고용보장제는 일할 의지가 있으나 노동시장에서 일자리를 찾지 못한 사람을 정부가 일정한 수당을 주고 고용하는 제도로 본래 노동시장에서 고용량을 결정하는 노동수요는 기업주가 결정하지만 고용을 통한 이윤이 비관적일 때는 노동수요가 정체되어 초과 노동공급이 되고 이때 정부가 경기부양책을 펴는 대신, 그 재원으로 초과 공급되는 노동을 직접 고용하는 정책이며, 1930년대 미국 뉴딜사업에서 비슷한 형태로 시작되었으며 60년대 마틴 루터 킹 목사 등 인권지도자들이 주장
· 존 메이나드 케인즈(John Maynard Keynes)와 미첼 칼레츠키(Michal Kalecki)는 재정 정책과 금융정책으로 경기를 부양하지 말고 국가가 직접 투자를 하고 경제 계획을 세워 완전고용을 달성해야 한다고 주장
· 전통 경제학에서는 자연실업률을 무시하고 고용을 확대하면 노동시장이 과열되면서 인플레이션이 발생하며, 고용확대를 위한 재원을 어떻게 마련할 것인가 하는 문제가 발생
· 그러나 오스트리아 남부 노동청이 옥스퍼드 대학과 함께 2020년 10월 마리엔탈(Marienthal) 지역에서 고용보장제 실험을 시작하였으며, 150명을 목표로 년 3만유로의 소득을 지급하여 고용하고 있음(3년간 보장하며, 2024년 최종 보고서가 발간될 계획임)
☞이 제도는 정부가 재원을 마련하여 고용을 보장할 경우, 그 많은 인원에게 어떤 일을 시키고 어떻게 관리할 것인가 하는 문제가 있으며, 처음 등장한 1930년대에는 2차 산업혁명 수준에 머물러 있었기에 대규모 고정자본 조성 사업이나 토목사업으로 노동수요를 만들 수 있었지만 4차 산업혁명이 시작된 복잡한 산업구조 속에서는 정부와 공공부문에 맡아도 해결하기

힘들다는 견해가 있음

- 한편 참여소득제(participation income)는 1996년 안토니 앳킨스(Anthony Atkins)가 제기한 개념으로, 영국에서는 각종 복지 및 수당 수급에 따르는 재산조사에 대한 반감이 높아, 이를 대체할 방법으로 보편적 기본소득에 해당하는 시민소득(citizen's income)에 대한 논의가 활발히 이루어져서
・ 수급자들의 소득과 자산을 조사하여 일정액이 넘을 경우 수급자들에 대한 지원을 중단 한다는 원칙을 바탕으로 사회복지정책을 시행하고는 있지만 일단 복지수혜를 받으면 영원히 받으려 한다는 문제와 아직 타지 않는 극빈층들은 이런 상태에 빠지는 것을 싫어하고 낙인효과가 두려워 수급자체를 거부하는 문제가 발생하며,
・ 이를 해결하는 방법으로 시민권을 가진 모든 이들에게 보편적 무조건적으로 일정한 액수의 수당을 지급하는 시민소득이 등장하였으나
・ 아무 일도 하지 않는 이들에게 무조건 일정한 액수의 소득을 보장한다는 것을 납득할 수 있는 사람들이 많지 않다고 보고, 엣킨스는 시민소득의 개념처럼 모든 이들에게 지급 하는 것을 원칙으로 하되 무조건이라는 전제를 조건부로 바꾸어 참여소득제를 제안함
☞ 그 조건은 수급자가 사회에 무엇인가 유용한 활동을 해야 하는 것이며, 영국 보수-자유민주당 연립정부의 핵심 정책인 노동연계복지(workfare)와는 의미가 다름
※ 노동연계복지는 복지수급자들을 궁극적으로 노동시장에 통합한다는 것을 목표로, 수급을 조건으로 수급자는 노동시장과 관련된 각종 직업훈련, 취업노력 등을 해야 하나 (영국에서 의무적으로 무급 노동경험 참가를 전제로 실업수당을 지급하는 고용연계복지를 2011년 6월부터 시행하고 있음)

☞ 앳킨스는 유용한 활동이 노동력을 통한 고용주의 소득창출이라는 기존의 틀을 넘어서 각종 배움과 교육활동, 도움을 필요로 하는 노약자, 장애인 등에 대한 돌봄 활동, 그 외에도 사회가 유용한 것으로 인정하는 모든 종류의 활동을 의미하며
· 이러한 참여소득제가 시민소득에 비하여 납세자들을 납득시키기 쉽고 정치적으로도 실현가능성이 높을 것이라고 앳킨스는 보고 있음
- 그리고 보편적 기본소득(universal basic income)은 인간의 삶과 활동에 필요한 최소한의 생계를 고용주와 임금노동자가 계약을 맺는 노동시장과 분리하여 모든 이들에게 실질적인 자유를 보장하며 지급하는 제도이며
· 사회적으로 존재하는 필요가 무엇인지, 충족되지 않은 것들이 무엇인지와 상관없이 주어지는 소득으로, 소득을 받는 이들이 어떤 활동을 하는지는 온전히 개인의 재량에 맡기는 것이나 그 소득의 액수를 얼마로 해야 하는가 하는 애매한 문제가 있음 (인간의 삶, 활동과 생계를 사회의 한 기능에 불과한 노동시장에 전적으로 일임한다는 것에 반대하는 입장임)
- 이러한 고용보장제, 참여소득제, 보편적 기본소득에 대한 논의는 영리를 추구하면서, 사회적 목적을 실현하고 있는 사회회적기업에게도 접목할 수 있을지를 모색해 볼 필요가 있으며,
· 일례로 폐지 줍는 노인들에게 참여소득을 지급한다고 하면, 동네 고물상에서 지급하는 수입만이 그들이 제공하는 노동에 대한 정당한 가치평가가 될 수 없으며, 사회적으로 환경적으로 창출되는 가치(깨끗한 동네와 거리, 쓰레기 재활용 증가, 활동을 통한 정신적, 신체적 문제의 경감으로 인한 사회적비용 감소 등)에 대해 과감하게 소득을 지급하는 것이 정당한 것으로 받아들여 질 수 있으나
· 이를 위해서는 유용한 활동을 찾아내고, 또한 이를 계량화할 수 있는 사회 생태적 회계 (social ecological account)도 마

련되어야 함

<참고문헌>

2019년 사회적기업 성과분석, 사회적기업진흥원, 2020.11
2019 코로나19 이후 한국 사회적경제기업의 경기여건 및 고용변화 : 사회적경제기업 경기동향 자료를 중심으로, 한국사회적기업진흥원, 2020.12 코로나19로 인한 경제사회 변화와 사회적경제조직의 대응방안 연구, 서울특별시, 서울특별시 사회적경제지원센터, 2020.12
2019년 지역소득(잠정), 통계청, 2020.12.23.
2019년 연간 고용동향, 통계청, 2020.1.15.
2019년 12월 및 연간 인천광역시 고용동향, 경인지방통계청, 2020.1.15.
2020년 제1차~6차 사회적기업 인증공고문, 사회적기업 진흥원, 2020. 3~12월 각 공고문
2021년도 사회적기업 인증 업무지침, 고용노동부, 2021.1

자활기업 일자리
국민 기본일자리 지역자활센터

이종만[22]

들어가며

자활센터가 출범하고 25년의 시간이 흘렀다. 90년대 빈곤지역에서 이를 극복하기 위해 '생산공동체' 운동을 시작으로 2000년 국민기초생활보장법의 제정과 더불어 정부의 사회복지 제도로 양적성장과 질적 변화의 과정을 겪으며, 이제는 우리사회의 취약계층의 주요한 일자리 복지제도로 자리 잡았다(이상아. 2021). 세계 최고의 바둑기사 이세돌이 AI에 단 1승을 하고 나머지 모든 승부에서 무너지고 난 후 바둑은 물론, 세상의 주요한 영역에서 AI를 통한 노동과 생산으로 양식이 바뀌고 있다. 4차 혁명은 생산과 노동의 변화속도를 더욱 높일 것이다. 새로운 일자리의 대부분은 컴퓨터와 로봇으로 대체되어 일자리가 줄어들 것이라 예상된다. 그렇기에 일자리 문제는 우리 사회의 주요한 화두가 될 것임에 틀림없다. 특히 취약계층의 일자리는 더욱 심각해 질 것이다. 일자리를 원하는 국민 모두에게 일자리를 제공하자는 '국민 기본일자리'는 발등의 불처럼 시급한 현실의 과제로 다가왔다.

지역자활센터에 대한 평가와 전망은 다양한 견해가 존재하고 있다. 저소득층의 경제적 자립 성과측면에서 아쉽다는 견해도 있으나, 오랜 기간 우리사회 저소득층의 사회적 안전망으로 자리 잡았다. 지역자활센터는 경제적 고통을 받는 빈곤계층에게

---
[22] 인천희망지역자활센터 센터장, 미소꿈터 운영위원

일자리를 제공함으로 그들의 자립·자활을 지원하는 활동의 역사와 가치, 그리고 현장의 오랜 경험을 갖고 있다. 우리사회 저소득층의 위기는 일자리가 없음으로 발생하거나 위기가 지속된다. 근로능력은 있으나 일자리를 찾지 못하는 사람, 그리고 새로운 경제 환경으로 일자리를 잃는 이들에게 자활제도는 일자리를 지원하고 있다. 커져가는 일자리에 대한 우리사회의 요구를 담아내려면 민간과 시장의 역할뿐만 아니라 공공의 영역이 함께 지혜와 힘을 모아야 할 것이다. 공공의 영역에서 일자리에 대해 노력해온 지역자활센터는 향후 국민의 기본 일자리 정책에서 나름의 역할을 수행해야 할 중요한 인프라 중 하나가 될 것이다.

글의 구성은 보건복지부 자활사업 개요와 자활센터가 빈민운동으로 시작해 제도화의 과정을 거치며 성장한 자활의 역사를 소개한다(이문국 외. 자활사업 15주년 기념백서). 여기에 인천의 자활사업을 간략히 살펴본다(인천자활협회, 2010, 인천자활 기념백서). 그리고 자활을 둘러싼 환경과 전망, 자활의 주요 통계와 그 함의를 이야기 하고자 한다.

1. 자활사업 개요

1. 자활사업 제도 개요

1) 자활사업 목적
 ○ 근로능력자의 기초생활을 보장하는 「국민기초생활보장제도」를 도입하면서 근로역량 배양 및 일자리 제공을 통한 탈빈곤 및 빈곤예방 지원
 ○ 자활사업을 통해 근로능력 있는 저소득층이 스스로 자활할 수 있도록 자활능력 배양, 기능 습득 지원 및 근로기회 제공

2) 자활사업 추진체계

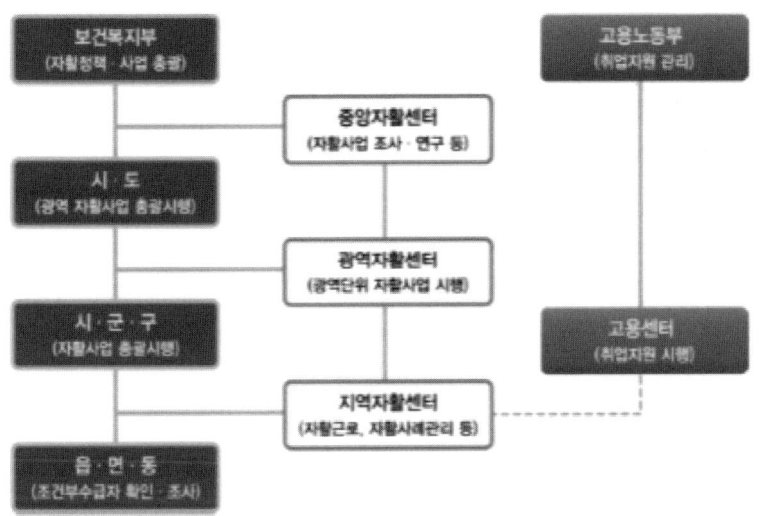

3) 자활사업 대상자 선정 및 관리
  ○ 자활사업대상자 선정
- 「국민기초생활보장법」에 따라 수급권자를 자활사업에 참여하기 위한 사전조치로써 근로능력의 유·무를 판정
-근로능력이 있는 수급자에 대하여 조건부과 및 유예를 결정하고, 확인조사 등 자활사업 대상자의 선정과 관리에 필요한 조치를 안내
  ○ 자활사업 참여 자격
- 조건부 수급자 : 자활사업 참여를 조건으로 생계급여를 지급받는 수급자

- 자활급여특례자 : 수급자가 자활근로, 자활기업 등 자활사업 및 취업성공패키지에 참가하여 발생한 소득으로 인하여 소득인정액이 기준 중위소득의 40%를 초과한 자
- 일반수급자 : 조건부과·제시유예자, 의료·주거·교육급여수급(권자) 중 참여 희망자
- 특례수급가구의 가구원 : 의료급여특례, 이행급여특례가구의 근로능력 있는 가구원 중 자활사업 참여를 희망하는 자
- 차상위자 : 근로능력이 있고, 소득인정액이 기준 중위소득 50% 이하 비수급권자
- 근로능력이 있는 시설수급자 : 시설수급자 중, 생계·의료급여 수급자, 일반시설 생활자

Ⅱ. 자활사업의 역사[23]

1. 제도화 이전의 자활사업

1) 생산공동체 시기

○ 빈민운동으로서의 생산공동체 시기 : 자활사업의 이념과 가치 등은 이미 1970년대부터 진행되었다. 당시의 빈민운동은 주민이 주체로 자신의 문제와 사회문제를 해결하려는 노력을 하였다. 생산공동체 운동은 활사업의 모태라 할 수 있다.

○ 두레공동체의 부활 : 두레는 우리나라 전통 농촌사회에서 공동으로 농사일을 하기 위해 마을 및 부락 단위로 형성된 조직체이다. 이러한 상호부조 정신과 협동노동을 지향하는 두레가 20세기 말 서울과 인천 등 대도시의 빈곤밀집지역에서 부활하였다.

○ 인천 '구례 협업사'와 서울의 '건설일꾼 두레': 인천사랑방 교회는 1990년에 빈민지역 주민들을 조직하여 부업공동체

---

[23] 이 글은 자활사업 15주년 기념백서와 인천지역 자활사업 자료집의 요약본임을 밝힌다.

인 '두레협업사'를 설립하였다. '건설일꾼 두레'는 서울 하월곡동에 건설일용직 노동자들을 모아서 만든 건설 생산공동체이다.

2) 몬드라곤 사례전파와 노동자 협동조합 운동 전개
○ 생산공동체의 지역모임 수준은 스페인 몬드라곤 협동조합복합체가 알려지며 본격적인 생산조직체로의 틀을 갖추게 된다. 두레공동체의 지역모임 차원과 노동자협동조합이라는 공식 경제조직체 형성은 1991년 '월곡여성생산공동체'였다. 이후 본격적으로 노동자협동조합의 결성이 이루어진다. 1992년 대한성공회 나눔의집이 중심이 된 봉제노동자협동조합인 '실과바늘', 건설노동자협동자합인 '나섬건설'이 조직된다. 1992년 도시건설노동자들의 '마포건설'이 발족되고, 1994년 '건설일꾼 두레'와 '나섬건설'이 건설노동자 협동조합인 '나레건설'을 설립하게 된다.

3) 인천지역의 생산공동체 운동
○ 두레협업사 : 인천 사랑방교회는 1990년 빈민지역 주민을 조직하여 하청생산업의 부업공동체를 설립하게 된다. 중간상에 의한 착취 구조를 타파하고 생산성을 높이고자 하는 등, 빈곤지역사회 주민조직화를 통한 지역사회 개발의 차원이었다.
○ 인천 봉제노동자협동조합 '옷누리' : 1995년 여성노동자회가 출자하여 설립하였으며 인천지역 노동운동의 주력이었던 봉제공장 출신들이 중심이 된 생산공동체 조직이다.

2. 자활사업 시범단계 : 자활사업의 제도화

1) 시범사업 배경
○ 정치적 환경 : 시범사업 시기는 김영삼 정부 후기

(1996~1998.1)와 김대중 정부 초기(1998.2~2000)이다. 김영삼 정부는 '생산적·예방적 복지'의 개념을 도입하였다. 김대중 정부는 외환위기의 극복과 민주주의와 시장경제의 병행발전을 국정지표로 삼았다. 특히 「국민기초생활보장법」제정으로 자활사업을 국민기초생활보장법에 포함하였다.

○ IMF로 인한 경제난과 대량 실업 : 시범 자활센터의 시기적 특징은 IMF 구제금융이다. 정부는 공공근로 민간위탁사업을 비롯하여 각종 실업대책을 전개하였다. 이를 자활사업과 접목하여 시장진입형 공동체 및 지역사회에 유용한 사회적 일자리 창출 시도가 진행되었다. 후에 자활근로사업(시장형 및 사회서비스형)으로 발전되었다.

 2) 인천의 자활사업

○ 동구지역자활센터의 탄생 : 1996년 지정되는 자활지원센터는 그동안 지역에서 생산공동체 운동이나 협동조합운동을 진행했던 총 5곳의 지역자활센터가 지정되었다 인천에서는 대한성공회가 '나눔의집' 명의로 센터를 지정받았다.

○ 실업극복 국민운동 인천본부의 활동 : 1998년 8월 인천의 60여 단체와 뜻을 함께하는 시민들이 모여 외환위기로 인한 실업을 극복하기 위해 실업극복 인천본부를 설립하였다. 인천지역의 공공근로 사업을 운영하고 모금을 통한 취약계층 지원과 취업알선활동을 하였다 인천 각 지역본부는 실업대책 사업으로 집수리, 간병, 음식물 재활용 사업 등을 운영하며 이후 지역자활센터의 초기 자활사업의 주축을 이루게 된다.

3. 자활사업 제도화 단계: 근로연계 복지의 출발

 1) 자활사업 제도화의 토대로서 기초생활 보장제도
○ 기초생활보장제도로 자활사업의 제도화
- 2000년 자활사업 제도화는 근로연계복지제도를 지향하고 있

으며 기초생활보장제도 수급자 중 미취업 근로능력자를 대상으로 취업과 창업을 촉진하는 방식을 취하고 있다.
- 「국민기초생활보장법」의 제정은 근로연계 복지로서의 자활사업을 제도적 시행의 출발점이다. 1960년대 제정된 생활보호제도의 대대적인 개편으로 근로빈곤층에 소득보장을 강화하고 한국판 근로연계복지제도의 초석이 되는 역사적 의미를 지닌다.

2) 자활사업의 성장과 변화
○ 복지부 자활사업의 성장과 정체
- 제도화 초기 자활사업은 '사회적응프로그램⇒자활근로 사업⇒자활공동체/취업'으로 경로를 제시하였다. 복지부는 성장잠재력이 있는 '5대표준화사업'을 제시하여 단기간에 사업량을 확대하였다. 초기 자활사업은 많은 기대를 받고 있었으나 제도설계 단계에서 기대한 성과를 도출하는데 한계가 있었다.

3) 자활사업의 사회적 경제
○ 자활후견기관의 성장
- 자활사업은 기초생활보장제도의 실시로 미취업 수급자에게 취업기회를 제공하기 위한 공급기관을 빠르게 준비할 필요가 있었다. 이로 인해 자활후견기관의 확대는 불과 3년 사이에 20개 기관에서 242개 기관으로 확대되었다.
○ 자활사업의 사회적 경제 토대
- 자활사업은 사회적 경제를 본격화하고 제도화하는 토대를 제공하였다. 미취업 빈곤층에 일자리를 제공하고 다양한 사회서비스를 제공함으로 사회적 경제에 기반을 둔 사업방식을 갖고 있었다. 자활사업은 사회적 경제의 잠재적 특성을 갖고 있었다.

4. 자활사업의 정착 단계 : 제도적 정형화와 다양한 모색

1) 전달체계 확장 및 제도 변화
○ 전달체계 확장
- 국민기초생활보장법에 자활사업이 포함되며 지역자활센터는 급속도로 확산된다. 2005년 이후는 자활사업이 정착기에 들어선 시기라 평가한다. 자활사업은 근로연계복지를 상징하며 전국적[24]으로 확산되었다.
- 지역, 광역, 중앙자활 지원체계는 2006년 개정된 국민기초생활보장법을 근거로 2008년 (재)중앙자활센터[25]가 출범하고, 2004년 시작된 광역자활센터(경기, 인천, 대구)는 강원, 전북, 부산에 광역자활센터를 지정해 모두 6개의 광역자활센터가 활동하게 되었다.[26]
○ 고용과 성과에 대한 관심
- 2007년 노동부는 '고용취약계층을 위한 맞춤형 고용지원서비스 사업'을 시행했다. 복지부도 2009년부터 '성과관리형 자활시범사업'을 실시하였다. 2008년부터 '자활복지선진화프로젝트'를 제시하며 성과촉진과 취업을 강조하는 방식으로 전환하였다.

2) 사회적 기업 등장과 사회서비스 확대
○ 사회적 기업 등장(자활기업) : 사회적기업은 2007년부터 시행된 사회적기업육성법에 기반을 둔다. 지역자활센터들은 자활근로사업단이나 자활공동체에 사회적기업의 내용을 담으려 노력했다.
○ 사회서비스 확대(돌봄 영역) : 사회서비스에 대한 관심으로

---

24) 2004년에 242개소로 지정되었으며, 2021년 현재 지역자활은 전국 250개소이다.
25) 현재는 자활복지개발원으로 확대 개편
26) 현재 광역자활센터는 15개소로 확대되었다. ''04년(인천, 대구, 경기), ''08년(부산, 강원, 전북), ''10년(서울), ''13년(광주, 충북, 경남), ''14년(대전, 충남, 전남, 경북), ''19년(울산)

2008년 시행된 사회서비스 전자바우처 사업과 노인장기요양보험제도는 '국가책임 최소화'와 '가족책임 최대화'에 입각했던 한국 사회복지에 사회서비스 확대 공급의 출발점으로 평가된다.
○ 주민자치조직의 확대 : 자활사업은 가난한 주민들의 경제공동체를 구현하고자 하는 목표에서 출발했다 대표적인 주민자치조직으로는 주민금고이다. 2009년부터 한국지역자활센터협회는 주민자치조직의 조직화를 기획하고 주민의 자율적 경제공동체 확산을 꾀하였다. 현재 '전국주민협동회'라는 명칭으로 38개 회원조직을 운영하고 있다.

3) 인천지역 자활사업과 활동
○ 윈스타드 사업 : 인천광역자활센터를 통해 취업사업 중심의 '원스타트' 사업을 실시하였다. 이는 인천시 자체예산으로 처음 실시한 자활관련 사업으로 그 의의가 있다.
○ 온케어 인천 : 사회서비스사업이 2008년 정부에 의해 전자바우처 사업형태로 전환되고, 노인장기요양보험제도가 도입되면서 가사·간병도우미 사업을 비롯해 노인돌보미 사업, 중증장애인 사업, 산모도우미 사업, 그리고 재가장기요양센터 사업에 많은 센터가 참여하게 된다. 주)온케어 인천협회는 2010년 조직적 가입을 결의하게 된다.
○ 자활사업 공동 사무국 운영
- 2002년 인천지부는 11개 자활후견기관이 가입하였다. 2003년 청소공동사업을 시작으로 업종별 공동사업단도 시작한다. 공동사업은 인천지부 자활사업의 특성 중 하나이다.

5. 자활사업의 현재 : 공공부조 전달체계로서의 변화[27]

---

[27] 이 단락은 보건복지부 자활사업 안내서와 해당시기 센터장 회의 자료에서 발췌하였음을 밝힌다.

1) 2013년 종합자활 지원계획
○ 자활사업 참여자의 사례관리 : '일하는 복지' 실현을 위해 정부는 '2013년 종합자활지원계획'을 수립하였다. 사례관리는 자활사업에 배치 단계부터 노동시장 진입 단계까지 개인별 자활지원계획을 바탕으로 각종 서비스를 연계 지원하는 프로그램이다. 또 참여자의 상담과 기초교육, 욕구조사에 기반을 두어 IAP와 ISP[28])를 수립한다.
○ 고용, 복지 연계 정책의 강화 : 정부는 지역자활센터가 고용과 복지의 연계 바탕으로 2014년 '지역자활센터 유형다변화 사업'을 시행하게 된다.

2) 2014년 지역자활센터 유형·기능 다변화 사업
○ 사회적 협동조합 전환 모색 : 정부는 사회적경제를 활용한 개편 방안으로 '지역자활센터 유형다변화 시범사업'으로 자활센터를 사회적 협동조합으로 전환하려 하였다.
○ 기능다변화 사업 : 지역자활센터가 복수 설치된 지역의 기능 및 전문성을 강화하는 것으로 참여자 관리와 자활근로 사업, 매출관리를 별도의 규정을 적용하였다. 성과가 미약한 지역자활센터의 지정 취소 등을 통해 시군구 지역자활센터를 통폐합하였다.

3) 2018년 자활사업 활성화 방안
○ 참여자 유입구조 개선
- 고용취약계층과 근로빈곤층이 자활근로 일자리에 쉽게 참여하도록 구조와 조건을 개선하여 참여를 확대하는 것과 일자리가 필요한 근로빈곤층의 발굴과 의뢰에 지자체의 역할을 강조

---

28) IAP : 개인별 자립경로(Individual Action Plan), ISP : 개인별 자활지원계획(Individual Service Plan)

한다.
○ 매출액 구조개선 방안(자활활성화지원금)
- 자활사업 운영으로 발생한 매출 중 정부예산으로 투입된 사업비를 중앙펀드로 조성하여 일자리 확대, 자산형성, 자활기업 등에 다시 지원하는 방향이다.
○ 사업단 활성화 방안
- 인턴 고용기간 연장 및 계약조건 개선을 통해 인턴 일자리 확대 방안을 마련하였다. 게이트웨이 프로그램 강화와 직업훈련 연계로 맞춤형 취업 프로그램을 실시한다.

III. 자활사업의 환경과 과제

1. 자활사업 환경

1) 자활정책의 환경 분석
○ 경제·사회 구조의 변화
- 인구, 가족의 고령화 심화와 가족기능의 약화 : 출생 감소 및 기대수명 증가로 생산가능인구[29]는 감소하는 반면, 1인가구의 비중 증가로 가족 내 부양능력 약화와 맞벌이 가구 증가에 따라 돌봄 등 사회서비스 확대 필요성이 증가되고 있다.
- 경제·산업 분야는 대내적으로 생산가능인구의 감소와 사회안전망 부족으로 잠재성장률의 저하 전망과 대외적으로 세계경제 성장둔화, 글로벌 경제 강국 다극화 등 불안요인이 증대하고 있다.
- 제 4차 산업혁명으로 고용구조 및 근로형태의 다양성, 노동 이동이 확대하고 있다. 신기술과 새로운 산업 등장으로 일부 직종과 산업은 구조조정이 불가피한 상황이다.
○ 일자리 추진 및 고용충격 대응

---
[29] 생산가능인구 : 생산 활동이 가능한 15~64세에 해당하는 인구

- 일자리 추진은 민간의 고용창출 역량 집중, 고용안전망 완성, 수혜 계층별 맞춤형 일자리 지원 강화 등으로 일자리문제를 해결하려는 계획이다.
- 사회적경제 역할 강화로 일자리 창출한다. 인프라 고도화를 통해 사회적경제 기업 스케일업 촉진과 돌봄, 건강, 등 공공성 강화 및 서비스의 질 제고를 추진하고 관광, 환경, 농업, 산림 등 분야별 커뮤니티 기반 일자리 창출을 추진한다.
- 국민취업지원제도로 저소득층 구직자의 사각지대를 해소와 고용보험제도로 '포용적 고용안전망 완성'을 기하며 청년, 40대, 신중년 등 생애맞춤형 일자리 지원을 강화한다.

2) 현재의 자활사업 진단과 과제
○ 자활사업 진단
- 참여자 특성 다변화 : 자활사업 참여자 중 근로미약자가 다수를 차지[30], 한편으로 근로능역 및 자활역량 평가체계 개선을 통해 근로능력이 있는 자활사업 참여자 유입 증가.
- 창업 자립유인 약화 : 자활급여 인상 및 자활장려금 부활 등 자활근로 참여 유인은 강화되었으나 자활기업의 지속가능성 대책 미흡으로 창업의 자립유인은 약화되었다.[31]
- 자활사업 확대 요구 : 경기침체 장기화, 코로나로 인한 고용 충격 등으로 취업취약계층의 자활일자리 제공 확대와 빈곤예방을 위한 제도적 위상이 강화되고 있다.
○ 자활사업 과제
- 사회통합과 빈곤예방을 기조로 정책목표 다변화 : 자활사업의 사회통합 기능을 강화하여 참여자의 삶의 질 향상과 빈곤층의 소득보장정책으로 목표를 설정할 필요가 있다.

---

[30] 근로미약자 참여현황 : 자활역량 점수 50점 이하 68.2%(한국지역자활센터협회, 2018)
[31] 자활기업 창업 수 지속적인 감소상황 : 2013년 193개 → 2014년 145개 → 2016년 130개

- 자활사업 참여대상자 확대 및 참여경로 다각화 : 근로능력 판정체계 개편과 차상위 계층의 자활사업 참여 유인을 강화, 사회적 취약계층 자활사업 참여가 요구된다.
- 자활기업 지원체계 구출 및 지원내용 강화가 필요하다.

2. 인천지역 자활센터 발전 방안[32]

1) 협력의 거버넌스 구축
○ 인천의 자활사업은 현재 참여자의 근로능력 저하와 그로 인한 자활의 성과가 낮아지는 상황이다. 특히 코로나19에 따른 시장경제 및 노동시장의 상황이 악화되고 있기에 자활사업이 활성화되기 위하여 협력의 거버넌스 구축이 필요하다.

2) 지역특화 사업 발굴
○ 자활사업은 지역기반 사업이기에 지역 특화형 사업개발의 필요성은 매우 중요한 과제 이다. 이러한 지역특화형 자활사업 개발은 자활제도의 목적 달성과 자활사업 당위성을 배가하는 좋은 목표이다.

3) 자활기업 창업 및 지원 활성화
○ 자활기업의 시장경쟁력을 확보를 위하여 자활기업 상품의 질 제고, 아이템의 개선 및 개발, 상표 및 포장개발 등의 컨설팅을 지원해야 한다. 나아가서는 자활기업에 대한 전문인력과 기술지원으로 자활기업의 지속가능성을 높일 필요가 있다.

IV. 자활사업의 주요 통계와 기본일자리로서의 함의

1. 자활참여자 주요 통계

---

[32] 이 단락은 인천광역시 사회서비스원 정책연구인 '인천 자활사업 중단기 발전계획 수립연구'에서 발췌한 내용임을 밝힌다.

1) 자활참여자 인원

년 도	2016년	2017년	2018년	2019년
참여자 수	39,150명	37,869명	39,114명	48,903명

○ 빈곤층 및 취약계층의 적극적 사회·고용안정망으로서 2014년부터 직접일자리 사업확대와 고용부의 취업 우선연계로 자활현장의 역동성이 저하되는 시기에서 자활사업 참여자는 점차 증가하는 추세임

2) 자활사업 참여구조별 인원

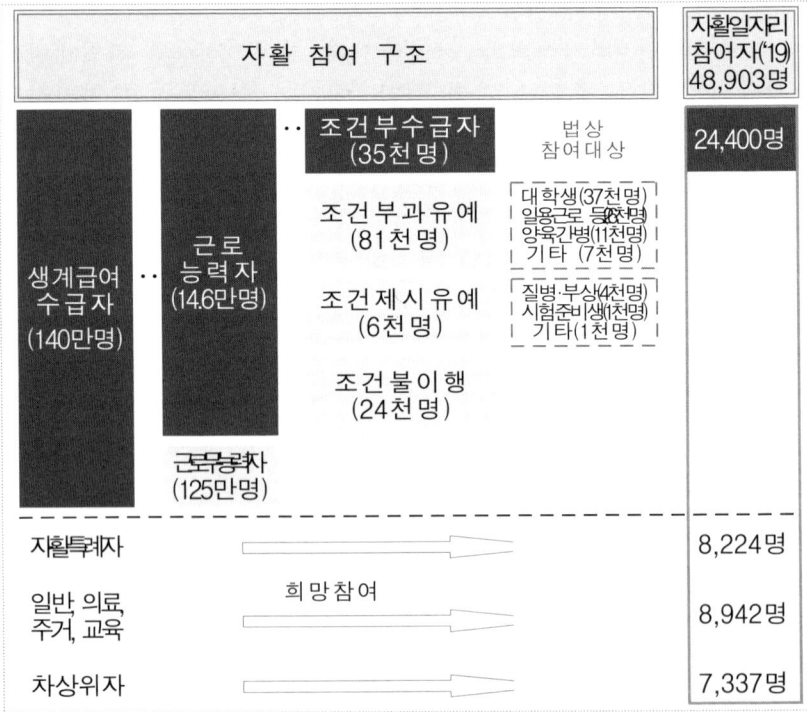

〈자활사업 참여 구조(복지부 자활근로 사업만 포함, '19년말)〉

○ '19년 자활일자리 참여인원은 48,903명이다. 이중 자활사업 참여구조를 보면 생계급여 수급자중 근로능력자14.6만 명의 참여 의무자가 존재하며 그 외 자활특례자를 비롯해 차상위 계층의 자활사업 일자리가 있다. 특히 광범위하게 존재하는 차상위 계층과, 경제위기와 코로나 상황으로 발생될 경제적 어려움을 생각하면 자활사업의 참여 가능 규모에 비해 자활일자리 참여의 폭은 부족하다. 자활사업 참여자 확대와 참여경로 다각화를 도모한다는 정책방안을 수용하려면 자활 일자리 규모의 확대가 필요하다.

3) 코로나 19 상황 이후 자활사업 신규 참여자 규모

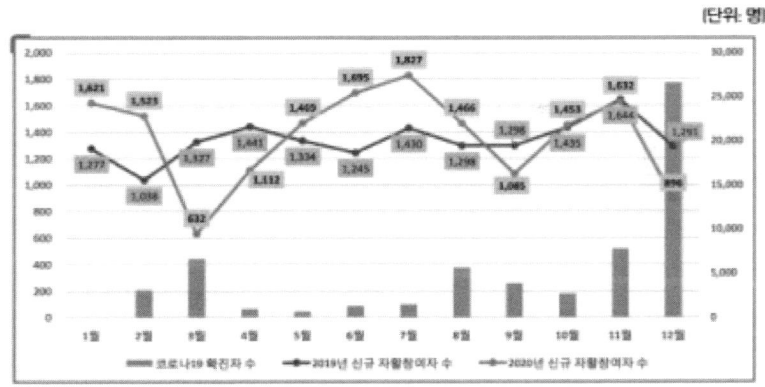

출처: 한국자활복지개발원. 정책Brief

○ 코로나 확산 전에 새로운 자활참여자 유입은 2019년과 비교해 활발하게 나타난다. 그러나 코로나19 대량 확산 이후 대외활동과 대면접촉이 줄어듦에 따라 자활사업 유입은 급격히 감소되었다. 이러한 상황이라도 코로나 19 이후 자활사업은 새로운 국면을 맞을 것이다. 기존의 저소득 및 저숙련 노동자자 급격히 빈곤층으로 편입되고 있으며, 정책변화에 따른 2022년

생계급여의 부양의무자 기준 폐지에 따른 수급자의 급증이 새로운 자활참여자로 유입될 것으로 예측된다(이상아, 2020).

4) 인천시 자활 참여자 현황(21년 8월말 현재누계)[33]

(단위: 명)

	합계	중구	동구	미추홀구	연수구	남동구	부평구	계양구	서구	강화군
'20년12월	3,460	154	188	704	296	308	772	253	583	202
'21년8월	3,545	169	193	755	311	295	716	277	634	195

출처 : 인천시 자활사업 민관연찬회(2021) 발표자료

○ 인천시 자활참여자는 2020년 12월말 행복이음 통계 누계 기준으로 3,460명으로 확인되고 2021년은 8월 현재로 3,545명으로 85명의 자활참여자가 증가되었다. 2021년 12월 기준은 더욱 늘어날 것이 확실하기에 인천지역의 자활참여자는 증가추세이다.

5) 인천시 자활참여 대기자 수(21년 8월말 현재)[34]

(단위: 명)

	합계	중구	동구	미추홀구	연수구	남동구	부평구	계양구	서구	강화군
'20년12월	425	60	-	120	-	70	120	5	50	-
'21년8월	974	88	7	380	47	75	235	32	110	0

출처 : 인천시 자활사업 민관연찬회(2021) 발표자료

○ 2021년 자활참여자 수는 증가(3,460명→3,545명)하였음에도

---

[33] 인천시 자활사업 민관연찬회 자료에서 발췌하였으며, 참여자수는 행복이음 통계 기준으로 작성
[34] 인천시 자활사업 민관연찬회 자료에서 발췌하였으며, 참여자수는 행복이음 통계 기준으로 작성

자활사업에 참여하고자 대기하는 인원은 전년보다 더욱 큰 폭으로 증가(425명→974명)하였음을 알 수 있다. 이는 코로나상황으로 저소득층의 생계 위협이 가중되는 현실을 반영한 것으로 보인다.

2. 자활기업 주요 통계

1) 자활기업 주요통계

자활기업 수	연간 창업수	총 고용인원	평균고용인원	평균 매출액
1,100개소	113개	11,000	10명	1.3억 원

출처: 한국자활복지개발원 홈페이지 자료, 2017년 기준

○ 자활기업은 2인 이상의 수급자 또는 차상위자가 상호 협력하여 조합 또는 사업자의 형태로 탈빈곤을 하기 위한 자활사업을 운영하는 업체이다. 중앙자활센터(2016, 현재 한국자활복지개발원)에 의하면, 2016년 2월까지 1,760개의 자활기업이 창업하였다. 이중 폐업 및 사업 중단한 자활기업을 빼더라도 1,100개소의 자활기업과 고용인원 11,000명의 일자리가 유지되고 있다. 최근 2020년 12월 SW복지재단의 자활사업 조사연구 자료에 의하면, 2019년 기준으로 자활기업은 1,176개와 13,961명의 참여자가 자활기업을 통한 일자리에 참여하고 있다(오단이. 2020).

2) 자활기업 매출액 증가 추이

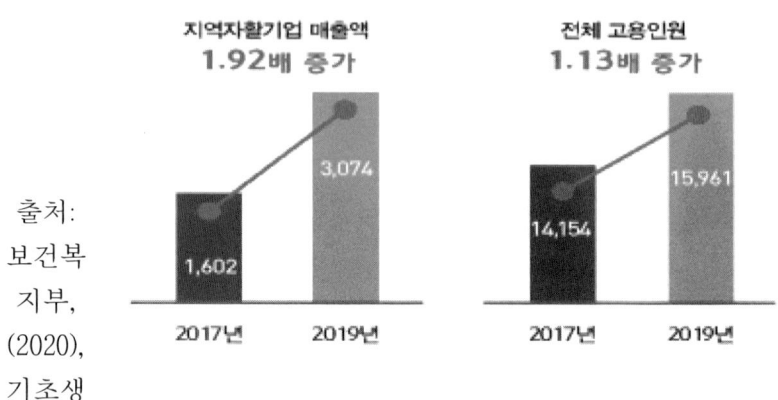

출처: 보건복지부, (2020), 기초생활보장 자활급여 기본계획

○ 자활기업은 개인사업자가 58.7%(69개)로 이주 5인 미만기업이 90.3%(623개)(자활정보시스템,'20.3)에 달한다(보건복지부, 2020). 이처럼 어려운 여건의 자활기업의 성장 지원을 위해 각종 규제완화와 공공사업 분야 연계 등 판로지원과 지역자활기업을 광역·전국자활기업으로 성장 지원하고 광역·전국 단위의 단일 브랜드를 통해 인지도와 신뢰를 제고, 자활기금 설치 등의 지원으로 매출은 1.92배 증가하고 고용인원은 1.13배 증가하였다(자활정보시스템, 19년 12월 기준).[35]

2) 사회적협동조합으로 유형전환 주요통계

<표 2-9> 사회적 협동조합 지역자활센터 매출액 변화

단위: 원

	2014	2015	증감
남원	95,410,154	227,360,953	131,950,799

---

35) 보건복지부, (2020).기초생활보장 자활급여 기본계획에서 발췌

마산 희망	170,003,812	239,586,288	69,582,476
봉화	150,801,346	158,262,016	7,460,670
시흥 작은자리	480,338,058	321,105,657	-159,232,401
제주 이어도	96,500,175	359,332,449	262,832,274
평균	198,610,709	261,129,473	62,518,764
총계	993,053,545	1,305,647,361	312,593,816

자료: 백학영 외(2017) ; 인천광역서비스원,(2020)재인용.

○ 지역자활센터 유형다변화 추진으로 2015년 5개 지역자활센터를 시작으로 이후 2019년까지 사회적 협동조합으로 유형 전환한 지역자활센터는 총 23곳에 달한다. 사회적 협동조합이 되면 자활근로사업단 중심의 사업을 진행했던 방식에서 자활근로사업단, 자활기업, 취업과 창업지원을 함께 하는 방식으로 운영된다. 사회적 협동조합으로 전환한 초기 시범사업 진입 센터의 매출액을 살펴보면, 전체적으로 매출액이 증가했다는 것을 알 수 있다. 이는 센터의 자율성과 경영의 효율성 그리고 목표의 명확성으로 매출이 상승한 것으로 판단된다(인천광역서비스원, 2020).

맺으며

현재의 자활사업은 단순한 제도개편으로는 소기의 목적을 달성하기는 어렵다. 자활사업에 참여하는 참여자의 동기를 유발하는 일자리 창출은 물론이고 직업으로서의 전망을 가질 수 있도록, 그리고 적정수준의 소득이 보장되어야 자활사업은 취약계층의 일자리로서 제 기능을 발휘할 수 있을 것이다(노대명, 2021). 오랜 빈곤지역의 취약계층과 IMF 금융위기로 촉발 된 대규모 실업에 대응하여 지역자활센터는 일자리를 마련하여 생계 위기를 극복하는 대표적인 복지제도로 자리 잡는 성과를 이룩하였다. 이 과정에서 숱한 시행착오를 겪으며 일자리 창출이라는 값진 경험을 축적하였다. 근로복지 연계로서 자활제도의 성숙과 유기적으로 조직되는 자활지원 시설간의 협력, 자활사업 위상의 재평가 등으로 자활사업에 대한 기대와 역할이 더욱 커지고 있다. 최근 일자리 취약계층의 자활사업 참여확대, 자활사업에 대한 공공의 일자리와 기업 연계형 일자리 발굴 등 최근 우리사회의 요구에 부응하는 변화의 과정이 진행되고 있다. 특히 사회적 협동조합으로 운영하는 지역자활센터들이 늘어나고 있는 것은 자활이 지역자활센터의 한계를 극복하여 자율, 자발, 협동으로 지역사회의 사회적 경제활동의 주체로 성장하는 과정으로 볼 수 있다. 또한 성장 잠재력이 있는 자활기업의 규모화와 전국화에 대한 논의도 자활이 더욱 직업으로서의 전망과 소득보장의 차원에서 긍정적으로 평가된다. 주요 통계에서 보듯 자활사업을 통한 일자리 창출은 가능성이 높고 자활사업의 성과 역시 지속적으로 성장함을 알 수 있다.

4차 혁명으로 인한 산업구조의 격변과 코로나19로 인해 소규모 자영업을 비롯한 취약계층의 경제위기 등 사회전반의 일자리에 대한 요구는 증폭될 것이다. 자활사업은 우리사회의 일자리 문제를 해결하는 주요한 방식 중 하나임이 분명해 보인다. 일자리를 원하는 모든 국민이 일을 할 수 있는 '기본 일자리' 정책 실현을 위해 지역자활센터가 중요한 역할을 수행하는 것은 당연하다. 취약계층이 경제적 어려움, 실업의 위기를 벗어나 안심하며 살아가도록, 일자리를 원하는 국민에게 최소한의 기본 일자리를 제공할 수 있도록 정부는 일자리 확충에 대한 막중한 책임감을 갖고 노력해야할 것이다. 특히, 취약계층이 참여하는 자활사업은 정책의 변화와 이를 수행하기 위한 적절한 예산

수립이 시급하다.

《참고자료》

보건복지부. (2021). 자활사업 안내(Ⅰ)
이문국·노대명·김승오·김정원. (2009). 자활사업 15주년 기념백서 자활운동의 역사와 철학
김정원. (2012). 자활정책연감-자활정책연구소 발표자료 : 자활사업 10년의 평가와 향후 방향
인천자활협회(2010). 인천자활운동 10주년 기념백서 : 성찰과 전망
사회적협동조합 너머 연구위원회. (2018). 한국형 근로복지 개편방안 연구
노대명. (2010) 자활사업 10년의 성과와 전망
한국지역자활센터협회. (2019). 전국지역자활센터장 연수 자료집
중앙자활센터. (2019). 자활사업 활성화 세부계획
노대명. (2021) 자활사업 20년의 평가와 전망
이상아. (2021) 자활정보시스템으로 본 코로나19 이후 참여자 특성과 향후 정책방안
한국지역자활센터협회. (2014). 전국지역자활센터장 연수 자료집
한국지역자활센터협회. (2021). 새로운10년 특별위원회 회의자료
인천광역시사회서비스원. (2020). 인천 자활사업 중단기 발전계획 수립연구
보건복지부. (2020. 08, 기초생활보장 자활급여 기본계획)
SW복지재단. (2020. 자활사업의 사회적 가치 평가 연구)
한국자활복지 개발원 홈페이지(https://www.kdissw.or.kr)

사회투자지원재단. (2020. 지역자활센터의 사회적협동조합 전환 표준모델 방안연구)

인천광역시. (2021). 자활사업 민관연찬회 자료집

마을기업 일자리
코로나19가 마을기업 경기에 미치는 영향

박규남[36]

1. 서론

- 마을기업은 2011년 행정안전부의 마을기업육성시행지침을 근거로 주민이 지역의 자원을 활용하여 수익사업을 하며 지역문제를 해결하고, 소득 및 일자리를 창출하면서 지역 공동체 이익을 효과적으로 실현하기 위해 설립 운영하는 마을단위의 기업을 의미하며, 매년 그 수가 증가하여 2019년 기준 1556개소가 있음
- 그러나 마을기업은 4대 사회적경제기업 유형 중 하나로 꼽히지만, 유일하게 관련법 없이 행정안전부의 '마을기업 육성사업 시행지침'을 근거로 운영되고 있으며, 행안부의 지역공동체과 (마을기업팀, 공동체팀, 성장지원팀)에서 담당하고 있음
- 한편 마을기업은 지역의 인적, 물적 자원을 활용해야 하는 특성을 가지고 있어, 특·광역시 및 도시보다는 농어촌 등 지역에서 활발하게 운영되고 있어
- 경기(183개소), 전남(160개소), 충남(134개소), 강원(122개소) 등 농어촌 지역에 많은 마을기업이 분포되고 있으며, 인천은 56개소로 서울(96개소), 부산(78개소) 등 타 대도시와 마찬가지로 활동하고 있는 마을기업의 수가 적어 지역 간 차이가 큼
- 현 정부에서는 '사회적경제 활성화'를 100대 국정과제 중

---

[36] 수봉마을 도시재생지원센터 센터장, 전 인천테크노파크 기업지원실 선임연구원, 전 숭실대학교 전자계산원 경영정보학과 지도교수, 전 인천상공회의소 부설 인천경제연구소 연구위원

하나로 선정하여 지난 4년간 직·간접적으로 다양한 지원 정책을 시행하며, 사회적가치 실현을 위해 많은 노력을 기울이면서 사회적경제는 양적으로 질적으로 많은 성장을 이루었지만,
- 지난해 초 국내에 유입되어 확산되고 있는 코로나 19의 영향으로 사회적, 경제적 위기상황이 장기간 지속되면서, 이에 마을기업 역시 상당한 영향을 받은 것으로 보이며 이를 기존의 연구를 토대로 분석하여 마을기업 성장을 위한 대안을 제시하고자 함

2. 본론

(1) 마을기업의 정의

- 마을기업은 지역주민이 각종 지역자원을 활용한 수익사업을 통해 공동의 지역문제를 해결하고, 소득 및 일자리를 창출하여 지역공동체 이익을 효과적으로 실현하기 위해 설립·운영하는 마을 단위의 기업으로
- 마을기업은 2009년 희망근로 프로젝트 사업으로 출발하여 2010년 후속사업의 일환으로 「자립형 지역공동체사업」을 확정하여 마을기업 시범사업을 시작하였으며, 이후 2010년 12월 「마을기업 육성계획」을 수립하여 2011년부터 본격 추진되고 있음

<표 1> 마을기업의 구성요건 및 정의

자료 : 2021년 마을기업 육성사업 시행지침(행정안전부)

구 분	정 의
지역주민	동일한 생활권에서 공동의 목표와 가치를 가지고 실제 상호 교류하는 공동체의 구성원
지역자원	지역에 존재하는 유·무형의 인적·물적 자원
지역문제	지역 내 충족되지 않은 필요(요구) 사항이나, 지역 주민 삶의 질 향상을 위해 필요한 사항
지역공동체 이익	마을기업의 이익뿐만 아니라 이해관계자 또는 지역사회 전체가 얻게 되는 편익의 총합
마을	지리적으로 타 지역과 구분되거나 일상적 생활을 공유하는 범위 내에서 상호 관계나 정서적 공감대가 형성되어 있는 곳

(2) 마을기업의 운영 현황

- 2019년 기준 전국 마을기업의 수는 총 1,556개소로 지역자원을 활용해야 하는 특성상 마을기업은 대도시보다 지방에서 활발하게 운영되고 있으며, 지역 간 차이가 크게 나타나고 있음(2020년 말 기준으로는 1,592개소임)

〈표 2〉 지역별 마을기업의 수

(단위 : 개소)

계	서울	부산	대구	인천	광주	대전	울산	세종	경기	강원	충북	충남	전북	전남	경북	경남	제주
1,556 (개소)	95	74	88	53	61	52	41	29	179	120	84	134	105	160	125	120	36

자료 : 2021년 마을기업 육성사업 시행지침(행정안전부)

☞ 경기가 179개소로 전체의 11.5%를 차지하고 있으며, 이어 전남 160개소(10.3%), 충남 134개소(8.6%), 경북 125개소(8.0%), 강원 120개소(7.7%)의 순으로 마을기업이 많으며,

☞ 인천은 56개소(3.5%)로 서울 96개소(6.23%), 부산 78개소(5.0%), 대전 53개소(3.4%),

울산 44개소2.8%) 등 전반적으로 도시지역에서 활동하는 마을기업은 적은 편임
- 조직 형태면에서 마을기업은 영농조합법인이 전체의 40.2%로 협동조합(25.5%)이나 주식회사(19.2%)에 비해 압도적인 비율을 차지하고 있으며

<표 3> 조직형태별 마을기업의 분포
(단위 : 개소)

구분	계	영농조합법인	협동조합	주식회사	농업회사법인	사단법인	영어조합법인	사회적협동조합	재단법인	기타
비율(%)	100	40.2	25.5	19.2	3.7	2.3	1.6	1.0	0.2	6.3

자료 : 2021년 마을기업 육성사업 시행지침(행정안전부)

- 업종별로는 일반 식품 44.8%, 전통식품 13.5%로 일반식품, 전통식품 등 지역 농산물의 가공 판매 업종이 전체의 57.8%를 차지하고 있음

<표 4> 업종별 마을기업의 분포
(단위 : %)

업종유형	계	일반식품	전통식품	관광체험	공예품	교육	문화예술	재활용	유통기업	의류신발	물류배송	사회복지	에너지	기타
비율(%)	100	44.3	13.5	12.7	5.8	4.4	4.1	2.4	1.4	1.0	0.8	0.7	0.3	8.6

자료 : 2021년 마을기업 육성사업 시행지침(행정안전부)

(3) 마을기업의 매출 및 고용 현황

- 마을기업의 통한 일자리 수는 2011년 3,145개였으나 2019년 20,062개로, 매출은 2011년 196억원에서 2019년 1,928억원으로

크게 증가하였으나

<표 5> 마을기업 매출 및 고용현황
(단위 : 억 원, 명)
자료 : 2021년 마을기업 육성사업 시행지침(행정안전부)

- 2019년 마을기업 당 평균 매출액은 1억 2,390만원, 일자리는

구분	2011년	2012년	2013년	2014년	2015년	2016년	2017년	2018년	2019년
매출(억원)	196	492	736	1,003	1,183	1,266	1,599	1,645	1,928
일자리(명)	3,145	6,533	10,117	10,218	11,500	16,101	17,438	19,261	20,062

12.9명으로 아직은 규모가 작고 영세한 편임
☞ 마을 기업당 평균 매출액 1억 2,390만원 (1928억원/1,556개소) 평균 일자리 수 12.9명 (20,062명/1556개소)
☞ 마을기업 일자리는 2019년 우리나라 전체 취업자 수 2,712만 3천명과 비교하면 그 비중이 0.07%에 불과하고, 매출액 비중은 이보다 더 낮아 전국 지역총생산액 1924조원에 비하면 그 비중이 0.01% 정도로 미미한 수준

(4) 코로나19 이후 마을기업의 경기변동

1) 경기변동 조사 개요

- 코로나19 발생 이후 사회적경제기업의 경기 변동을 파악하기 위해 온라인 설문조사 방식으로, 전국 17개 광역자치단체별로 사회적기업, 협동조합, 마을기업, 자활기업 등 4개부문 별로 각각 15개 내외 기업을 추천받아 이중 945개 기업을 최종 조사 대상으로 선정
하였으며

- 사회적기업 진흥원에서 2020년 3월 ~ 8월까지 총 7차에 걸쳐 사회적경제기업 945개소

　(사회적기업 313개소, 협동조합 232개소, 마을기업 209개소, 자활기업 107개소)의 경기변동을 2주전 경기와 비교하는 설문조사를 하였으며,

※ 참고로 2019년 12월 기준 전국 사회적경제기업 수는 사회적기업 2,435 개, 협동조합 16,846개, 마을기업 1,592개, 자활기업 1,176개 등 총 22,049개이며, 표본집단 945개는 사회적경제기업의 4.3%에 해당(표본오차 95%, 신뢰수준 ±3.12%)

- 응답기업은 표본집단 945개 기업 중 69.31%에 해당하는 655개 기업이 1차부터 7차까지 설문조사에 1회 이상 응답하였음

2) 마을기업의 매출동향

- 마을기업 209개를 대상으로 2020년 3월부터 8월까지 7차례 조사(전체 응답 547개소)한 결과 코로나 19로 인한 매출여건은 조사결과 186개소(34.0%)가 매우 악화, 153개소 (28.0%)가 다소 악화되었다고 응답하면서, 절반이 넘는 58%의 기업 매출경기가 악화된 것으로 나타났으며 비슷하다고 응답한 곳은 154개소 (28.2%)이고, 다소 호전은 51개소(9.3%), 매우 호전은 3개 소 (0.5%)로 호전된 곳은 54개소(8.7%)에 불과함

<표 6> 마을기업의 매출 동향

(단위 : 개소, %)

구분	응답기업	매우 악화	다소 악화	비슷	다소 호전	매우 호전
마을기업(개소)	547	186	153	154	51	3
비율(%)	100.0	34.0	28.0	28.2	9.3	0.5

자료 : 사회적기업진흥원

3) 마을기업의 자금동향

- 마을기업의 자금여건은 매우 악화 190개소(34.8%), 다소 악화 171개소(31.3%)로 전체의 66.1%의 기업이 악화된 것으로 나타났으며, 비슷함 131개소(23.9%), 호전 52개소 (9.5%), 매우 호전 3개소(0.5%)로 호전된 곳은 55개소로 10%에 불과함

<표 6> 마을기업의 자금 동향

(단위 : 개소, %)

구분	응답기업	매우 악화	다소 악화	비슷함	다소 호전	매우 호전
마을기업(개소)	547	190	171	131	52	3
비율(%)	100.0	34.8	31.3	23.9	9.5	0.5

자료 : 사회적기업진흥원

4) 마을기업의 고용동향

- 마을기업의 고용여건은 매우 악화 820개소(15.0%), 다소 악화 96개소(17.6%)로 전체의 32.6%의 기업이 악화된 것으로 나타났으나, 반면 비슷함은 348개소(63.69%), 호전 15개소 (2.7%), 매우 호전 6개소(.1.1%)로 자금과 매출여건보다는 악화되었다고 조사된 마을기업 의수가 적음

<표 6> 마을기업의 고용 동향

(단위 : 개소, %)

구분	응답기업	매우악화	다소악화	비슷함	다소 호전	매우 호전
마을기업(개소)	547	82	96	348	15	6

| 비율(%) | 100.0 | 15.0 | 17.6 | 63.6 | 2.7 | 0.11 |

자료 : 사회적기업진흥원

(5) 코로나19 이후 마을기업의 체감경기

1) 체감경기지수(BSI) 조사 개요

 - 사회적기업진흥원에서 2020년 3월부터 8월까지 7차에 걸쳐 사회적경제기업의 매출,
  자금, 고용 등 경기 동향을 조사하였으며, 상대적 비교를 위해 사회적경제기업의 체감경기 동향을 BSI(Business Servey Index)로 변환하였음

 ※ BSI는 일반적인 생산량, 매출액, 가격 등 실물경기가 아닌, 기업의 인식에 기초한 경기 동향 체감지수로, 주로 단기적인 경기예측을 위해 많이 활용되고 있으며 기업가들이 체감하고 있는 경기를 지수로 만든 신뢰도 있는 예측 방법으로 쓰이고 있음

2) 매출 체감경기

 - 마을기업의 매출 BSI 조사에서는 코로나 초기인 2020년 3월 초 32.02로 이전보다 크게 악화되었으나, 이후 점차 호전되어 8월 조사에서는 80.36까지 개선되었으나 여전히 매출 경기는 이전의 경기를 회복하지 못하고 있는 것으로 나타남

<표 7> 마을기업의 매출 BSI

구분	1차 조사	2차 조사	3차 조사	4차 조사	5차 조사	6차 조사	7차 조사
조사기간 (2020년)	3.12~3.15	3.26~3.30	4.8~4.12	5.13~5.17	6.11~6.15	7.8~7.12	8.12~8.16
매출 BSI	32.02	47.49	46.97	77.63	84.15	74.04	80.36

자료 : 한국사회적기업진흥원

3) 자금 체감경기

- 자금 BSI 조사결과 역시 코로나 초기 33.77로 매출경기와 함께 크게 악화되었으나, 이후
  점차 개선되면서 7차 조사에서는 82.14까지 지수가 올라갔으나 여전히 자금 체감경기는 이전의 경기를 회복하지 못하고 있음

<표 7> 마을기업의 자금 BSI

구분	1차 조사	2차 조사	3차 조사	4차 조사	5차 조사	6차 조사	7차 조사
조사기간 (2020년)	3.12~3.15	3.26~3.30	4.8~4.12	5.13~5.17	6.11~6.15	7.8~7.12	8.12~8.16
자금 BSI	33.77	42.04	43.94	71.71	80.00	79.81	82.14

자료 : 한국사회적기업진흥원

4) 고용 체감경기

- 고용 BSI 지수는 코로나 초기인 2020년 3월 65.35로 떨어졌으나 이후 점차 지수가 나아지면서 8월에는 80.36까지 올라갔

으나, 여전히 이전의 경기는 회복하지 못하고 있는 것으로 나타났음

<표 8> 마을기업의 고용 BSI

구분	1차 조사	2차 조사	3차 조사	4차 조사	5차 조사	6차 조사	7차 조사
조사기간 (2020년)	3.12~3.15	3.26~3.30	4.8~4.12	5.13~5.17	6.11~6.15	7.8~7.12	8.12~8.16
고용BSI	65.35	75.66	85.86	80.26	85.38	89.42	80.36

자료 : 한국사회적기업진흥원

3. 결론

- 우리나의 마을기업은 2011년 시작하면서, 첫해 총매출액이 196억 원 정도로 미미하였으나 매년 마을기업의 수가 증가하면서 2019년 말 기준으로 1556개 마을기업이 1,928억 원의 매출을 달성하면서 10배 정도로 규모가 커졌으며, 또한 일자리도 20,026명이 종사하는
사회적경제의 한 분야로 성장함

· 그러나 전체 마을기업 중 68%인 1,063개가 특·광역시 이외 지역에 있으며, 영농조합 법인(40.2%), 농업회사법인(3.7%), 영어조합법인(1.6%)이 마을기업 형태의 46%를 차지하며

· 업종별로도 일반 식품 44.8%, 전통식품 13.5%로 일반식품과 전통식품 등 지역 농산물의
  가공 판매 업종이 전체의 57.8%를 차지하면서

· 대도시 보다는 주로 농·어촌 지역을 중심으로 지역 균형

발전 측면에서는 크게 기여하고 있으나 규모에 있어서는 기업별 평균 연매출 1억 2,390만원, 평균 일자리는 12.9명 정도로 아직은 영세한 규모라고 할 수 있음

- 그리고 지난해 초 국내에 유입되어 확산되고 있는 코로나19의 영향으로 한국사회적기업 진흥원에서 마을기업 209개소를 대상으로 2020년 3월부터 2020년 8월까지 7차에 걸쳐 조사(응답기업은 547개소)한 경기동향(매출, 자금, 고용)을 보면, 매출과 자금에서 크게
  어려움을 겪고 있는 것으로 나타났음

• 특히 코로나 19로 인한 매출경기는 전체 응답기업 547개소 중 186개소(34.0%)가 매우 악화, 153개소(28.0%)가 다소 악화 되었다고 응답하면서 절반이 넘는 58%가 매출이 악화 된 것으로 나타났으며

• 자금경기는 매출보다 더 악화되어, 매우 악화 190개소 (34.8%), 다소 악화 171개소 (31.3%)로 전체의 66.1%의 기업이 악화된 것으로 나타났으며

• 고용여건은 매출과 자금에 비하여 그 충격이 상대적으로 적었지만 매우 악화 82개소(15.0%), 다소 악화 96개소(17.6%)로 전체의 37.6% 기업이 어려운 것으로 나타났음

- 또한 코로나 19의 장기화로 경기 체감지수 조사에서 매출 BSI는 코로나 초기인 2020년
  3월초 32.02로 이전보다 크게 악화되었으나, 이후 상대적으로 조금은 호전되면서 8월 80.36까지 개선되었지만 여전히 매출 경기는 이전의 경기를 회복하지 못하고 있는 것으로 나타났

으며

· 자금 BSI도 코로나 초기 33.77로 크게 악화되었으나, 이후 점차 개선되면서 8월 82.14 까지 지수가 올라갔으나 여전히 자금 체감경기도 이전의 경기를 회복하지 못하고 있으며

· 고용 BSI 지수는 코로나 초기인 2020년 3월 65.35로 매출과 자금보다는 체감경기가 나은 것으로 조사되었으나 8월까지 조금 나아지고는 있었으나 80.36로 역시 이전의 경기는 회복하지 못하고 있는 것으로 나타났음

- 한편 마을기업은 아직은 규모가 작고 지역 및 업종별로 차이가 커서, 기존 연구 자료를 통한 분석으로는 코로나 19로 인한 규모별, 지역별, 업종별 경기 동향을 파악하는데 한계가 있어 이를 보완하는 후속 연구조사가 필요하며,

- 현재 국회에 마을기업육성지원법이 발의되어 있기는 하지만, 마을기업을 체계적이고 지속적으로 육성하기 위해서는 이러한 법안이 빨리 제정되어야 마을기업의 성장과 지속 가능성이 높아질 수 있을 것이라 판단됨

<참고자료>

2019년 사회적기업성과분석, 사회적기업진흥원, 2020.11
2019 코로나19 이후 한국 사회적경제기업의 경기여건 및 고용변화 : 사회적경제기업 경기 동향 자료를 중심으로, 한국사회적기업진흥원, 2020.12 마을기업 지정현황, 김영배의원실, 2020.10
서울시 마을기업 성과분석 및 발전계획 수립 연구영역, 서울시 사회적경제지원센터, 2020.12
2021년 마을기업 육성사업 시행지침, 행정안전부, 2021.1
2019년 지역소득(잠정), 통계청, 2020.12.23.
2019년 연간 고용동향, 통계청, 2020.1.15.
행정안전부 홈페이지(www.mois.go.kr)
한국사회적기업진흥원 홈페이지
(https://www.socialenterprise.or.kr)
(사)한국마을기업중앙협회 홈페이지(http://kmaeul.or.kr)

협동조합기업 일자리
협동조합의 역사와 일자리 창출 현황

송준호[37)]

I. 들어가며

이 글에서는 외국과 우리나라의 협동조합의 역사를 개괄적으로 살펴보고, 두 번째 우리나라의 협동조합 설립 현황을 검토하고, 기획재정부 협동조합 실태조사서를 분석하여 협동조합이 우리나라 일자리창출 현황 등을 검토해 보고자 한다.

II. 협동조합의 역사

1. 외국
1) 협동조합의 탄생배경
협동조합의 탄생배경은 영국의 농촌을 배경으로 벌어졌던 엔클로져운동과 도시에서 벌어졌던 산업혁명을 배경으로 한다. 엔클로져운동은 도시에서 형성된 상업자본이나 농촌에서 형성된 농업자본이 중세 봉건사회 말기에 장원제도가 붕괴되면서 나타난 토지점유를 말한다. 이는 13세기에 시작하여 18세기에 본격적으로 진행되었다. 이시기에는 양모가격이 곡물가격보다 비싸 황무지는 목초지로 이용되었고 농업기술이 발달함으로서 대규모의 임차농업자들이 형성되어 소작농과 농노들이 토지를 잃고 유랑민으로 전락하게 되었다. 결국 농촌과 도시에 걸인과 도둑이 많아졌고 곡물대신 가축을 키움으로서 농촌에서 노동력이 급격히 줄어들었다. 농지를 잃은 농민들은 농민봉기와 잃었던

---

37) 인천사회적경제연구소 소장, 인천 남동구 협동조합협의회 회장

농지를 되찾기 위한 농민운동을 전개하게 되었다. 농촌의 엔클로져운동에 이어 도시에서는 18세기 후반부터 산업혁명이 일어났다. 그동안의 수공업 방식의 생산방식을 공장의 기계를 통하여 대량생산방식으로 바뀌었다. 산업혁명은 정치, 경제, 사회분야에서 인류에게 그 동안 경험하지 못한 엄청난 변화를 가져왔다. 그러나 산업혁명은 자본가와 노동자라는 계급을 형성하게 되었다. 이 시기 자본가들은 많은 자본을 형성하였으나, 노동자들의 생활은 노동시간과 임금에 대한 법적규제가 없었기에 자본가의 재량에 따라야 하였기에 비참할 수밖에 없었다.

그리고 1840년대에는 노동자들이 주체가 되어 계급혁명을 주도는 칼 맑스의 공산주의 운동이 서유럽을 중심으로 전개되었다. 이때 한편에서는 로버트 오웬과 윌리엄의 킹의 영향을 받아 노동자들에 의해 생존권 개선을 위한 협동조합 운동이 일어나기 시작하였다. 그 당시 노동자들은 장시간의 노동과 적은 임금만이 아니라 열악한 식료품 때문에 질병으로 사망하는 경우가 많았다. 상인들이 돈을 더 벌기 위하여 밀가루에 석회가루를 섞는다던지, 우유에 물을 타는 경우가 종종 있었다. 그리하여 노동자들은 정상적인 식료품을 저렴하게 구매하기 위하여 소비자협동조합을 설립하기 시작하였다.

2) 영국의 로치데일협동조합

1844년 영국 랭커셔의 로치데일지역에서 노동자들에 의해 설립된 공정개척자조합이 근대적 협동조합의 출발점이라고 볼 수 있다. 로치데일협동조합은 오늘날의 협동조합의 운영원칙을 최초로 확립한 협동조합이라고 할 수 있다. 그 당시 로치데일은 산업혁명의 영향으로 모직과 방직을 생산하는 방직공업으로 유명하였는데, 노동자들의 생활은 비참하기 짝이 없었다. 의복은 누더기였고 음식은 감자와 밀죽으로 연명하였고, 상하수도 시설이 제대로 갖추어지지 않아 위생환경이 엉망이었다. 이 당시

산업혁명의 영향으로 생산방식은 공장제 대량방식으로 전환되면서 도시에서는 자영업자들이 노동자로 전락하였고, 농촌의 농민들이 도시의 노동자로 유입되면서 노동의 공급이 수요를 초과하여 많은 실직자들을 양산하였다. 그리하여 노동자들의 근로조건과 임금은 더욱 악화되었다. 이러한 시대적 상황을 배경으로 로치데일협동조합이 설립되었다. 로치데일협동조합은 노동자 28명이 스스로 가난한 삶과 열악한 환경을 개선하기 위하여 설립하였다. 출자금은 조합원들이 각자 1파운드씩 출자하여 낡은 창고 하나를 임대하였다. 창고를 수선하여 점포를 개조하였고 밀가루, 오트밀, 버터, 설탕, 양초 등을 구입하여 식료품상점을 운영하였다. 상점운영은 성공적이었다. 로치데일협동조합이 다른 협동조합에 비해 성공한 것은 협동조합의 운영원칙을 정립하여 이 원칙에 따라 상점을 운영하였기 때문이다. 로치데일협동조합은 협동조합 시스템 유지와 점포사업의 상업적 성공을 위하여 8대 운영원칙을 세웠는데 로치데일협동조합의 8대 운영원칙은 오늘날의 협동조합 7원칙과 아주 비슷하다.

  제 1 원칙 : 자발적이고 개방적인 조합원 제도
  제 2 원칙 : 조합원에 의한 민주적 통제
  제 3 원칙 : 조합원의 경제적 참여
  제 4 원칙 : 자율과 독립
  제 5 원칙 : 교육, 훈련 및 정보제공
  제 6 원칙 : 협동조합간의 협동
  제 7 원칙 : 지역사회에 대한 기여

자발적이고 개방적인 조합원제도는 성별, 인종, 종교, 정치와 관계없이 누구나에게 열려있다는 것을 의미하며, 조합원에 의한 민주적 운영은 협동조합의 의결을 1인 1표 방식으로 민주적으로 운영하는 하는 것을 의미한다. 조합원의 경제적 참여는 조합원에 가입할 때 누구나 출자금을 내야하고 자금이 공정하게 관리되도록 하여야하며, 자율과 독립은 외부조직과 협약을 맺거나 자금을 조달할 경우 조합원에 의한 민주적관리가 보장되어야 하고 협동조합의 자율성이 유지되어야한다. 교육훈련 및 정보제공은 조합원에게 업무와 관련된 교육 뿐 아니라 업무와 관련된 협동조합의 업무와 관련된 정보도 투명하게 제공되어야한다. 협동조합간의 협동은 협동조합끼리 힘을 합쳐 협동조합연합회 등을 결성하여 성장하여야 하여야 한다는 것을 말하며, 지역사회의 기여는 지역사회의 지속가능한 발전을 위해 노력하여야 한다 는 것이다.

3) 이탈리아 에밀리아로마냐 지역 협동조합
1870년대 중반 산업혁명과 차티스트운동으로 인해 유럽을 휩쓴 농업위기를 겪고 난 뒤, 농촌지역에서도 협동조합이 생겨나기 시작하였다. 농장노동자들로 구성된 첫 번째 협동조합은 눌로 발디니가 1883년 라벤나에서 설립한 농장노동자 종합협동조합이다. 이후 10년 만에 이런 협동조합이 525개로 늘어났으며, 이 중 185개가 에밀리아로마냐 지역에서 설립되었다. 농촌지역의 협동조합에서는 인력이 부족할 때에는 조합원들을 건설노동자로 고용하기도 하였다. 이 때문에 농장노동자와 건설노동자들이 함께하는 협동조합들도 제법 많이 설립되었다. 1890년대 이후 이탈리아의 북서부 지역인 피에몬테, 롬바르디, 라구아 지역 등에서는 경제적 도약측면에서 북부의 다른 지역에 큰 영향을 끼쳤으며 협동조합운동이 번성하였다. 에밀리아로마냐지역에서도 많은 컨소시엄이 결성되었고 협동조합의 공공사업도 늘어났다. 또한 농장노동자와 건설노동자 공동의 협동조합 및 컨소시엄 결성이 대단히 활발해, 1차 대전 직전에는 전체협동조합 숫자가 롬바르디를 추월하기도 하였다. 그 전까지 소비협동조합이 왕성할 때에는 로바르디지역의 협동조합이 가장 많았다.

2차 세계대전 이후 이탈리아 협동조합의 발전은 서비스분야에서 뚜렷이 나타났다. 농업과 관련된 전통영역은 금융 보험, 소매, 운수 및 식당, 청소, 건물유지보수 및 사회적서비스 같은 다양한 서비스영역으로 확장되었다. 식음료를 제외한 제조업과 주택협동조합과 관련된 건설업에서는 상당한 발전이 있었다. 지리적으로 보면 에밀리아로마냐, 트렌티노와 토스카나 지역에서 협동조합운동이 가장 발전하였고, 협동조합운동의 발원지 중 하나인 에밀리아로마냐지역은 2001년도에도 선두자리를 지키고 있다. 농업 쪽을 제외한 전체 전체협동조합 노동자의 9.8%가 이 지역에서 일한다.

4) 스페인의 몬드라곤협동조합

몬드라곤은 스페인 바스크지역에 위치한 도시자체를 가리키는 이름이기도 하지만, 이곳에서 1940년대부터 호세마리아신부의 주도로 시작된 노동자생산협동조합을 일컫기도 한다. 몬드라곤은 1956년 가스난로와 가스취사도구를 만들었던 첫 번째 협동조합 '울고'가 설립된 이후 1960년~1980년대를 거치면서 거대한 협동조합으로 성장하였다. 2010년 기준으로 몬드라곤은 약 260개 회사가 금융, 제조업, 유통, 지식 등 4개 부문을 포괄하는 하나의 기업집단으로 조직되어 있다. 규모는 한국으로 따지면 재벌기업 수준이나, 소유는 특정가문이 아니라 회사에서 일하는 노동자가 갖고 있다는 것이 다르다. 기업의 전체 자산은 2010년 기준으로 한국 돈으로 환산할 때 약 53조원, 제조업과 유통업의 매출이 2010년 한해 기준으로 22조원 규모나 된다. 약 8만 4천명의 노동자가 근무하고 있는데, 출자금을 납부한 노동자조합원이 3만 5천명이나 된다. 몬드라곤의 소속된 유통기업 핵기업인 '에로스키'는 소비자협동조합이며, 스페인과 프랑스에 2,100개의 매장을 갖고 있다. 우리나라로 치면 홈플러스나 이마트 정도의 수준으로 보면 된다. 다만 소유주가 소수가 아니라 다수라는 점이 다를 뿐이다. 금융부문의 핵심기업인 '노동인민금고'는 스페인에서 5위권 안에 드는 대형은행으로 전국에 420여개의 지점을 갖고 있다. 그리고 몬드라곤에는 몬드라곤대학교가 있고 바스크지역에서 가장 유명한 기술연구소들이 몬드라곤대학교에 소속되어 있다.

2. 한국

1) 일제식민지시대 협동조합
우리나라 최초의 협동조합은 1919년 3.1운동 이후에 조선 민중의 경제적 자립을 위하여 나타났다. 1920년 4월에 평북에서는 사업자들의 금융기관으로 강계공익조합이 결성되었고, 같은 해 5월 10일에는 잡화상을 운양하는 조선인 34점포가 단결하여 평양잡화상조합을 결성하여 상품공동구입, 동업자간 정보공유, 외상폐지를 방침으로 활동하였다. 그 후 5월 15일에 23명을 발기인으로 창립한 목포소비조합이 있다.

2) 해방 후 협동조합 (농업협동조합 중심으로)
우리나라의 개인토지소유제도는 일제하에 실시된 토지조사사업 이후 확립되었다. 이에 따라 지배자인 지주와 피지배자인 소작제도가 형성되었고 이들의 대립이 사회문제로 대두되었다. 그러므로 농지개혁과 함께 농촌경제의 활성화를 위한 농업협동조합을 설립하는 것이 급선무였고, 1950년 농지개혁이 이루어졌다. 그동안 여러 번의 농협법 제정의 시도는 있었으나, 1957년 2월 1일에서야 국회를 통과하였다.
그 당시 통과된 후 며칠 뒤인 2월 14일 농업은행법과 농협법이 함께 공포되었다. 그 당시 공포된 농협법은 농협조직은 이동농협, 시·군 농협, 축산과 원협 등 특수농협, 농협중앙회로 3단계로 구성되었으며, 이동조합은 여신업무만 취급하고, 시·군 농협과 농업중앙회는 신용업무를 제외한다는 내용이었다. 농업의 설립으로 식산계는 이동조합이 금융조합과 시군농회의 일반 업무와 재산은 시·군 조합이, 궁융조합의 일반업무와 대한농회, 서울시 도농회의 업무는 농협중앙회가 인수해 청산하였다. 그 후 1958년 주식회사 농업은행이 특수법에 의한 농업은행으로 발족되어 농협과 더불어 농촌 조직의 주축을 이루었으나 농협과 농업은행의 비합리적인 점을 개선하고 상호 관련 있는 신용사업과 경제사업을 유기적으로 보완할 목적으로 1961년 농업은행과 농협을 통폐합한 종합농협이 발족되었다.

3) 1960년대 협동조합

일제식민지시대에 발아하였던 민간협동조합의 명맥은 해방 후 긴 침체기에 빠져들었고, 남북 모두 국가주도의 협동조합이 대세를 이루었다. 남에서는 협동조합을 좌익운동의 온상이라며 터부시하였고, 한국전쟁 이후에 농협협동조합을 설립하였지만 이 역시 정부의 지배를 받는 상황이었다. 북에서는 해방직후 농민은행과 소비조합을 설립해 자영농업 육성을 꾀하고 한국전쟁 이후에는 모든 농민과 경작지를 농업협동조합으로 조직했지만, 1960년대부터는 이런 농업협동조합을 당이 통제하는 협동농장으로 변모시켰다.

이런 협동조합의 암흑기를 벗어나 민간협동조합의 되살린 것은 1960년대 시작된 신용협동조합이었다. 신협이 태동할 당시 한국은 일제의 식민지배, 남북 간의 이념대립과 동족간의 전쟁, 부패한 독재정권으로 이어진 사회였다. 오랜 전쟁으로 민중의 삶은 뿌리 채 뽑힌 채 외국구호물자에 의존해 생활해야만 했고 전쟁이 끝나고 복구되면서 대외원조가 들어오기는 했지만, 이 또한 자유당 정권의 소수 권력자와 기업인을 배불리는 데에만 쓰였다. 이런 상황에서 당시 민중들에게 가장 절박했던 것은 파괴된 농촌을 되살리고 적절한 생계수단을 확보하는데 필요한 자본의 조달이었다. 전쟁으로 파괴된 농촌을 복원하고 도시로 내몰린 유랑자들이 생계수단을 확보하기 위해서는 자본이 필요했기 때문이다. 외국의 대외원조가 보통사람에게는 아무런 도움을 주지 못하는 상황에서 민중들은 전통적인 계나 고리대금을 이용할 수밖에 없었다. 그러나 계는 운영이 체계적이지 못하여 사고가 많았고, 고리대금은 이자가 너무 높아 생활을 더욱 빈궁하게 하였다.

계나 고리대금업이 아닌 새로운 자구책이 필요한 때에 캐나다와 미국의 성공적인 사례를 통해 신용협동조합이 사람들 사이에 확산되었다. 민간협동조합이 사회주의 온상이라며 터부시해 오던 독재정권이지만 미국의 원조에 의존할 수밖에 없는 상황에서 신협을 규제할 뚜렷한 명분이 없었다.

4) 신용협동조합의 태동

초창기의 신협은 주로 카톨릭을 중심으로 시작되었다. 처음에 그들은 전쟁의 참화 속에서 굶주린 사람들에게 식량과 의약품을 제공하는 구호사업에 전념하였지만 긴급구호사업에서 벗어나 전후복구체제로 접어들면서 단순히 무상지원이 아닌 민중 스스로의 힘으로 자립할 방안을 모색하였고, 이는 당시 세계적으로 주목받고 있던 안티고니시운동의 영향으로 신협이 태동하게 되었다. 부산에서 구호사업과 선교활동을 전개하던 메리 가브리엘라 수녀는 단순구제를 넘어서 그 이상의 방안이 필요하다고 생각하던 차에 뉴욕에서 접한 안티고니시운동을 한국에 전했고, 한국에서도 성인교육과 신협운동을 통해 모든 사람이 형제애로 상부상조하면서 스스로 경제적 사회적 지위를 향상할 수 있다고 강조하였다. 그 결과 1960년 5월 메리놀병원과 가톨릭구제회 직원 27명이 중심이 되어 출자금 3,400환으로 최초의 신협인 성가신용협동조합이 설립되었다. 같은 시기 장대익 신부도 협동조합에 많은 관심을 기울이고 있었다. 장호원에서 보좌신부로 근무하면서 한국전쟁 직후 피폐했던 농촌생활을 극복하기 위해 생산자협동조합을 조직하기도 했었던 그는 안티고니시운동을 2년동안 공부하고 돌아와 서울대교구에서 경제사회복지 전담신부로 일하며 신협운동을 구상하였다. 그와 협동경제연구회와의 만남은 신협을 본격적으로 추진하는 계기가 되었고, 이들의 노력에 힘입어 1960년 6월 서울지역 가톨릭내 본당을 공동 유대로 조합원 140명을 모아 가톨릭중앙신용협동조합을 설립하게 되었다. 신협은 초창기 지도자들의 헌신적인 노력으로 1960년에 3개에 지나지 않던 신협의 숫자를 1964년에 82개로 크게 늘렸고, 이에 따른 신협간의 연대와 법적기반 마련을 위해 1964년에는 전국단위연합조직인 신협연합회를 창립하였다.

5) 생활협동조합의 태동(1970년대~1980년대)
신협이 금융기관화의 길로 접어들기 시작한 1980년대 들어 민간협동조합의 역사는 생활협동조합을 통해 다시 발현되기 시작하였다. 초기 생협은 1970년대 중반 농촌과 탄광지역에서 진행되었고, 그 중심에는 천주교 원주교구가 있었다. 탄광촌에서 소비조합이 탄광산업의 쇠퇴로 인해 전국적으로 확대하지 못한 반면에, 농촌에서 추진되었던 소비조합은 1980년대 중반 생활협동조합이라는 형태로 새로운 도약을 맞이하였다. 소비조합이 새로운 유형의 생협으로 자리매김하는 데에는 1985년 설립된 안양소비자협동조합과 원주소비자협동조합 그리고 1986년에 설립된 한살림생협의 역할이 컸다. 이제까지의 협동조합과 비교해 생협은 그 출발이 매우 달랐다. 이제까지의 협동조합은 그 주체가 노동자나 농민인 남성 중심이었다면, 생협에서 처음으로 소비자인 여성이 주체로 등장하기 시작했다. 이제까지 협동조합의 목적이 인간의 경제적 문제 해결에 집중되었던 것에 비해 생협에서 처음으로 생태계 전체를 포괄하는 시야가 마련되었다. 이제까지 협동조합의 지향이 자본주의 시장경제의 폐해를 교정하는 수준에 머물렀다면, 생협에서 처음으로 자본주의를 넘어서는 생명 중심의 대안세계를 전망할 수 있게 되었다.

III. 한국의 협동조합 설립 현황 (2020년)

1. 2012년 12월 협동조합기본법 제정 이후 협동조합

2020년 기준으로 협동조합 전체 설립현황이 20,161개, 일반협동조합이 17,261개 사회적협동조합이 2,794개, 협동조합연합회는 일반협동조합연합회가 85개, 사회적협동조합연합회가 20개 등이 있다.

2. 협동조합 지역별 설립 현황 (2020년 기준)>

지역별 협동조합 설립현황을 살펴보면 서울 3,819개, 경기도 3,031개 전북 1,189개이고 광역시는 부산 866개, 광주 883개, 대구 711개, 인천은 466개로 하위수준에 머물러 있다.

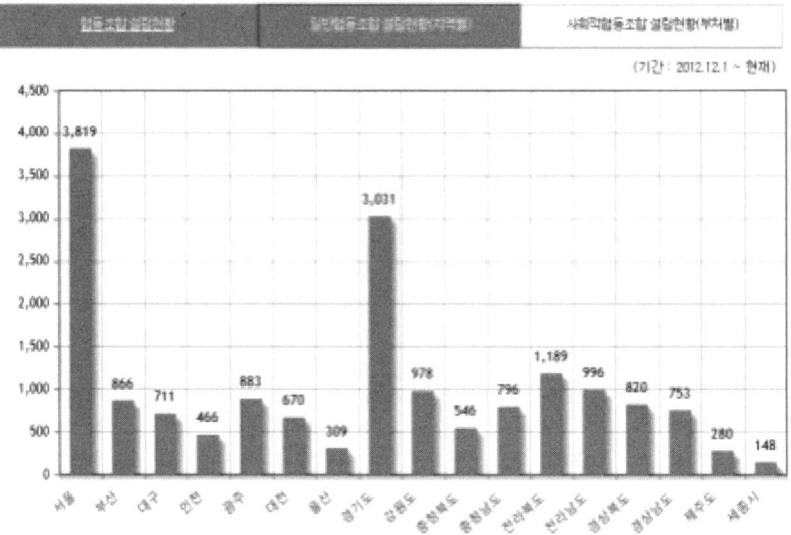

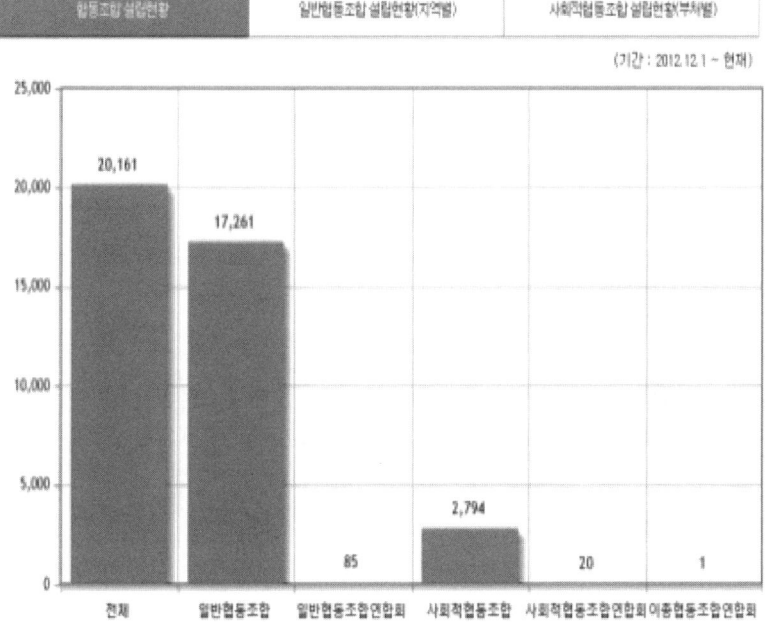

3. 인천의 협동조합 설립현황 (2020년 12월 기준)

인천의 협동조합 설립현황은 2020년 12월 기준으로 총 558개이며, 구별 설립 현황을 살펴보면 남동구 107개, 부평구 94개, 미추홀구 83개, 서구 67개 등이 설립되어 있다.

Ⅳ. 협동조합 현황 조사 개요

협동조합 현황조사의 목적은 협동조합의 설립, 고용·재무·인력 경영 등에 관한 실태 파악 설립과 운영사항 등을 파악하여 협동조합의 일자리창출 효과 등을 파악하여 정책 수립 등에 활용하기 위해 기재부에서 2년에 한 번씩 노동연구원을 통하여 실태 조사하고 있는 자료를 분석하고 활용하고자 한다. 조사대상은 2018년 말 기준 신고·인가된 14,526개 협동조합과 연합회를 대상으로 조사하였다. 협동조합의 구성원은 이사장, 조합원, 자원봉사자 현황 등을 조사하고 고용현황은 취업자 수, 피고용인 수, 근로조건, 고용현황 등을 분석하였다. 협동조합의 재무현황은 자산 등 재무상태, 매출액 등 운영성과, 자금조달 현황 등을 분석하였다.

1. 협동조합의 일반현황

□ (설립목적) 조합원 소득증대(53.2%), 일자리창출(36.7%), 지역사회 공헌(35.0%)을 목적으로 협동조합 설립 (1, 2순위)

설립목적	조합원소득증대	합리적경제소비	일자리창출	조합원복지증진	경쟁력제고	지역사회공헌	기부자원봉사	조합원친목	공적자원획득기회	정부지원
비중	53.2	22.1	36.7	12.6	14.1	35	7.2	8.9	3.6	4.6

□ (소통) 협동조합의 89%가 연평균 1.8번 총회를 개최하고, 총회의 주된 안건은 사업승인(75.9%), 자금조달(44.4%), 정관변경(42.1%) 등이다.

| 구 분 | 총회 개최 | 총회 안건 | | | | 이사회 |
		사업승인	자금조달	정관변경	임원변경	
개최율 (조합당 개최회수)	88.9% (1.8회)	75.9%	44.4%	42.1%	38.6%	83.8% (3.8회)

□ (교육) 협동조합의 76%는 설립전후 조합원 대상 협동조합 교육 실시하고, 경영컨설팅(40.9%), 협동조합 원론(36.0%) 등 교육하였다.

| 구 분 | 설립전후 교육 | | 교육내용 | | | |
	설립전	설립후	협동조합원론	설립절차	경영컨설팅	기타
실시율	75.9	60.9%	58.0%	36.0%	19.4%	40.9%	3.8%

구 분	설립전후 교육		교육내용			
	설립전	설립후	협동조합원론	설립절차	경영컨설팅	기타
(조합당 실시회수, 회) %	(2.7)	(3.9)				

□ (조합원수) 총조합원 수는 47.4만 명이며, 평균 조합원수는 67.0명으로 3차 조사(61.6명)에 비해 5.4명 증가하였다.
(단위: 명)

구 분	3차조사(A)	4차조사(B)	증감(B-A)
전체	61.6	67.0	5.4
일반협동조합	53.1	55.2	2.1
사회적협동조합	128.5	124.9	△3.6
연합회	27.2	58.7	30.9

2. 협동조합의 고용현황

□ (종사자수) 2019년 전체 종사자수*는 8.5만 명이며, 2017년 조사(6.9만명)에 비해 1.6만 명 증가하였다.
   * 협동조합 업무에 종사하는 임원, 근로자, 자원봉사를 모두 포함 (종사자 = 취업자 + 무급형 비상근임원 + 무급형 자원봉사자)
ㅇ 평균 종사자수는 12.1명으로, 3차 조사(13.5명)에 비해 1.4명 감소하였다.
 * 임원: 6.1→5.8명, 임금근로자: 3.5→3.8명, 자원봉사자: 4.0→2.6명
▶ 2017년 조사에 비해 자원봉사자수가 줄고 대신 임금근로자수가 늘어 실질적인 취업 효과 늘어난 것이다.
(단위: 명)

구 분		3차조사	4차조사		
		종사자	종사자	취업자	피고용자
전체		68,851	85,295	42,712	31,335
임원		30,863	40,706	13,062	4,756
	이사장	5,103	6,864	6,864	1,605
	상근이사	1,971	5,078	5,078	2,031
	비상근이사·감사	23,790	28,764	1,120	1,120
근로자		17,707	26,579	26,579	26,579
자원봉사자		20,282	18,010	3,071	-

□ (취업자수) 2019년 전체 취업자 수는 4.3만 명이며, 평균 취업자 수*는 6.1명으로 2017년 조사(5.3명)에 비해 0.8명 증가하였다.

 * 취업자 = 피고용자 + 무급형 상근임원 + 유급형(실비보상) 자원봉사자

□ (피고용자수) 2019년 전체 피고용자 수는 3.1만 명, 평균 피고용자 수*는 4.4명으로 2017년 조사(4.0명)에 비해 0.4명 증가하였다.

 * 피고용자(급여를 목적으로 주 1시간 이상 종사) = 임금 근로자+유급형 임원

(단위: 명)

구 분	3차조사(A)	4차조사(B)	증감(B-A)
종사자수 (조합당)	68,851 (13.5)	85,295 (12.1)	16,444 (△1.4)
취업자수 (조합당)	27,129 (5.3)	42,712 (6.1)	15,583 (0.8)
피고용자수 (조합당)	20,409 (4.0)	31,335 (4.4)	10,926 (0.4)

□ (임금근로자수) 2019년 전체 임금근로자수는 2.7만 명이며, 조합 당 3.8명으로 2017년 조사(3.5명)에 비해 0.3명 증가하였다.

(단위: 명)

구 분	3차 조사	4차 조사	증감(B-A)
임금근로자 (조합당)	17,707 (3.5)	26,579 (3.8)	8,872 (0.3)

ㅇ (성별 및 연령) 여성이 2.2명(59.0%)으로 남성 1.5명(41.0%)보다 많고, 55세 이상이 1.5명(38.7%)으로 여성 및 고령자 비중이 높았다.

(단위: 명)

구 분	성별		연령			
	전체	여성	15~29	30~54	55~64	65이상
조합당 임금근로자	3.8	2.2	0.3	2.0	1.2	0.3

* '20.1월 고용동향: 취업자 중 여성 비중(42.8%), 고령자(55+) 비중(28.2%)

ㅇ (근로조건) 2017년 3차 조사에 비해 임금근로자 중 정규직 비율(66.0 → 70.8%) 및 월평균임금 증가하였다. (131.3 → 158.2만원)

구 분	임금근로자 (A, 명)	정규직 (B, 명)	B/A(%)	주당 근로시간 (시간)	고용보험 가입비율*	월평균 임금 (만원)
3차 조사	17,707	11,684	66.0	34.4	78.8%	131.3
4차 조사	26,579	18,822	70.8	31.4	82.9%	158.2

* 통계청 행정자료를 활용하여 조사한 결과

ㅇ (취약계층 고용) 취약계층 비중은 42.3%로 3차 조사(43.3%)에 비해 1.0%p 감소하였으나 취약계층 고용인원은 3,581명 증가하였다.

* 취약계층: 55세 이상 고령자, 경력단절여성, 장애인, 기초생활수급 등

구 분	3차조사(A)	4차조사(B)	증감(B-A, %p, 명)
취약계층 고용비율(A/B, %)	43.3	42.3	△1.0
취약계층 인원(A, 명)	7,662	11,243	3,581
전체 임금근로자(B, 명)	17,707	26,579	8,872

▶ 결론적으로 다른 일반 기존 경제분야에 비하여 사회적경제 특히 협동조합은 꾸준히 취업자 수가 증가하고 있기 때문에 지방정부는 협동조합분야에 규모 있고 지속적인 투자가 필요하다고 사료된다.

3. 협동조합의 재무현황

□ (매출액) 2019년 협동조합의 평균 매출액은 3억 6,764만원으로 2017년 3차 조사(2억 7,272만원)에 비해 9,492만원 증가하였다.
 * 평균 당기순이익은 1,458만원으로 3차 조사(373만원)에 비해 1,085만원 증가
 ㅇ 업력이 길고, 조합원 수가 많은 협동조합이 매출액도 높은 경향을 보이며, 대규모 협동조합이 전체 성장을 견인한다.

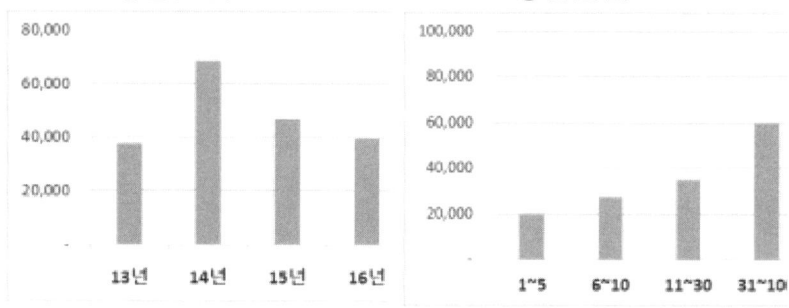

□ (재무상태) 2019년 평균 자산(1.4→2.3억원), 자본(0.5→1.1억원), 부채(0.9→1.2억원)가 2017년 3차 조사에 비해 증가하였다.

ㅇ (출자금) 조합당 평균 5,744만원으로 3차 조사(4,695만원)에 비해 1,049만원 증가

구분	자산	부채	금융기관대출	개인차입금	자본	출자금	법정적립금
조합당 평균(만원)	23,454	12,094	3,898	2,179	11,361	5,744	593

□ (자금조달) 2019년 69.1%의 협동조합이 향후 1~2년 이내 자금 조달이 필요, 조합 임원 차입(48%), 조합원 차입(30.6%)을 통해 조달할 계획이다.

ㅇ (자금용도) 운영자금(52.2%), 시설자금(29.9%), R&D(13.4%) 등
ㅇ (자금규모) 1억 원 미만(61.4%), 1~3억원(24.6%), 3~5억 원

(7.3%), 5억 이상(6.6%)로 3억 원 미만이 대부분을 차지한다.

4. 협동조합의 연대와 지역사회의 기여

□ (연합회) 일반협동조합연합회는 평균 18.9개 조합이, 사회적협동조합 연합회는 평균 13.5개 조합이 가입해 평균 회원은 17.2개이다.

구분	운영중인 연합회 수		평균 회원 수	
	3차 조사	4차 조사	3차 조사	4차 조사
전체	37	35	17.0	17.2
일반협동조합 연합회	33	28	16.9	18.9
사회적협동조합 연합회	4	7	17.8	13.5

□ (연합회·협의회 가입) 협동조합의 39.9%(3차 조사 32.2%)가 연합회, 지역협의회, 사회적경제조직협의회 등에 가입하였다.
ㅇ 미가입 이유는 가입 필요성 못 느낌(56.5%), 정보 부재(27.4%), 대표성 있는 연합회가 없음(13.2%) 순이다.

구분	가입			미가입	
	연합회	지역협의회	사경조직협의회	가입경험	경험없음
전체(%)	39.9	21.1	22.9	22.6	16.5	43.6
일반협동조합(%)	37.4	20.1	21.3	19.6	17.5	45.1
사회적협동조합(%)	50.9	25.9	30.6	36.3	12.3	36.9

□ (연대사업) 협동조합의 29.9%(3차 조사 30.9%)가 사회적경제 조직과 연대사업(원재료 공동구매, 공동판매, 공동브랜드 등) 추진하였다.

□ (지역사회 기여) 협동조합의 지역사회 재투자 활동*은 262억

구분	참여율	연대사업 목적						
		사회적가치 실현	매출 증대	비용 절감	상품 및 서비스	집단 이익 대변	인력 확보	기타
비중(%)	29.9	36.0	29.5	9.9	8.9	7.3	4.6	3.8

원(3차 234.8억 원)으로 추정되며, 조합 당 평균 899만원(3차 881만원)

* 물품기부, 현금기부, 자원봉사, 공간제공 등

○ 설립 4년 이상 조합의 재투자 금액은 평균 1,087만원, 설립 3년 이하 조합은 평균 713만원으로 설립 4년 이상 조합의 재투자 활동이 활발하였다.

협동조합 설립연도	'13	'14	'15	'16	'17	'18
재투자금액(만원)	1,123	1,047	1,088	720	671	757

5. 협동조합의 정부지원사업 참여현황

□ (중간지원기관) 54.2%의 협동조합이 중간지원기관 활용 경험

○ (만족도) 중간지원기관 서비스에 대체로 만족하고 있으며 협동조합 설립상담(3.92점), 기초교육(3.89점)에 대한 만족도가 높음

구분	미경험	경험	협동조합 설립 상담	협동조합 기초 교육	세무·회계 등 컨설팅	지역 네트워크 구축 지원	정부 조달 사업 컨설팅
비중(%)	45.8	54.2	38.5	37.8	32.5	25.6	24.6
만족도(점)*			3.92	3.89	3.76	3.74	3.60

* 5점척도: 매우불만족(1점), 불만족(2점), 보통(3점), 만족(4점), 매우만족(5점)

□ (정부지원정책) 정부와 지자체의 지원정책에 참여한 경험이 있는 협동조합은 48.3%를 차지한다.

○ (만족도) 정부지원 정책에 대체로 만족하고 있으며 인력지원(3.77점), 창업지원(3.76점), 자금지원(3.66점)의 만족도가 높은 편이다.

* 가장 만족스러운 정책으로 선택한 비율(%)
: 창업지원(36.9), 자금지원(27.4), 판로지원(18.3), 인력지원(11.3) 등

○ (중요도) 자금지원(4.27점), 판로지원(4.14점), 세제혜택(4.08점) 順

* 가장 중요한 정책으로 선택한 비율(%)
: 자금지원(33.4), 판로지원(25.2), 창업지원(16.6), 인력지원(13.5) 등

구분	미경험	경험	창업지원	판로·마케팅지원	자금지원	인력지원	기술개발지원	수출지원	세제혜택
참여경험 (%)	51.7	48.3	27.0	21.9	25.0	14.5	7.6	3.7	9.9
만족도 (점)*			3.76	3.65	3.66	3.77	3.58	3.45	3.58
중요도 (점)*			3.90	4.14	4.27	3.97	3.87	3.29	4.08

□ (정책미활용 사유) 정보부족(36.0%), 까다로운 절차(24.4%) 등으로 인해 정부정책 미활용하고 있다.

구분	정보부족	절차가 까다로워	요건미비	지원했으나 탈락	필요성 못 느낌	기타
비중(%)	36.0	24.4	13.3	6.1	16.1	4.2

V. 글을 맺으며

 2019년 협동조합 실태조사결과를 보면 협동조합 수는 2018년 말 신규·인가 기준으로 4,526개의 협동조합이 설립되었으며, 3차 조사 대비 36.8% 증가하였다. 2018년 사업을 운영 중인 협동조합은 7,050개로 2017년 조사대비 38.2% 증가 하였다. 조합원수는 조합 당 67.0명으로 2017년 조사에 61.6명 비하여 5.4명 증가하였다. 고용현황도 총 피고용자 수는 31,335명으로 2017년 조사에 비하여 53.5%가 증가하였다. 또한 평균 피고용자 수는 4.4명으로 2017년 조사(4.0명) 대비 0.4명 증가하였고 평균 임금근로자수는 3.8명으로 2017년 조사(3.5명) 대비 0.3명 증가하였다. 그리고 임금근로자 중 정규직 비율(66.0→70.8%), 월평균 임금(131.3→158.2만원)이 2017년 조사 대비 증가하였다. 임금근로자 중 취약계층 비율은 42.3%로 2017년 조사(43.4%) 대비 1.0%p 감소하였으나, 취약계층 고용인원은 3,581명(7,662→11,243명) 증가하였다.

협동조합 재무현황은 평균 자산(1.4→2.3억), 출자금(47→57백만원), 매출액(2.7→3.7억)이 3차 조사 대비 증가하였다. 그러므로 코로나로 인하여 대부분의 산업에 어려움이 나타나고 있고 특히 소상공인들이 어려움을 겪고 있는 이 시점에서 소상공인 협업화를 통한 소상공인들의 조직화를 통하여 소상공인의 안정을 도모하는 것이 일자리 창출에 기여한다고 사료된다.

<참고문헌>

21세기의 협동조합 레이들로 보고서 (알마 2015년)
협동조합은 어떻게 세상을 바꾸는가? (착한책가게 2017년)
한국협동조합운동 100년사 I (가을의아침 2019년)
협동조합학원론 (청록출판사 2013년)
몬드라곤의 기적 (역사비평사 2012년)
한국사회적경제의 역사 (한울아카데미 2016년)
기획재정부 협동조합 실태조사 (2019년)

- 기획재정부 협동조합 홈페이지
- 한국사회적기업진흥원 홈페이지
- 인천협동조합협의회 홈페이지

장애인 일자리

신병철[38]

Ⅰ. 서론

현재 우리사회는 코로나-19 등의 영향에 따른 사회적 경제활동 위축으로 경기침체가 장기화 되고 있으며 이로 인한 일자리 감소로 실업자 증가가 우려 되고 있는 실정임. 특히 취업취약 계층인 장애인에게 있어 일자리 구직은 더욱 어려운 현실로 이에 장애인 등록현황, 장애인취업동향을 파악하고, 市의 장애인 일자리 추진 내용 등 장애인에 대한 현재 인천시 장애인 일자리 고찰 등을 통해 일자리 지원 및 개선 등 나아갈 방향 등을 모색하고자 함.

Ⅱ. 본론

1. 장애인 등록현황
 (1) 전국 장애인 등록현황[39]
  ○ 전국 2020년 말 기준 등록 장애인은 263만 3,000명(전체 인구 5,183만여 명 대비 5.1%)으로 작년 말 대비 1만 4,000명이 증가되었음.
   - (장애유형별) 15개 장애유형 분석 결과, 지체(45.8%) > 청각(15%) > 시각(9.6%) > 뇌병변(9.5%) 순으로 비율이 높았으며, 가장 낮은 유형은 안면(0.1%) < 심장(0.2%) < 뇌전증(0.3%) 장애 순으로 나타났음.

---

[38] 인천광역시 장애인 복지과장
[39] 2020년 등록장애인 통계 발표(보건복지부)

- (장애정도별) 심한 장애로 등록된 장애인은 98만 5,000명(37.4%), 심하지 않은 장애로 등록된 장애인은 164만 8,000명(62.6%)임.

- (연령별) 60대(60만 2000명, 22.9%), 70대(58만 5000명, 22.2%)에서 등록 장애인 수가 가장 많으며, 전체 인구대비 장애인 등록 비율도 60대 이상 (60대 8.9%, 70대 15.8%, 80대 이상 22%)에서 높게 나타났음.

- (성별) 남성 등록 장애인은 152만 명(57.8%)으로 여성 111만 명(42.2%) 보다 높음.

- (지역별) 경기도 등록 장애인 수가 57만 명(21.6%)으로 가장 많았으며, 세종이 1만 2000명(0.5%)으로 가장 적게 나타났음

<2020년 주요 지표별 전국 등록장애인 현황>

(단위 : 천 명, %)

성별			연령별			장애유형별			장애정도별			시도별		
구분	인원	비율	구분	인원	비율	구분	인원	비율	구분	인원	비율	구분	인원	비율
합계			2,633(100)											
남성	1,521	57.8	0~9세	32	1.2	지체	1,207	45.8	심한 장애	985	37.4	서울	394	15.0
			10~19세	59	2.2	시각	252	9.6				부산	176	6.7
						청각	396	15.0				대구	126	4.8
			20~29세	98	3.7	언어	22	0.8				인천	146	5.5
						지적	217	8.2				광주	70	2.7
			30~39세	122	4.6	뇌병변	250	9.5				대전	73	2.8
			40~49세	243	9.2	자폐성	31	1.2				울산	51	1.9
												세종	12	0.5
			50~59세	452	17.2	정신	104	3.9				경기	570	21.6
						신장	98	3.7				강원	102	3.9
			60~64세	314	11.9	심장	5	0.2				충북	98	3.7
						호흡기	12	0.5				충남	134	5.1
			65~69세	289	11.0	간	14	0.5	심하지 않은 장애	1,648	62.6	전북	132	5.0
여성	1,112	42.2				안면	3	0.1				전남	141	5.4
			70~79세	585	22.2	장루요루	15	0.6				경북	181	6.9
												경남	189	7.2
			80세~	440	16.7	뇌전증	7	0.3				제주	37	1.4

(2) 인천 장애인 등록현황[40]
ㅇ 인천 2020년 말 기준 등록 장애인은 14만 6,321명(전체 인구 2,942,828명 대비 4.9%)으로 작년 말 대비 1,747명이 증가되었음.
- (장애유형별) 15개 장애유형 분석 결과, 지체(46.8%) > 청각(15.9%) > 시각(9.4%) > 뇌병변(9.0%) 순으로 비율이 높았으며, 가장 낮은 유형은 안면(0.1%) < 심장(0.2%) < 뇌전증(0.3%) 장애 순으로 나타났음.
- (장애정도별) 심한 장애로 등록된 장애인은 5만 3,128명(36.3%), 심하지 않은 장애로 등록된 장애인은 9만 3,198명(63.7%)임.
- (연령별) 60대(3만 5,694명, 24.4%), 70대(3만 761명, 21.0%)에서 등록 장애인 수가 가장 많으며, 전체 인구대비 장애인 등록 비율도 60대 이상 (60대 9.7%, 70대 17.3%, 80대 이상 23.2%)에서 높게 나타났음.
- (성별) 남성 등록 장애인은 8만 7,305명(59.7%)으로 여성 5만 9,016명(40.3%) 보다 높음.
- (군·구별) 부평구 등록 장애인 수가 26,884명(18.4%)으로 가장 많았으며, 옹진군이 1,546명(1.1%)으로 가장 적게 나타났음
※ 인천시는 전국 17시 광역, 시·도 중 6번째로 등록 장애인 수가 가 많음

---

[40] 2020년 등록 장애인 현황 자료(인천광역시)

<2020년 주요 지표별 인천 등록장애인 현황>

(단위 : 명, %)

성별			연령별			장애유형별			장애정도별			군구별		
구분	인원	비율	구분	인원	비율	구분	인원	비율	구분	인원	비율	구분	인원	비율
합계						146,321(100)								
남성	87,305	59.7	0~9세	1,875	1.	지체	68,536	46.8	심한 장애	53,128	36.3	중구	6,24	4.3
			10~19세	3,355	2.	시각	13,727	9.4				동구	4,728	3.2
			20~29세	5,485	3.	청각	23,237	15.9				미추홀	22,72	15.5
			30~39세	6,877	4.	언어	1,488	1.0				연수	13,84	9.5
			40~49세	13,778	9.	지적	10,823	7.4				남동	26,48	18.1
			50~59세	27,462	18	뇌병변	13,190	9.0				부평	26,88	18.4
			60~64세	19,271	13	자폐성	1,656	1.1				계양	14,53	9.9
여성	59,016	40.3	65~69세	16,423	11	정신	4,832	3.3	심하지 않은 장애	93,193	63.7	서구	23,44	16.0
			70~79세	30,761	21	신장	5,868	4.0				강화	5,878	4.0
			80세~	21,034	14	심장	258	0.2				옹진	1,54	1.1
						호흡기	627	0.4						
						간	691	0.5						
						안면	146	0.1						
						장루요루	840	0.6						
						뇌전증	402	0.3						

2. 장애인 취업 동향
 (1) 장애인 경제활동상태[41]
  ○ 2020년 5월 15일이 포함된 1주간 우리나라 만 15세 이상

---

41) 2020년 장애인경제활동실태조사(한국장애인고용공단 고용개발원)

등록 장애인은 2,562,873명이며, 경제활동참가율 37.0%, 고용률 34.9%, 실업률 5.9%로 나타남
- 2019년 대비 경제활동참가율은 0.3%p, 실업률은 0.4%p 하락하였고, 고용률은 변동 없음
- 같은 기간 전체 인구는 경제활동참가율은 1.0%, 고용률은 1.3% 하락하였고, 실업률은 0.5% 상승함
○ 전체 인구와의 고용률 격차는 25.3%p로 2019년(26.6%p) 보다 감소함
- 경제활동참가율의 경우 전체 인구와의 격차는 26.0%p로 2019년의 26.7%p 보다 감소
- 실업률 격차는 1.4%p이며, 2019년의 2.3%p보다 감소
○ 같은 기간 우리나라 만 15~64세 등록 장애인은 1,283,445명이며, 이 중 51.2%가 취업, 실업의 형태로 경제활동에 참여하고 있음
- 취업자는 615,973명으로 고용률은 48.0%, 실업자는 40,628명으로 실업률은 6.2%임
○ 2019년 대비 장애인의 경제활동참가율은 2.4%p, 고용률은 2.0%p 하락함
- 장애인의 경제활동참가율과 고용률의 하락폭은 전체 인구에 비해 크게 나타남

(2) 최근 구인·구직 및 취업 동향[42]

2021년도 2/4분기는 전년 동분기 대비 구직자수 및 취업자수는 증가, 구인자수는 감소함. 구인 수[43]는 23,936명으로 전년 동분기 대비 7.2% 감소, 구직자수는 16,314명으로 전년 동분기 대비 9.2% 감소, 취업자 수는 14,400명으로 전년 동분기 대비

---

[42] 한국장애인고용공단. 장애인 구인·구직 및 취업·동향(2021년 2/4분기)
[43] 장애인고용업무시스템과 고용노동부 워크넷이 연계됨에 따라 워크넷 구인등록 사업장 중 장애여부에 관계없이 구인하는 사업장의 정보가 집계에 포함됨. 따라서 장애인만을 대상으로 하는 구인수로 보기에는 한계가 있음

50.6% 크게 증가한 것으로 나타남

<연도별 2/4분기 구인·구직 및 취업자수 현황>

(단위 : 명)

구 분	2021년도 2/4분기	2020년도 2/4분기	2019년도 2/4분기	2018년도 2/4분기
구인수	23,936	25,790	23,354	20,495
구직자수	16,314	14,934	15,571	12,936
취업자수	14,400	9,560	9,433	8,197

(3) 지역별 구인·구직 및 취업 동향[44]

○ 2021년 2/4분기 지역별 구인 수는 서울 6,410명(26.8%), 경기 5,750명(24.0%), 경남 1,246명(95.2%), 경북 1,197명(5.0%), 부산 1,151명(4.8%) 등의 순으로 나타남

 - 전년 동분기 대비 충북(53.2%), 전북(49.8%), 광주(42.5%) 등은 증가 하였으나, 경기(40.3%), 대전(15.8%), 대구(13.4%) 등은 감소를 나타냄

○ 구직자수는 경기 4,041명(24.8%), 서울 2,322명(14.2%), 부산 1,241명(7.6%), 경북 1,129명(6.9%) 등의 순으로 나타남

 - 전년 동분기 대비 경북(66.8%), 울산(42.6%), 충북(29.7%) 등은 증가 하였으나, 대구(3.9%), 대전(1.6%), 세종(1.7%) 등은 감소하였음

○ 구인배수는 세종(3.0), 서울(2.8), 경기(1.4) 등의 순으로 나타남

 - 전년 동분기 대비 전북(0.4), 인천(0.3), 경남(0.3) 등 증가함

---

44) 한국장애인고용공단, 장애인 구인·구직 및 취업·동향(2021년 2/4분기)

〈지역별 구인 및 구직자수 현황〉

(단위 : 명, %, %p)

구 분	구인수			구직자수			구인배수		
	2021년도 2/4분기	2020년도 2/4분기	증감	2021년도 2/4분기	2020년도 2/4분기	증감	2021년도 2/4분기	2020년도 2/4분기	증감
서울	6,410	6,191	3.5	2,322	2,248	3.3	2.8	2.8	0.0
경기	5,750	9,632	-40.3	4,041	3,909	3.4	1.4	2.5	-1.1
인천	1,166	821	42.0	1,003	931	7.7	1.2	0.9	0.3
강원	742	818	-9.3	575	561	2.5	1.3	1.5	-0.2
충북	924	603	53.2	642	495	29.7	1.4	1.2	0.2
대전	638	758	-15.8	502	510	-1.6	1.3	1.5	-0.2
세종	176	189	-6.9	58	59	-1.7	3.0	3.2	-0.2
충남	713	604	18.0	581	534	8.8	1.2	1.1	0.1
전북	987	659	49.8	640	595	7.6	1.5	1.1	0.4
광주	510	358	42.5	563	502	12.2	0.9	0.7	0.2
전남	800	807	-0.9	428	430	-0.5	1.9	1.9	-0.0
대구	758	875	-13.4	762	793	-3.9	1.0	1.1	-0.1
경북	1,197	907	32.0	1,129	677	66.8	1.1	1.3	-0.2
부산	1,151	1,024	12.4	1,241	1,130	9.8	0.9	0.9	0.0
경남	1,246	929	34.1	934	916	2.0	1.3	1.0	0.3
울산	576	415	38.8	582	408	42.6	1.0	1.0	-0.0
제주	192	200	-4.0	212	213	-0.5	0.9	0.9	0.0
미분류	0	0	-	99	23	330.4	0.0	0.0	0.0
계	23,936	25,790	-7.2	16,314	14,934	9.2	1.5	1.7	-0.2

주 1) 구인배수 = 구인수/구직자수
   2) 구분 지역의 구인수는 구인하는 사업장의 소재지 기준이며 구직자수는 구직 장애인의 거주지가 기준임

(4) 市 장애인 고용현황
  ○ 장애인 취업자 수 고용률45)

(단위 : 명)

15세이상 인구	경제활동자		비경제 활동자	고용률(%)	비 고
	취업자	실업자			
141,313	47,195	4,524	89,594	33.4	16개 시도 중 11위

  ○ 장애인 의무고용현황46)

구 분		사업체수 (개소)	상시 근로자수	장애인 근로자 수	고용률(%)
합계		1,264	291,339	9,751	3.35
정부부문	소계	24	48,584	1,520	3.13
	공무원	12	35,275	799	2.27
	비공무원 (근로자)	12	13,309	721	3.13
공공기관	소계	28	15,772	693	4.39
민간기업	소계	1,212	226,983	7,538	3.32

  ※ 상시근로자 50인 이상 공공기관(공기업, 준정부기관, 기타공공기관, 지방공기업) 및 민간기업체 수

3. 市 장애인일자리 추진 내용
(1) 장애인일자리사업(공공일자리)
장애인일자리사업은 장애인복지법 제21조(직업)3), 동법 시행령

---

45) 2020년 장애인경제활동실태조사(한국장애인고용공단 고용개발원)
46) 2019 장애인 의무고용 현황 (한국장애인고용공단)

제13조의 2(장애인일자리사업 실시)4)에 근거함. 재정지원일자리사업의 일환으로 '취업 취약계층인 장애인에게 일자리 제공을 통한 사회참여 확대와 소득보장을 지원하고 장애 유형별 맞춤형 신규 일자리 발굴 및 보급을 통한 장애인 복지 실현과 자립생활 활성화' 시키는데 목적을 둠.

가. 장애인일자리사업 유형[47]

장애인일자리사업(공공일자리)은 장애인에게 적합한 직종을 개발하고 보급하기 위해 다양한 일자리사업을 시도해 왔으며 사업유형은 일반형일자리(전일제/시간제), 복지일자리(참여형/특수교육-복지연계형), 특화형일자리(시각장애인안마사파견사업/발달장애인요양보호사보조일자리) 유형이 있음.

① 일반형일자리(전일제, 시간제)

일반형일자리는 만 18세 이상의 등록 장애인이 사업대상이며, 일반노동 시장으로의 전이를 위해 직업능력을 습득시키고 소득을 보장하는 사업 임.

장애인일자리사업에서 예산 규모가 가장 큰 사업이고 근무 시간에 따라 전일제와 시간제 일반형일자리로 구분되며 전일제 일반형일자리의 경우 2007년 장애인일자리사업이 시작된 이래 지금까지 계속되어 왔으며 시간제는 2017년 처음 도입.

② 복지일자리

복지일자리는 취업이 어려운 장애인에게 장애유형별 다양한 일자리를 개발

·보급하여 직업생활 및 사회참여 확대를 위한 직업경험을 지원하는 일자리로 참여 대상에 따라 참여형과 특수교육-복지연계형으로 구분. 참여형은 만18세 이상의 장애인복지법상 등록장애인을, 특수교육-복지연계 형은 전공과에 재학 중인 학생을 대상으로 함. 복지일자리의 직무는 대부분 업무보조나 단순, 반

---

[47] 2020 장애인일자리사업 종합평가 연구(한국장애인개발원)

복적인 특성을 가짐. 세부 직무는 도서관 사서 보조, 디앤디케어 (D&D Care), 장애인전용 주차구역계도 및 홍보, 환경정리 등이 있음

③ 특화형일자리

특화형일자리는 장애유형에 따라 구분되며 시각장애인안마사 파견사업과 발달장애인 요양보호사보조일자리가 있음. 시각장애인안마사 파견사업은 안마사 자격을 갖춘 미취업 시각장애인이 노인복지관, 경로당 등을 이용하는 어르신에게 안마서비스를 제공하는 일자리이며, 발달장애인 요양보호사 보조일자리는 요양보호사의 전반적인 업무를 보조하는 일자리임.

발달장애인 요양보호사보조일자리의 세부 직무는 식사 도와드리기, 이동
(보행) 도와드리기, 말벗하기, 거주환경 청소하기, 심부름하기, 어르신 문제 상황 모니터링, 부식(간식 등)복용, 도와드리기, 주변 정리하기, 프로그램 및 치료 진행 지원 등이 있음.

나. 장애인일자리사업(공공일자리) 추진 현황

인천시는 올해 장애인일자리사업(공공일자리)으로 13,277백만원을 지원하여 856개('20년 768명대비 88명 11.5% 증)의 일자리를 제공 추진하고 있음.

<사업별 예산>

(단위 : 천원)

사 업 명	군구	인원	사업비				비고
			합계	국비	시비	군구비	
합 계		856	13,276,953	6,946,025	3,267,980	3,062,948	
복지일자리	9	306	1,870,148	935,074	467,537	467,537	
일반형일자리 (전일제)	10	285	7,429,238	3,714,619	1,857,310	1,857,309	
일반형일자리 (시간제)	10	126	1,654,696	827,348	413,674	413,674	
시각장애인 안마사파견	3개 단체	61	1,025,161	820,129	205,032	-	
발달장애인 요양보호사 보조	8	78	1,297,710	648,855	324,427	324,428	

<사업내용>

사 업 명	복지일자리	일반형 일자리		특화형 일자리	
		전일제	시간제	시각장애인 안마사파견	발달장애인 요양보호사 보조
주요직무	도서관 사서도우미, 주차단속 보조, D&D케어 등	행정도우미	행정도우미	노인복지관, 경로당에서 전문 안마서비스 제공	요양보호사의 전반적인 업무보조 (식사지원, 보행보조 등)
근로시간	주 14시간 이내 (월 56시간)	주 40시간 (1일 8시간)	주 20시간 (1일 4시간)	주 25시간 (1일 5시간)	주 25시간 (1일 5시간)
인건비 및 운영비 (1인/월)	인건비 488천원 운영비 21천원	인건비 1,822천원 운영비 198천원	인건비 911천원 운영비 107천원	인건비 1,156천원 운영비 148천원	인건비 1,142천원 운영비 149천원
사업수행	군·구	군·구	군·구	민간위탁	구
대상인원	306명	285명	126명	61명	78명

<군·구별 배정>

(단위 : 명)

군 구	시	중구	동구	미추홀구	연수구	남동구	부평구	계양구	서구	강화	옹진군
계	856	61	61	70	99	88	105	111	80	121	41	19
복지일자리	306		21	24	38	42	43	49	32	41	16	
일반형일자리(전일제)	285		27	17	41	29	39	39	31	34	16	12
일반형일자리(시간제)	126		9	8	16	13	19	16	13	16	9	7
시각장애인안마사파견	61	61										
발달장애인요양보호사보조	78		4	21	4	4	4	7	4	30	-	-

(2) 중증장애인 지역맞춤형 취업지원사업

중증장애인 지역맞춤형 취업지원사업은 장애인고용촉진 및 직업재활법 제15조(취업알선 등)제2항, 동법 시행령 제19조(취업알선의 지원)에 근거하여 고용노동부 공모사업으로 '19년 시범사업을 시작으로 시행 하여 왔음.

가. 추진배경[48]

○ 장애인구 중 비경제활동인구의 비율이 지속 증가하고 있고, 그 중 발달 장애인의 비율이 증가 추세

< 장애인 비경제활동 인구 현황 >

○ 【비경제활동 인구(15~64세)】 ('14)45.6% → ('19)46.4%
○ 【비경제활동인구 연령대별 발달장애인 비중】 15~29세: 65.7%, 30~39세: 48.4%
○ 【주 구직연령대(20~39세) 비경제활동인구 주요 사유】 "단순히 쉬었다"
  발달장애인: 32.1%, 시각 24.6%, 청각 19.1%
  <출처: '19년 장애인경제활동실태조사, 한국장애인고용공단>

○ 비경제활동 또는 실업 상태에 있는 중증장애인의 취업의욕

---

48) '21년도 중증장애인 지역맞춤형 취업지원사업 지침(고용노동부)

을 고취 필요

나. 사업내용

<사업개요>

주요직무	인건비 (1인/월)	근로시간	사업수행	참여인원	사업비	비고
동료상담, 활동지원 자조모임 등	800천원	월 60시간 기준	市 (위탁수행)	동료지원가 10명 참여자 200명	115 국비(기금) 58, 시 57	

  ㅇ 비경제활동 또는 실업 상태에 있는 중증장애인의 취업의욕을 고취 하는데 효과적인 동료상담, 자조모임 등 동료지원 활동을 활용하여,

  - 구직연령대임에도 경제활동을 포기한 발달장애인 등 중증장애인을 구직시장으로 유인.

다. 중증장애인 지역맞춤형 취업지원사업 추진 현황

  ㅇ 인천시는 올해 중증장애인지역맞춤형 취업지원사업으로 2개의 수행기관을 선정 115백만 원을 지원하여 동료지원가 10명을 선발하여 중증장애인 참여자 200명을 취업지원 추진하고 있음.

< 동료지원 활동 유형 >

[동료상담] 동료지원가가 참여자를 같은 장애를 가진 동료로서 참여자를 대상으로 정서적 지지, 취업 정보 제공, 취업의지 제고 등의 상담을 실시하는 활동
[자조모임] 동료지원가는 참여자를 대상으로 자조모임을 조직하고, 구성원 간 의사소통 및 의사결정과정 지원, 모임 기록, 갈등 중재, 관계형성에 대한 어려움을 겪는 구성원 지원 등 수행

유형	세부활동	상세 내용
동료 상담	개별 동료 상담	당사자 간 1대 1 상담을 통해 참여자 정서지지, 정보제공, 지역자원 연계를 함으로써 자기 결정, 자기 책임을 강화하여 취업으로 전이되도록 지원
	집단 동료 상담	10인 이내 집단을 구성하여 상담을 진행, 동료 간 관계형성을 통하여 자존감을 회복하여 취업으로 전이되도록 지원
자조 모임	일상생활 지원	취업전이를 위해 이용자 눈높이에 맞추어 건강관리(약물관리, 개인위생, 체력단련 등), 금전관리, 대중교통 이용하기, 거주 지역 주변 길 익히기 등 지원
	취업관련 기관 탐방	실제 사업체 취업을 위한 준비와 취업서비스 기관(발달장애인 훈련센터 등) 방문, 지역사회 취업 가능 업체 방문하여 작업 관찰하기, 발달장애인 직업안내서(공단 발간) 등을 통해 미리 직업 찾기
	쉬운 자료제작 및 설명자료 제공	자조모임 등에 사용되는 자료에 대하여 발달장애인의 욕구를 반영한 쉬운 자료 제작에 자문, 이용자에게 서비스 이용에 관한 대한 쉬운 설명 제공(문자, 우편발송, 방문설명 등 진행)
	지역사회 활용	지역사회 프로그램, 타 지역 축제, 테마여행 등 여가문화 활동 참여

(3) 장애인 직업재활시설 운영

○ 장애인이 자신의 능력과 적성에 맞는 직업생활을 통하여 인간다운 생활을 할 수 있도록 직업재활시설 제반서비스 제공.
○ 장애인복지법 제58조 제81조에 근거하여 2021년도 현재 근로사업장 3개소, 보호작업장 29개소 총 32개소를 지원 하고 있으며 하반기 보호작업장 2개소 추가 설치 예정임. 주요 사업으

로 보호고용, 직업상담, 직업능력평가, 직업적응훈련, 직업훈련, 취업알선, 취업 후 지도, 장애인생산품 판매 및 확대 등임.

<장애인직업재활 시설 현황>

구 분		보호작업장	근로사업장
시설현황	'20년	·31개소 (종사자 149명, 장애인 782명)	·3개소 (종사자 44명, 장애인 140명)
	'21년	·33개소 (종사자 161명, 장애인 816명) * 신규설치 : 3개소	·3개소 (종사자 44명, 장애인 147명)
지원대상	'20년	·인건비·운영비 30개소, 기능보강비 9개소	·인건비·운영비 3개소, 기능보강비 1개소
	'21년	·인건비·운영비 31개소, 기능보강비 31개소	·인건비·운영비 3개소, 기능보강비 3개소
사업비 (백만원)	'20년	·인건비, 운영비 4,477 (시5, 군·구5) ·기능보강비 2,678 (국5, 시5)	·인건비, 운영비 1,159 (시5, 군·구5) ·기능보강비 2,770 (시5, 군·구5)
	'21	·인건비, 운영비 4,383 (시5, 군·구5) ·기능보강비 1,980 (국5, 시5)	·인건비, 운영비 1,223 (시5, 군·구5) ·기능보강비 364 (국5, 시5)

(4) (가칭)시립 장애인예술단 직업재활시설 설치 추진
  ○ 음악에 대한 관심과 재능을 지닌 장애인의 체계적 음악교육·훈련, 연주활동을 위한「장애인 예술단」을 올 하반기 설치 추진 중으로, 장애인 예술단 신규 설치를 통한 예술분야로의 직업재활시설 영역확대(다양화), 장애인을 위한 문화사업 활성화를 도모.
  ○ 약 14억원(공사비, 장비구입, 운영비)을 지원 장애인 직업재활시설(보호 작업장) 시설 확충 인프라 지원, 장애인 고용 및 자립기반 확대의 기회 제공과 약 20명의 장애인고용 규모로 음

악적 능력개발, 활발한 공연활동을 위한 음악교육 훈련 실시 및 훈련기회 제공에 따른 임금, 훈련수당 지원.
  ○ 기념음악회, 축하공연, 정기연주회는 물론, 소외계층을 위한 다채로운 공연활동으로 지역사회와의 소통을 통한 장애인식 개선, 나눔 문화 확산.

(5) 인천 장애인 종합직업적응훈련센터 건립 추진
  ○ 장애로 인해 취업에 어려움을 겪고 있는 장애인들에게 직업재활서비스 제공을 위한 인천 장애인 종합직업적응훈련센터를 내년 상반기 건립을 예정으로 추진 중에 있음.
  ○ 연수구 장애인복지시설 신축사업 내 약 1,928백만원(국비 361, 시비 1,567)을 들여 660㎡ 규모로 건립 중인 장애인 종합직업적응훈련센터는 직업훈련실, 재활상담실, 집단활동실, 체험실, 직업평가실 등의 주요 시설과 일상생활 훈련, 사회적응 및 직업적응훈련, 취업지도 등의 프로그램을 운영해 장애인들에 대한 취업훈련 및 정보 등을 제공.
〈장애인 종합직업적응훈련센터〉

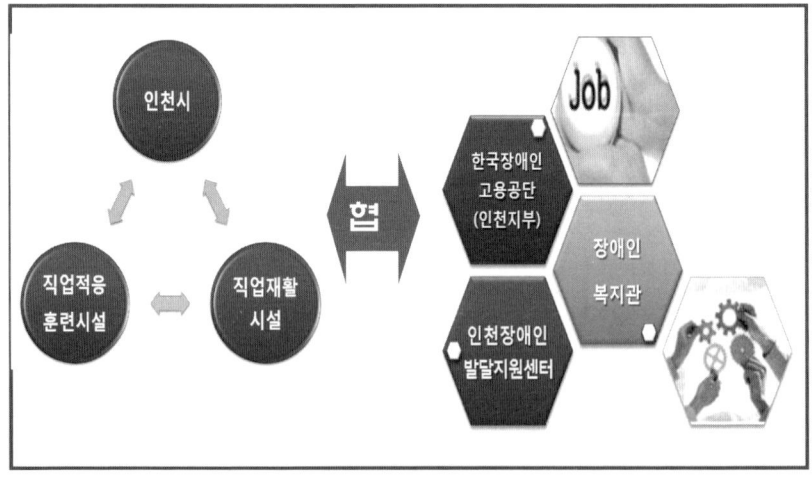

(6) 민간기업 장애인 일자리 연계 추진
○ 취업이 어려운 장애인에게 일시적 공공일자리가 아닌 민간기업 맞춤형 일자리 연계를 추진 중임.
○ 민간기업·장애인단체·市 와의 협력체계로 민간기업의 장애인 구인 및 장애인의 일자리 구직에 대한 상호 정보 제공 및 면담 추진 등으로 장애인에게 민간기업 일자리를 알선하여 2019년 154명 2020년 103명에게 민간기업 일자리를 연계하였음.
○ 한국장애인고용공단과 인천지사 와의 협력을 통해 민간기업 내 장애인 일자리 컨설팅을 지원하고 있음.
○ 민간기업, 장애인단체, 공공기관 등 50명을 민간 장애인 취업지원관으로 2019년 지정하여 사업 각 분야별 인적네트워크를 통한 장애인 일자리 연계와 장애인 근로 및 직무개발을 위한 정책의견 제시 등의 역할을 수행하고 있음.

4. 장애인 일자리 방향
(1) 중증장애인(장애가 심한)을 위한 신규일자리 개발 및 확대[49]
○ 인천광역시 발달장애인 중 20세 이상을 대상(220명)으로 수입을 목적으로 경제활동 참여 여부를 조사한 결과, 33.6%만이 참여한 것으로 나타남.
○ 경제활동에 참여한 자(74명)를 대상으로 직종을 조사한 결과, '단순노무'가 78.4%로 가장 높은 비율을 차지하였으며, '서비스'(12.2%), '장치/기계조작 및 조립'(6.8%) 순으로 나타남. 또한 직종의 고용형태는 '보호고용(재활시설)'이 59.5%로 가장 높았으며, '상용근로'(18.9%), '임시근로(복지일자리 포함)'(18.9%) 순으로 나타남

---

[49] 인천광역시 발달장애인 생활실태 조사연구(2019 카톨릭대학교 산학협력단)

○ 직장을 다니면서 겪었던 주된 애로사항으로는 '적정한 보수와 대우의 부족'(29.7%), '직무수행 어려움'(27.0%), '직장에서 대인관계(동료, 상사)'(12.2%) 순으로 나타났는데 면접조사에서도 저임금에 대한 불만이 높게 표출되었음

○ 성인기 발달장애인의 경우, 취업지원 등을 위한 직업재활 관련 기관이 부족하고 발달장애인 과반수이상이 경제활동에 참여하지 못하고 있는 것으로 나타나고 있으며, 취업을 한 경우에도 일자리는 서비스, 단순노무, 사무보조 등 특정직종에 국한된 저임금시장으로 형성되어 있어 다양한 업종개발이 필요함

○ 이에 발달장애인 등 중증장애인을 위한 지속적으로 일할 수 있는 특화된 일자리 개발이 필요하며, 특히 장애인일자리사업과 연계한 발달장애인 요양보호사 보조, 이동보조기구 세척 등 특화일자리 추가신설 및 확대방안 마련이 필요함

<직종의 고용 형태>

		사례수	보호고용(재활시설) %	상용근로 %	임시근로(복지일자리포함) %	일용근로 %	계 %
전체		(74)	59.5	18.9	18.9	2.7	100.0
성별	남성	(47)	66.0	17.0	14.9	2.1	100.0
	여성	(27)	48.1	22.2	25.9	3.7	100.0
연령별	성인기	(65)	60.0	18.5	20.0	1.5	100.0
	노년기	(9)	55.6	22.2	11.1	11.1	100.0
장애종류	지적장애	(68)	57.4	20.6	19.1	2.9	100.0
	자폐성장애	(6)	83.3	-	16.7	-	100.0
등급	1급	(17)	76.5	17.6	5.9	-	100.0
	2급	(32)	53.1	15.6	25.0	6.3	100.0
	3급	(24)	54.2	25.0	20.8	-	100.0
	신규(1~3급)	(1)	100.0	-	-	-	100.0

<가장 오래 근무했던 직종의 직종>

		사례수	단순노무	서비스	장치/기계 조작 및 조립	사무	판매	계
			%	%	%	%	%	%
전체		(96)	81.3	10.4	5.2	2.1	1.0	100.0
성별	남성	(58)	84.5	10.3	5.2	-	-	100.0
	여성	(38)	76.3	10.5	5.3	5.3	2.6	100.0
연령별	성인기	(83)	79.5	10.8	6.0	2.4	1.2	100.0
	노년기	(13)	92.3	7.7	-	-	-	100.0
장애종류	지적장애	(90)	80.0	11.1	5.6	2.2	1.1	100.0
	자폐성장애	(6)	100.0	-	-	-	-	100.0
등급	1급	(29)	82.8	13.8	3.4	-	-	100.0
	2급	(36)	88.9	5.6	5.6	-	-	100.0
	3급	(30)	70.0	13.3	6.7	6.7	3.3	100.0
	신규(1~3급)	(1)	100.0	-	-	-	-	100.0

(2) 장애인 일자리 지원인프라 강화[50]

  ○ 장애인일자리 지원인프라 강화는 장애인일자리사업의 질적 도약을 위해서는 시급하게 다루어져야 할 사항임. 제안의 핵심은 장애인일자리사업을 지원할 중앙단위 지원조직을 체계화하고, 기초단위에서는 장애인일자리 사업 전문 인력을 제도화하

---

50) 2020 장애인일자리사업 종합평가 연구(한국장애인개발원)

자는 것임.
○ 사회적 취약계층 일자리정책을 최우선 정책과제로 다루고 있는 선진국에서도 고용서비스 등 사회서비스의 성과제고 방안으로 중간 지원조직의 역할에 주목하고 있음. 1970년대 이후 영국을 비롯한 선진국의 지방정부는 재정 위기로 인해 사회서비스 공급을 민영화했고 이에 따라 시민사회 영역에서 이를 지원하는 반관반민 조직들이 다양하게 성장했음.
○ 즉 고용서비스 등 사회서비스의 제공이 중앙정부의 전적 책임에서 중앙 정부 중심으로 지방정부 및 민간의 다양한 관련 기관들과의 파트너십을 형성하여 수행하는 것으로 변화. 이러한 중앙과 지방, 그리고 지방과 민간 사이의 역할 변화는 소위 정책 거버넌스(governance)에 대한 논의를 촉발시키는 배경이 되었음(이인재 외, 2017).
○ 장애인일자리사업의 양적 확대뿐만 아니라 성과 제고 등 질적 도약을 위해서는 중앙차원에서는 장애인일자리 전담기관 조직의 확대를, 기초단위에서는 전담인력의 확보 등 기본 인프라 보강 방안 필요.

(3) 장애인일자리 전담 부서 설치
○ 장애인 취업 확대를 위하여 민간기관이 겪고 있는 현재의 어려움이나 규모의 경제를 살려 지자체 차원에서 할 수 있는 일을 지원함으로써 민간 부분 장애인 인적자원의 적절한 지원 방안 모색 필요.
○ 지자체 내 장애인복지과에 일자리 전담 부서가 필요. 실제 장애인고용의 중요성은 언급하고 있지만 현재는 市 장애인복지과 내 인력 1명이 타 업무와 함께 일자리 업무를 보고 있기 때문에 전문적이고 체계적인 장애인 일자리 추진이 어려운 상황으로 향후 일자리 전담부서 설치로 장애인에 대한 일자리 활성화 도모 필요.

(4) 장애인일자리 통합지원을 위한 장애인일자리통합지원센터 설치

  ○ 장애인 취업확대 및 내실화와 장애인일자리 관련 수행기관 협업 체계 구축 등 장애인일자리 관련 컨트롤타워 역할에 필요한 장애인일자리 통합 지원센터 설치 필요.

  ○ 센터의 설치로 장애인 구인·구직 상담 및 DB 통합 구축, 장애인 직업훈련프로그램 운영 장애인 신규일자리 발굴 등의 역할을 수행 市 장애인 일자리의 중심역할 수행

  ○ 구직자의 입장에서는 취업알선 및 구직상담 기관을 장애인이 한 곳만 방문하여 서비스를 이용할 수 있도록 장애인일자리의 구직희망자에 통합 창구로의 역할 필요

<타시도 운영현황>

(단위 : 백만원)

구분	명칭	운영	예산	개원	조직	비고
서울특별시	장애인일자리 통합지원센터	민간위탁	1,770	2009년	23명 (원장 1, 4팀 22명)	
부산광역시	장애인일자리 통합지원센터	민간위탁	348	2017년	8명 (센터장 1, 4팀 7명)	

Ⅲ. 결론

시는 장애인에 대한 일자리 직종을 개발하고 보급하기 위해 다양한 일자리 사업을 시도해 맞춤형일자리를 제공하는 공공일자리 사업을 추진하여 장애인에 대한 일자리를 지원하고 있음. 또한 중증장애인에 대한 사회참여를 위해 '중증장애인 지역맞춤형 취업지원사업'의 실시와 장애인단체 등과의 협업을 통해 민간기업 일자리를 연계하고 있으며 장애인에 대한 직업재활서비스 제공을 위해 장애인직업재활시설 확충과 '인천 장애인 종합직업적응훈련 센터' 건립 등 다양한 일자리정책을 시행하고 있음.

장애인일자리를 위해 장애유형 및 장애정도에 따른 신규일자리 개발 및 확대가 지속적으로 필요하며 중앙 및 지방자치단체의 재정지원 확대, 市의 장애인 정책 등을 위한 전담부서 및 '장애인일자리 통합지원센터' 설치 등 장애인 일자리 인프라 확충 등이 병행 추진되어야 할 것임.

경력단절일자리
중·고령 경력단절 여성의 재취업 경향(50대를 중심으로)

황현주[51]

I. 들어가면서

저출산•고령화로 인한 생산 연령인구 감소, 노동공급 차질 등은 향후 우리 경제 성장잠재력 약화를 예고하고 있는 가운데 여성노인의 경우 주부로 살아온 생애적 특성으로 생애 후반기에 집약되는 위험 노출로 (예: 고독사 노인빈곤 등) 사회복지의 중요한 정책의 대상이 되고 있다. 여성의 중년기 취업은 경제적으로 노후의 빈곤을 예방할 뿐만 아니라 가정 내의 역할을 사회로 확장하고 독립적인 자아를 실현할 수 있다. (Arber&Ginn,1995;한경혜,노영주,2000)

실질적으로 많은 '중고령 여성들 경우 많은 수가 일을 원하고 노동시장 참여의지 또한 높다.' (정영순,2007). 저출산 고령사회 속에서 국가경쟁력 제고 면에서 여성의 노동력이 갖는 사회적 의미는 크다. 이 보고서는 중고령 경력단절여성의 재취업 경향 관련 자료를 수집. 발췌했습니다.

1) 개념정의

경력단절여성이란 15~54세 기혼 여성 중 현재 취업 상태에 있는 여성으로 결혼, 임신 및 출산, 육아, 자녀 교육(초등학생), 가족 돌봄 때문에 직장을 그만둔 여성을 말한다.(출처:네이버 시사상식사전) 이러한 경력단절 현상은 여성이 가사노동을 담당

---

51) 인천주안노인문화센터 센터장, 사회적기업 다사랑간병서비스 이사

하고 남성이 가정 밖에서 부양을 전담하는 분업형태 였던 가족 시스템에 기인한 것이다. 하지만 여성의 고학력화, 1인가구 증가, 핵가족으로 체제 변화 등 사회가 다변화됨에 따라 전통적인 시스템은 붕괴되고 있으나 여전히 여성들은 결혼, 출산, 육아 등으로 인해 일과 가정 사이에서 고민하거나 갈등하는 상황에 직면하고 있다.(2020. 진보라)

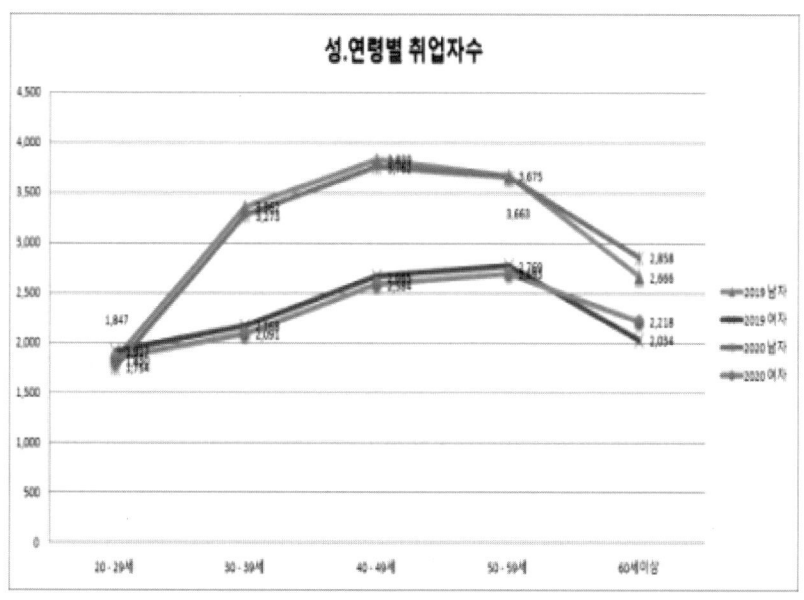

<표-1 2020년 경제활동인구조사, 통계청>
<표-1> 2020년 경제활동인구조사에서 우리나라 성인 취업률 통계를 보면 20대 초반 여성은 남성 취업률보다 높다.(여성 51.3%, 남성48.7%, 2020년 성. 연령별 취업률) 이후 여성은 결혼과 육아 등으로 취업률이 급속하게 떨어져, 전 생애 걸쳐 20대 초반 취업률을 회복하기가 힘든 것으로 보인다. 경제협력개발기구(OECD) 여성 고용지표는 2019년 기준 한국 여성들의 경제활동참가율과 고용률이 각각 60.0%, 57.8%로 집계돼 OECD 37

개국 가운데 하위권인 33위와 31위를 기록하고 있다 (2021 3/18 아시아경제 보도자료) 이러한 현상은 표-2에서도 잘 나타나고 있다.

(단위: 천명, %)

연령	15~54세 기혼여성 (A)	구성비	비취업여성(B)		비율 (B/A)	경력단절여성(C)		비율 (C/A)	비율 (C/B)
			구성비			구성비			
전체	8,578	100.0	3,420	100.0	39.9	1,506	100.0	17.6	44.0
15~29세	354	4.1	185	5.4	52.3	97	6.4	27.3	52.2
30~39세	2,448	28.5	1,101	32.2	45.0	695	46.1	28.4	63.1
40~49세	3,708	43.2	1,393	40.7	37.6	580	38.5	15.6	41.7
50~54세	2,068	24.1	741	21.7	35.8	134	8.9	6.5	18.1

<표-2 2020년 상반기 지역별고용조사(부가항목) 경력단절여성 현황>

20대 이후 결혼 관련한 생애주기에 들어서면서 850여만 명중 비취업 340여만 명, 경력단절 150만 명으로 57%가 비취업여성 또는 경력단절여성으로 분류되어 경제활동을 중단하고 직장을 떠나는 것을 나타나고 있다.

경력단절 비율은 30대(28.4%)가 가장 높고 50대(6.5%)가 가장 낮게 나타나고 있다. 대부분 경력단절여성은 30대 자녀 양육기를 거쳐 4,50대 이후 재취업 할 가능성을 지표로 보여주고 있다. 50대 기혼여성의 경우 비경제활동인구는 30대에 73.4%였으나 42.3%로 약 31.1%가 경제활동인구로 전환되는 등 40대 이후 50대는 어떤 형태로든 경제활동을 이어가는 것으로 나타나고 있다.

2) 중고령 경력단절여성의 재취업 일자리유형
2021년 6월 기준 취업자수를 보면 25-29세 구간에서 70.3%로 가장 높고, 30-39세 구간에서 61.6%로 감소했다. 자녀 양육이 끝난 40대 이후 취업률은 회복하고 있다.

	20-24세	25-29세	30-39세	40-49세	50-59세	60세이상	남	여
전체 고용률	44.8	68.4	75.4	77.7	75.5	44.6	70.6	52.3
여성고용율	49.1	70.3	61.6	64.8	64.7	36.3		

<표-3, 2021년 6월 기준 취업자수 통계청>

10년 이상 경력단절 후 재취업을 원했을 때 단기 계약직, 시간제 일자리와 같은 낮은 일자리를 선택한다(Handy & Davy, 2007)고 한다. 즉 40대 후반, 50대의 취업은 양질의 일자리보다는 단기일자리 또는 시간제 일자리가 될 가능성이 높다는 얘기이다. 인천의 경우 40-50대 취업자 경우 '청소원 및 환경미화원'에서 15만 4천명, '돌봄및보건서비스종사자'에서 5만 3천명 증가하였다는 것은 시사하는 바가 크다고 하겠다.(2021년 연령별경제활동인구)

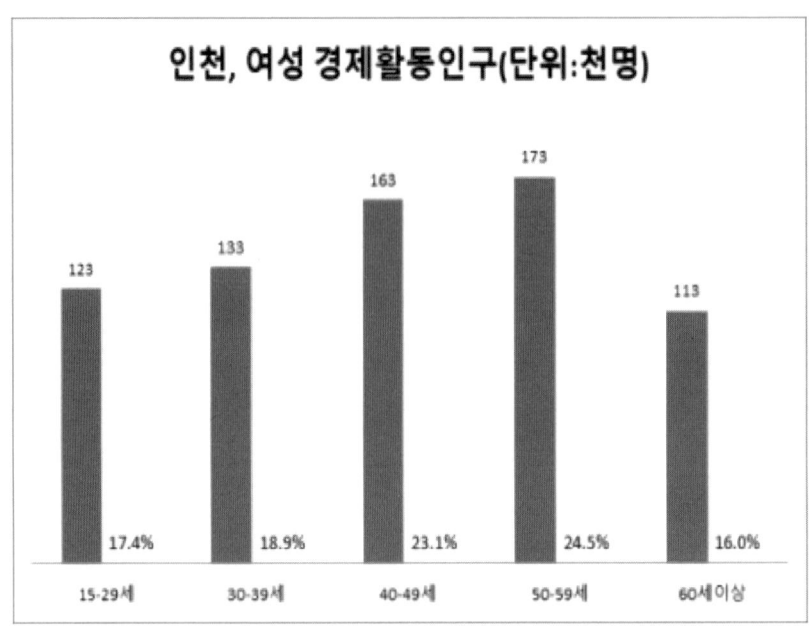

<표-4 2021년 6월 기준, 통계청 >

　미취업중인 중고령자의 경우 희망 직종은 단순노무종사자를 희망하는 비중이 가장 높았고, 다음으로 서비스근로자이며 여성은 서비스근로자, 판매근로자 순으로 나타나고 있고 시간제 근로의 비중은 2006년 28.9%에서 시작하여 2018년에는 37.7% 중고령 경력단절여성의 경우 시간제와 단순노무직을 선호하는 것으로 나타나고 있다.(2018 고령화연구패널 기초분석보고서) 2019년 통계청 자료에 의하면 40대, 50대 이상의 여성의 경우 50%이상 재 취업경로로 지인에게 의존하고 있는 것으로 나타나고 있다.

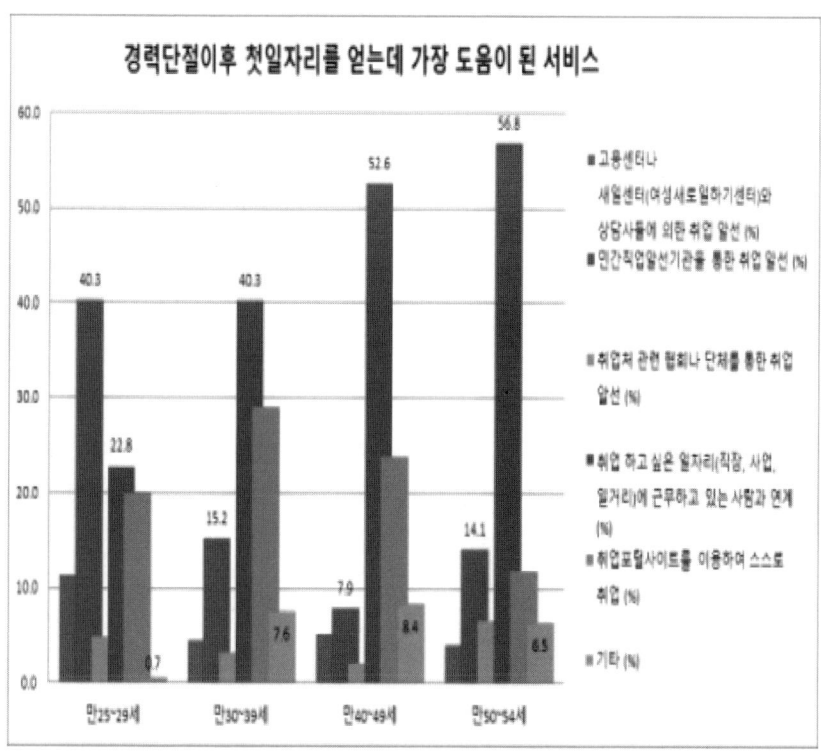

<표-6 2019 통계청자료>

Ⅱ. 본론

1) 중고령 경력단절 여성의 재취업경향 분석

우리나라 고령자의 경제활동참가율이 다른 나라에 비하여 상대적으로 높은 것은 사회보장제도가 미비하여 가족제도를 통해 노년기를 해결하려는 경향이 있었으나 사회적, 문화적으로 변화의 흐름에 따라 고령자(55세~64세)의 경제활동참가율은 OECD평균(63.9%)보다 높은 수준의 취업률을 보이고 있다.

<고령자 경제활동참가율의 국제비교>

('18년 기준, %)

한국	미국	영국	독일	일본	호주	프랑스	스웨덴	OECD평균
68.9	65.0	67.3	73.6	77.0	66.7	56.0	81.7	63.9

<표-8 출처:OECDstats,OECD.org, 재인용>

　대표적인 OECD 국가들에 비해 60대 이상 연령의 경제활동참가율 또한 높다. 이러한 현상은 우리사회의 공적노후보장체계 미비, 성평등 인식변화 및 전자기기 발전과 상관이 있을 것으로 판단된다.
　여성가족부 실태조사(2019)에 의하면 50대 경력단절여성의 경우 17.4%로 직장에 매여 있기보다 가정과 직장을 병행하는 걸 선호하고 있음을 알 수 있다
선호직종을 보면 주로 단순업무, 시간제 일자리를 선호하는 것으로 나타나고 있으며 이러한 비정규직 경험은 사회구조적으로 불리한 기혼여성 특히 중고령 여성의 취업실태를 설명하는데 구조적으로 제한된 노동조건 속에서 단지 일하는 객체로 대상화된다는 한계를 지니고 있다.(서미경,2010)

① 인천지역 경력단절 여성의 취업현황 및 정책

<인천지역 경력단절 여성 규모>

(단위: 천명, %)

시 도	15~54세 기혼여성(A)			비취업여성(B)			경력단절여성(C)		
	'19.4	'20.4	증감률	'19.4	'20.4	증감률	'19.4	'20.4	증감률
전 체	8,844	8,578	-3.0	3,366	3,420	1.6	1,699	1,506	-11.4
인천	520	507	-2.5	193	201	4.4	88	90	2.3

② 경향 분석
- 저출산, 고령화로 인한 돌봄 일자리 수요 증가
워크넷 구인구직 현황 중(2021년 5월 기준) 직종별 구인 현황을 살펴보면, 경영·행정·사무직(27,799명)이 가장 많았고 제조 단순직(24,094명), 청소 및 기타 개인서비스직(21,250명), 돌봄 서비스직(간병·육아)(20,259명) 순이며 취업 현황으로 1순위 경영·행정·사무직(26,969건)으로 가장 많았으며, 2순위 청소 및 기타 개인서비스직(21,531건), 3순위 돌봄 서비스직(간병·육아)(13,392건)로 나타나고 있다. 특히 돌봄서비스 직과 청소 및 기타 개인서비스의 공식적 통계상 2021년 5월 기준 신규구직건수 중 돌봄 서비스직 취업 건[52]수는 전년 동월 대비 30% 이상 증가하고 있다.
(건, %, 전년 동월 대비)

주 : 1) 취업건수는 공공근로가 포함된 수치임
　　 2) 군인 및 분류불능 항목의 값은 제외. 각 항목의 합이 전체 값과 상이할 수 있음

구 분	신규구직건수				취업건수			
	2020년 5월	2021년 5월	증감	증감률	2020년 5월	2021년 5월	증감	증감률
전 체	344,462	389,822	45,360	13.2	109,448	149,119	39,671	36.2
돌봄 서비스직(간병·육아)	18,749	25,163	6,414	34.2	10,232	13,392	3,160	30.9
청소 및 기타 개인서비스직	19,300	21,527	2,227	11.5	19,728	21,531	1,803	9.1

이는 중고령 여성의 취업률과 무관하지 않으며 현재 정부에서 시행하고 있는 저임금의 돌봄 일자리, 사회서비스 일자리 창출 사업 등의 취업률과 관련이 있을 것으로 예상된다. 사적인 영역이었던 부분으로 인식되었던 돌봄사업은 저출산, 고령화로 인한 인구구조의 변화, 여성 경제활동 참여 확대, 가족의 변화 등 인구사회학적 변동에 따라 공적인 영역 즉 사회서비스 형태로 많은 부분 진행되고 있다. 사회서비스업의 주요 분야는 33% 이상이 돌봄서비스업인 것으로 나타나고 있다. (2020,통계청, 지역고용조사) 돌봄일자리는 4,50대 경력단절 여성의 성공적인 재취업 유망 종목으로 인식되고 있다. 다만 국가-시장-가족-공동체의 돌봄 역할이 공공의 영역으로 포장 되고 있으나 분배와 수혜(Daly and Lewis, 2000)등에 있어서는 개인 재산으로의 사유화 되는 등 이중 잣대에 있어서 부정적 사회적 인식에 대한 인식전환 교육이 필요하다.

- '근로자성 및 법적보호' 열외되어 있는 돌봄 플랫폼 노동
 특히 간병의 경우 '노인장기요양보험법'에 의한 요양보호사 등으로 직접고용하거나 '사회적기업육성법'에 따라 간병사업을 하는 기업의 간병인은 근로자의 지위를 가지는 반면 대다수 간병인은 간병인협회나 직업소개소에 등록한 뒤 그들의 알선 또는 소개에 따라 일하는, 근로자의 지위를 가지지 못한다. 또한 돌봄 종사자의 비공식성에 관한 정확한 통계는 없다 (한국노동연구원,2014,가사간병종사자 고용개선방안) 설상가상 디지

털기술 발전은 근로제공 형태나 장소, 근로시간 등이 특정되지 않는 플랫폼 노동이 활성화되면서 더더욱 근로자로서의 지위를 갖기 어려운 법·제도적 사각지대에 놓여 있게 되었다.(한인상, 신동윤, 2019 플랫폼노동의 현황과 과제) 플랫폼노동은 손쉽게 접근할 수 있다는 장점이 있는 반면 근로 불이익의 사각지대로 근로자성을 인정하기 어려울 수 있다.
플랫폼을 통한 돌봄사업의 취업 및 공공성 강화에 대한 인식 교육등 실천방안들을 구체화 정책개발이 필요하다
  - 중고령 여성 일자리로서의 돌봄노동의 가치
  2000년대 중반 이후 아동, 노인, 장애인 돌봄을 위한 서비스 예산의 증가와 사회서비스 일자리가 확대되기 시작했다. 2008년 58만 3천명에서 2019년 110만 1천명으로 지난 10년간 약 2배(51만 8천명) 증가하였다. 이 기간 취업자 346만 4천명 전체 취업자의 14.9 %에 해당된다. 하지만 돌봄서비스 확대가 여성 경제활동 참여의 양적 증가에 기여하였으나 2019년 기준 월 평균 임금은 152.8만원으로 전체취업자(266.5 만원)의 57.3%에 해당된다.(김원정 임연규, 2020.8). 여성이 92.5 %를 차지하는 돌봄 노동은 저임금, 불안정 고용, 높은 이직률, 낮은 사회적 인식 등 나쁜 일자리로 고착화 되고 있다. 이러한 상황은 일자리로서 곧 외면 받게 되고 이는 저출산 고령화시대의 우리사회의 또 하나의 돌봄 위기가 될 것이다.
  여성의 돌봄노동으로의 사회참여는 일자리 창출과 함께 우리 사회 구조적 문제 극복 및 전반의 동력을 확보할 수 있는 잠재력이 큰 분야이다. 또한 적절한 역량강화 교육은 경력단절 여성이 가지고 있는 마인드와 노하우가 사장되지 않는 경력 연속적 기회이기도 하다.

Ⅲ 결론

현재 사회 속에서 경제활동을 중단하고 있는 여성이 50%가 넘는다. 이는 현재는 물론 미래의 사회에 대한 손실이라 생각된다. '(피터슨국제경제연구소(PIEE) 보고서 인용) 고등교육을 받은 한국 여성의 비율은 76%로 OECD 국가 중 가장 높은 반면 무급 가사노동의 85%로 OECD에서 인도, 일본, 터키 다음으로 높은 수준이지만 높은 육아. 가사노동 부담은 고학력 여성에게 결혼의 매력을 떨어뜨린다(출처:베이비뉴스)고 한다. 출산장려를 위한 예산으로 수백조원을 사용하고 있지만 상황은 크게 달라지지 않는 것과 맥락을 같이하고 있는 것으로 보인다. 여성의 경제 활동 중단은 앞에서 본 바와 같이 사회의 구조적 문제일 가능성이 높다. 젊은 세대와 중고령 여성세대가 같이 연계할 수 있는 제도적 장치 확대가 필요하다. 이는 중고령 여성의 일자리 창출과 연결된다.

5,60대 경력단절여성의 경우 돌봄 일자리를 선호하는 것으로 나타나고 있고 플랫폼 시스템이나 지인 등을 통해 취업하고 있는, 통계상 잡히지 않은 일자리가 많을 것으로 예측된다. 간병의 경우 인구사회학적 인식과 문화의 변화에도 불구하고 근로기준법을 적용받지 못하는 특수고용직으로 분류되고 있다. 간병을 원하는 중년여성은 통계에 잡히지 않는 직업소개소를 통해 일자리를 연결 받고 (2009년 간병인의 근로자성을 인정하지 않은 대법원판결)취약한 근로 조건 속에 놓이는 악순환들이 연출되고 있다.

우리나라는 2025년 초고령화 사회를 예상하고 있다. 고령자를 위한 방안들이 다각도로 이루어져야 하며 그 핵심은 돌봄이 될 것으로 보인다.

이전 세대에 비해 20년 이상 길어진 노년기를 감안하면 경력단절여성의 재취업은 선택사항이라기 보다 삶의 질을 높이기 위한 필수 과업이 되었다. 돌봄은 중고령 경력단절여성에겐 재취업의 창구가 될 것으로 생각된다.

<참고문헌>

김지경 (2002). 기혼여성의출산후경력단절 및 노동시장복귀에 관한분석 김수현이정아정주연(2013). 여성중고령노동자와 저임금 노동시장의 상호구성:성차별과 연령차별의 중첩 및 일자리 분리에 대한 고찰
이우권(2019). 경력단절 여성의 실태와 발전방안연구
장지연(2000). 『중고령자 노동시장의 특성과 고용지원정책, 서울: 한국노동 연구원.
정영순(2007).비취업 여성의 고용상태 변화와 결정요인에 관한 연구 : 생애주기별 분석
김난주 전기택 이선행 심혜빈 심지현(2020).새일여성 인턴사업의 효과성 분석 및 개선방안
서미경(2010). 중고령여성의 취업경험에 대한 현상학적 연구
통계청, 2020년8월경제활동인구조사비임금근로및비경제활동인구부가조사결과
통계청,2020년 상반기 지역별고용조사(부가항목) 경력단절여성현황
한국노동연구원(2000) 중고령노동시장 특성과 고용지원정책
한국노동연구원(2014) 가사간병종사자 고용개선방안
노대명(2020)한국사회적경제의 진단과 과제
오은진.노대명(2009) 일자리창출을 위한정책과제Ⅲ:일자리제도화
한인상,신동윤(2019) 플랫폼노동의 주요현황과 향후과제
오은진(2019)디지털노동규모와 가사돌봄서비스 실태
헬스경향(http://www.k-health.com) 2021.6.24.
경제사회노동위원회, 2021.5, 사회적돌봄 의제 개발을 위한 연

구
2021.6 출처: 베이비뉴스 (피터슨국제경제연구소(PIEE) 보고서 재인용)

청년 일자리

청년의 실업, 청년의 일자리

양재덕[53]

I. 서론

1. 연구의 필요성

청년의 일자리는 국가의 장래가 걸린 문제이다.
청년들이 전망 좋은 일자리에 모두 취업이 되어 산업의 역군으로서 열심히 일한다면 국가의 장래는 유망할 수 있다.
그러나 청년의 상당수가 일자리를 구하지 못하고 실업자가 되이 방황하고 있디면 청년 자신의 삶이 어두울 뿐 아니라 국가의 장래도 어두울 수밖에 없다.
2020년 12월 한국 청년(15세~29세)의 취업자 수는 3,651,000명으로 고용률이 41.3%이다.
이는 전년 동기대비 301,000명이 감소한 수치이고 고용률은 2.5%가 줄어든 수치이다. 이는 한국의 전취업자 고용률 59.1%보다 17.8%가 낮은 수치이다.
2020년 12월 청년들의 실업률은 8.1%로 전국인 실업률인 4.1%보다 배나 된다. 그러나 실업률 8.1%는 정부 통계청의 발표일 뿐이고 실제 제대로 된 일자리를 구하고(원하고)있는 자, 구직을 포기한 실망 실업자를 포함한 확장 실업률(체감실업률)은

---

53) (사)실업극복인천본부 이사장, (사)전국실업단체연대 이사장, 국민기본일자리포럼 회장, 전 한국노동연구소 소장, 전 한국노동교원위 교수, 역서 : 「7개국 노동운동」, 저서 : 「민족분단과 통일문제」

26.3%로 청년 4명중 1명은 사실상 실직상태이다.
한국 청년고용률은 OECD 선진국 중 최저이고 실업률 또한 계속 높아지고 있다. 청년 실업문제가 사실상 한국 노동시장에서 고질병이 되어가는 추세이다.
이러한 청년들의 실업현상에 대하여 그 근본원인은 무엇인지 그리고 이러한 문제를 해결할 수 있는 대안은 있는 것인지를 알아보는 것이 이 연구의 필요성이고 목표이다.

2. 연구방법

연구방법은 청년실업, 청년일자리에 대해 전문가들의 연구 논문을 참고하여 정리한 후 통계청의 기본통계자료와 한국노동연구원, 한국고용정보원, 그리고 지방정부의 발표된 기본통계자료를 분석하는 것이다.

단원 「Ⅱ. 청년취업자」에서는 통계청 자료의 인구통계와 청년취업자에 대하여 분석하고,

단원 「Ⅲ. 청년 실업자」에서는 청년 실업, 확장실업률을 정리하여 청년 실업의 심각성을 정리 한 후, 단원 「Ⅳ」에서 청년 노동시장의 불균형의 구조적 원인을 규명하고,

결론에서는 정부의 청년고용정책을 평가한 후 몇 가지 정책제안을 할 것이다.

Ⅱ. 청년 취업자

Ⅱ-1 청년의 인구수

청년의 절대 인구수는 감소하는 추세이다.
2000년에 11,236천명이었지만 2019년에는 9,060천명으로서 19년 만에 2,176천명이 줄어들었다.

<표 1> 경제활동 인구 추이

(단위 : 천 명, %)

	15세 이상 인구	경제활동 인구	취업자	실업자	경제활동 참가율	고용률	실업률
(청년층 15~29세)							
2000	11,236	5,310	4,881	429	47.3	43.4	8.1
2001	10,965	5,241	4,829	412	47.8	44.0	7.9
2002	10,675	5,182	4,822	361	48.5	45.2	7.0
2003	10,412	5,047	4,644	403	48.5	44.6	8.0
2004	10,162	5,023	4,610	413	49.4	45.4	8.2
2005	9,960	4,874	4,485	389	48.9	45.0	8.0
2006	9,895	4,703	4,331	372	47.5	43.8	7.9
2007	9,879	4,598	4,266	332	46.5	43.2	7.2
2008	9,868	4,456	4,138	318	45.2	41.9	7.1
2009	9,829	4,340	3,992	348	44.2	40.6	8.0
2010	9,735	4,269	3,930	339	43.9	40.4	7.9
2011	9,660	4,229	3,907	322	43.8	40.4	7.6
2012	9,531	4,150	3,837	312	43.5	40.3	7.5
2013	9,439	4,053	3,728	324	42.9	39.5	8.0
2014	9,395	4,179	3,802	377	44.5	40.5	9.0
2015	9,380	4,253	3,864	389	45.3	41.2	9.1
2016	9,363	4,334	3,907	426	46.3	41.7	9.8
2017	9,282	4,333	3,907	426	46.7	42.1	9.8
2018	9,149	4,312	3,904	408	47.1	42.7	9.5
2019	9,060	4,331	3,945	386	47.8	43.5	8.9

<자료: 통계청 「경제활동 인구조사」 원 자료 각 연도 2020 청년층고용노동통계 p4>

Ⅱ-2 경제활동인구
청년의 경제활동인구는 2000년 이후 2020년까지 계속 줄어드는 추세이다. 2000년은 5,310천명이 2020년에는 3,974천명 약 140만 명이 감소했다.

Ⅱ-3 청년 취업자
2000년 4,881천명이 2020년 3,651천명으로 120만명이 감소하였다.

Ⅱ-4 청년의 고용률 추이
청년의 고용률은 41.3%로서 전 국민 고용률
59.1%에 비해 18%가량 떨어진다.

〈표 2〉 고용률 추이

< 고용률 추이 >

	'20. 2월	'20. 11월	12월	'21. 1월	2월
고용률(%)	60.0	60.7	59.1	57.4	58.6
·15~64세(OECD비교기준)	66.3	66.3	65.3	64.3	64.8
·15~29세(청년층)	42.9	42.4	41.3	41.1	42.0
취업자(만명, 전년동월대비증감)	49.2	-27.3	-62.8	-98.2	-47.3
·15~64세(OECD비교기준)	10.7	-50.8	-77.3	-95.5	-63.2
·15~29세(청년층)	-4.9	-24.3	-30.1	-31.4	-14.2
인 구(만명, 전년동월대비증감)	31.6	25.9	25.5	30.3	28.9
·15~64세(OECD비교기준)	-8.6	-18.5	-18.7	-13.7	-14.8
·15~29세(청년층)	-11.5	-16.9	-17.2	-13.2	-14.2

〈자료: 〈자료 : 2020년 12월 고용동향 p.1 통계청〉

Ⅱ-5 청년의 고용형태별 취업자 수
청년정규직은 2,236천명(59.6%) 비정규직은 1,513천명(40.4%)이다.

Ⅱ-6 종사상 지위
청년의 비임금 근로자는 173만 임금근로자는 371만 명, 이중 상용근로자 2,356천
(63.4%), 임시근로자 1,110만(29.9%) 일용근로자 25만(6.7%)이다.

<표 3> 종사상 지위별 취업자 수 및 비중 추이

(단위: 천 명, %)

	비임금근로자			임금근로자			
		자영업자	무급가족 종사자		상용 근로자	임시 근로자	일용 근로자
				〈청년층 15~29세〉			
1990	742(100.0)	394(53.1)	348(46.9)	4,280(100.0)	2,392(55.9)	1,560(36.4)	328(7.7)
1991	797(100.0)	434(54.5)	363(45.5)	4,699(100.0)	2,710(57.7)	1,646(35.0)	342(7.3)
1992	770(100.0)	442(57.3)	329(42.7)	4,651(100.0)	2,748(59.1)	1,601(34.4)	301(6.5)
1993	746(100.0)	418(56.0)	329(44.0)	4,533(100.0)	2,739(60.4)	1,507(33.2)	287(6.3)
1994	674(100.0)	387(57.4)	287(42.6)	4,675(100.0)	2,758(59.0)	1,619(34.6)	299(6.4)
1995	699(100.0)	442(63.2)	258(36.8)	4,743(100.0)	2,830(59.7)	1,618(34.1)	295(6.2)
1996	670(100.0)	429(64.1)	241(35.9)	4,750(100.0)	2,771(58.3)	1,681(35.4)	298(6.3)
1997	674(100.0)	451(66.9)	223(33.1)	4,675(100.0)	2,609(55.8)	1,732(37.0)	334(7.1)
1998	667(100.0)	407(61.0)	260(39.0)	4,066(100.0)	2,111(51.9)	1,602(39.4)	353(8.7)
1999	627(100.0)	385(61.3)	242(38.7)	4,064(100.0)	1,846(45.4)	1,713(42.1)	505(12.4)
2000	597(100.0)	364(61.0)	233(39.0)	4,284(100.0)	1,956(45.7)	1,798(42.0)	530(12.4)
2001	557(100.0)	343(61.7)	213(38.3)	4,272(100.0)	2,054(48.1)	1,755(41.1)	463(10.8)
2002	517(100.0)	341(65.9)	177(34.1)	4,304(100.0)	2,047(47.6)	1,750(40.7)	507(11.8)
2003	490(100.0)	329(67.2)	161(32.8)	4,154(100.0)	2,094(50.4)	1,641(39.5)	419(10.1)
2004	418(100.0)	273(65.4)	145(34.6)	4,192(100.0)	2,126(50.7)	1,641(39.2)	425(10.1)
2005	383(100.0)	249(64.9)	135(35.1)	4,102(100.0)	2,118(51.6)	1,546(37.7)	438(10.7)
2006	355(100.0)	232(65.4)	123(34.6)	3,976(100.0)	2,098(52.8)	1,485(37.3)	394(9.9)
2007	328(100.0)	224(68.3)	104(31.7)	3,939(100.0)	2,197(55.8)	1,351(34.3)	391(9.9)
2008	332(100.0)	241(72.7)	91(27.3)	3,806(100.0)	2,171(57.0)	1,266(33.3)	369(9.7)
2009	306(100.0)	214(69.8)	92(30.2)	3,685(100.0)	2,093(56.8)	1,257(34.1)	335(9.1)
2010	286(100.0)	198(69.1)	89(30.9)	3,644(100.0)	2,121(58.2)	1,208(33.1)	315(8.7)
2011	281(100.0)	193(68.9)	87(31.1)	3,626(100.0)	2,140(59.0)	1,182(32.6)	304(8.4)
2012	270(100.0)	188(69.4)	83(30.6)	3,567(100.0)	2,110(59.1)	1,165(32.7)	292(8.2)
2013	254(100.0)	167(65.7)	87(34.3)	3,475(100.0)	2,090(60.1)	1,096(31.5)	289(8.3)
2014	257(100.0)	170(66.0)	87(34.0)	3,544(100.0)	2,140(60.4)	1,134(32.0)	271(7.6)
2015	246(100.0)	160(65.1)	86(34.9)	3,618(100.0)	2,198(60.7)	1,170(32.3)	251(6.9)
2016	239(100.0)	163(68.4)	76(31.6)	3,668(100.0)	2,273(62.0)	1,178(32.1)	218(5.9)
2017	225(100.0)	158(70.2)	67(29.8)	3,681(100.0)	2,300(62.5)	1,146(31.1)	235(6.4)
2018	219(100.0)	162(74.0)	57(26.0)	3,686(100.0)	2,331(63.2)	1,121(30.4)	234(6.3)
2019	230(100.0)	173(75.2)	57(24.6)	3,716(100.0)	2,356(63.4)	1,110(29.9)	250(6.7)

〈자료: 2020 청년층 고용노동통계 p14, 한국노동연구원〉

Ⅱ-7 청년 자영업자

청년자영업자는 23만 명인데 이중 자영업173천(75.4%) 무급가족 종사자가 57천명(24.6%)이다.

Ⅱ-8 청년 고용형태별 산업분포

 청년의 고용은 산업별로 볼 때 주로 제조업(14.3%), 도소매(14.2%), 보건사회복지
(11%), 숙박음식(15.5), 교육(8.3%)등에 63.3%가 집중되어 있다.

<표 4> 고용형태별 청년층(15~29세) 근로자의 산업 분포

(단위: %)

	임금근로자	정규직	비정규직	한시적	기간제	반복갱신	기대불가	비전형	파견	용역	특수형태근로	가정내근로	일일근로	시간제
농어업	0.5	0.4	0.6	0.9	1.0	1.1	0.0	0.8	0.0	0.0	0.0	0.0	2.2	0.0
광업	0.0	0.0	0.0	0.0	0.0	0.0	0.0	0.0	0.0	0.0	0.0	0.0	0.0	0.0
제조업	14.3	18.6	8.0	12.0	12.3	16.5	1.9	0.4	3.5	0.0	0.0	0.0	0.0	2.5
전기 등	0.3	0.5	0.1	0.2	0.2	0.0	0.0	0.0	0.0	0.0	0.0	0.0	0.0	0.1
하수 등	0.2	0.3	0.0	0.0	0.0	0.0	0.0	0.0	0.0	0.0	0.0	0.0	0.0	0.0
건설업	4.0	4.3	3.7	3.2	2.9	4.6	4.0	12.3	0.0	0.7	0.0	0.0	32.9	0.8
도소매	14.2	14.4	13.8	11.3	9.9	14.4	19.1	17.3	20.3	0.0	27.3	56.9	13.8	15.6
운수	2.8	3.0	2.4	2.3	2.4	1.3	2.7	9.3	0.0	9.9	13.7	0.0	10.8	1.2
숙박음식	15.5	8.7	25.5	17.2	15.3	15.7	37.6	6.1	0.0	0.0	0.0	14.2	15.1	42.3
출판 등	5.0	6.6	2.8	3.3	3.4	5.4	0.0	1.3	6.8	0.0	0.0	14.1	1.6	1.6
금융보험	2.8	3.5	1.9	2.1	2.5	1.5	0.0	5.6	0.0	0.0	20.0	0.0	0.0	0.2
부동산임대	0.8	1.0	0.4	0.4	0.4	0.7	0.0	1.7	0.0	1.9	1.0	0.0	2.7	0.0
전문과학	5.9	7.1	4.1	5.1	6.1	2.7	0.0	2.0	8.8	0.0	2.7	6.6	0.0	1.8
사업서비스	4.3	2.6	6.9	8.1	8.9	6.4	2.9	28.2	33.4	87.6	1.0	8.3	14.4	3.2
공공행정	2.8	3.4	2.0	3.2	4.1	0.0	0.0	0.0	0.0	0.0	0.0	0.0	0.0	0.3
교육	8.3	5.0	13.2	14.5	15.0	11.7	14.5	3.9	0.0	0.0	14.2	0.0	0.0	15.7
보건사회복지	11.0	14.6	5.8	8.6	9.2	10.0	0.0	1.8	10.4	0.0	1.0	0.0	1.0	3.7

<자료: 2020청년층 고용노동통계 p28 한국노동연구원>

Ⅱ-9 청년 취업의 사업체 규모

청년취업의 대부분은 30인 미만업체에 속한다.
비정규직 청년들의 60~90%는 30인 미만의 업체이고 정규직은 55.2%가 30인 미만 업체이다.

<표 5> 고용형태별 청년층(15~29세) 근로자의 사업체규모별 분포

<표 Ⅱ-7> 고용형태별 청년층(15~29세) 근로자의 사업체규모별 분포

(단위: %)

	1~4인	5~9인	10~29인	30~99인	100~299인	300인 이상	전체
임금근로자	21.0	20.8	21.2	16.6	9.2	11.2	100.0
정규직	14.2	19.0	22.0	20.0	11.0	13.8	100.0
비정규직	31.1	23.5	19.9	11.7	6.6	7.4	100.0
한시적근로자	19.4	20.8	23.4	15.5	9.2	11.7	100.0
기간제근로자	17.1	19.1	23.4	17.1	9.3	13.9	100.0
반복갱신	13.4	30.3	24.1	13.7	13.1	5.4	100.0
기대불가	51.1	21.5	21.5	2.9	2.1	0.8	100.0
비전형근로자	28.1	22.6	25.1	16.6	6.6	1.1	100.0
파견근로자	16.8	25.0	18.0	22.7	14.8	2.7	100.0
용역근로자	24.7	6.1	40.0	22.7	6.6	0.0	100.0
특수형태근로자	18.6	16.7	28.4	25.7	10.6	0.0	100.0
가정내근로자	67.1	22.9	10.1	0.0	0.0	0.0	100.0
일일근로자	37.1	36.9	15.0	5.3	3.5	2.1	100.0
시간제근로자	48.7	27.9	14.6	5.4	2.2	1.1	100.0

주: 각 근로형태별 근로자 중 해당 사업체 규모에 속하는 근로자가 차지하는 비중임.
자료: 통계청, 「경제활동인구조사 근로형태별 부가조사」, 2019년 8월.

<자료: 2020청년층고용노동통계 p31 한국노동연구원>

Ⅱ-10 청년취업자의 근속 기간

청년취업자의 371만 명(2019년) 중 50%인 186만 명은 1년 미만 근속이고 1년 이상 2년 미만은 21.1%인 78만 5천명으로서 전체의 71.1%가 근속년수가 2년 미만이다.

<표 6> 청년층(15~29세) 임금근로자의 평균 근속기간별 근로자 수 및 비중

(단위 : 천 명, %)

	임금근로자	1년 미만	1년 이상~2년 미만	2년 이상~3년 미만	3년 이상
	(청년층 15~29세)				
2003	4,154(100.0)	2,150(51.7)	771(18.6)	414(10.0)	820(19.7)
2004	4,192(100.0)	2,168(51.7)	842(20.1)	430(10.2)	752(17.9)
2005	4,102(100.0)	2,084(50.8)	802(19.5)	472(11.5)	743(18.1)
2006	3,976(100.0)	2,035(51.2)	771(19.4)	447(11.2)	723(18.2)
2007	3,939(100.0)	1,983(50.4)	802(20.4)	430(10.9)	723(18.4)
2008	3,806(100.0)	1,880(49.4)	757(19.9)	437(11.5)	733(19.3)
2009	3,685(100.0)	1,858(50.4)	713(19.3)	409(11.1)	706(19.1)
2010	3,644(100.0)	1,879(51.6)	684(18.8)	404(11.1)	677(18.6)
2011	3,626(100.0)	1,883(51.9)	690(19.0)	370(10.2)	683(18.8)
2012	3,567(100.0)	1,851(51.9)	687(19.3)	388(10.9)	641(18.0)
2013	3,475(100.0)	1,802(51.9)	722(20.8)	351(10.1)	599(17.3)
2014	3,544(100.0)	1,825(51.5)	740(20.9)	397(11.2)	582(16.4)
2015	3,618(100.0)	1,860(51.4)	761(21.0)	405(11.2)	592(16.4)
2016	3,668(100.0)	1,865(50.8)	788(21.5)	410(11.2)	606(16.5)
2017	3,681(100.0)	1,845(50.1)	774(21.0)	450(12.2)	612(16.6)
2018	3,686(100.0)	1,819(49.3)	791(21.5)	428(11.6)	648(17.6)
2019	3,716(100.0)	1,860(50.0)	785(21.1)	447(12.0)	624(16.8)

<자료: 2020청년층고용노동통계 P37 한국노동연구원>

Ⅲ. 청년 실업자

Ⅲ-1 청년의 실업자
청년실업자는 2000년 429,000명에서 2020년에서는 322,000명 줄었는데 이것은 취업자 수가 늘어난 것이 아니라 청년인구의 절대량이 준 것이다.
실제 전체 실직자 1,135,000명 중 322,000명 약 1/4 그러니까 한국 전체실업자 4명중 1명은 청년실직자이다.

Ⅲ-2 청년의 실업비율
청년의 실업률은 9%대인데 이는 전체 인구 실업률인 2020년 기준 4%의 두 배가 넘는 수치이다.

Ⅲ-3 청년의 확장 실업률
전국민 전체 확장실업률은 14.6%이나 청년의 확장실업률은 26.0%이다.
확장실업률은 제대로 된 취업을 원하는 임시 알바생과 잠재경제 활동인구 즉 구직을 포기한 잠재 취업가능자, 잠재구직자를 더한 수치로서 통계청의 실업률 보조지표이다.

Ⅲ-4 청년의 비경제 활동인구
청년의 비경제 활동인구는 2018년도 313,000명 2019년 360,000명 2020년은 448,000으로 매년 증가하고 있다.

Ⅲ-5 청년의 비경제활동 사유
청년 중 취업자도 실업자도 아닌 자 즉 일할능력이 있어도 일할의사가 없거나(적극적인 구직활동을 안하는 경우-), 일할 능력이 없는 자, 가정주부, 학생, 불구자 등의 청년을 비경제 활동자라 한다. 비경제활동청년은 463만 명이다.

<표 7> 비경제활동인구 활동 사유

(단위: 천 명, %)

		육아	가사	통학	연로 및 심신장애	취업 및 진학 준비	그냥 쉼	기타
		(청년층 15~29세)						
전체	2006	344 (6.6)	170 (3.3)	3,893 (75.0)	39 (0.7)	357 (6.9)	267 (5.1)	115 (2.2)
	2007	335 (6.3)	165 (3.1)	4,015 (76.0)	34 (0.6)	379 (7.2)	250 (4.7)	98 (1.8)
	2008	329 (6.1)	150 (2.8)	4,150 (76.7)	43 (0.8)	399 (7.4)	251 (4.6)	86 (1.6)
	2009	326 (5.9)	145 (2.6)	4,191 (76.3)	42 (0.8)	401 (7.3)	295 (5.4)	84 (1.5)
	2010	288 (5.3)	147 (2.7)	4,190 (76.7)	34 (0.6)	434 (7.9)	274 (5.0)	91 (1.7)
	2011	278 (5.1)	124 (2.3)	4,173 (76.8)	32 (0.6)	420 (7.7)	314 (5.8)	84 (1.5)
	2012	243 (4.5)	120 (2.2)	4,174 (77.6)	37 (0.7)	406 (7.6)	316 (5.9)	81 (1.5)
	2013	230 (4.3)	97 (1.8)	4,218 (78.3)	45 (0.8)	401 (7.4)	312 (5.8)	79 (1.5)
	2014	207 (4.0)	96 (1.8)	4,125 (79.1)	40 (0.8)	378 (7.2)	275 (5.3)	88 (1.7)
	2015	213 (4.2)	91 (1.8)	3,974 (77.5)	35 (0.7)	394 (7.7)	307 (6.0)	113 (2.2)
	2016	182 (3.6)	91 (1.8)	3,918 (77.9)	40 (0.8)	437 (8.7)	269 (5.3)	92 (1.8)
	2017	165 (3.3)	79 (1.6)	3,828 (77.3)	46 (0.9)	437 (8.8)	299 (6.0)	96 (1.9)
	2018	139 (2.9)	71 (1.5)	3,730 (77.1)	43 (0.9)	444 (9.2)	313 (6.5)	97 (2.0)
	2019	133 (2.8)	70 (1.5)	3,588 (75.9)	41 (0.9)	442 (9.3)	360 (7.6)	95 (2.0)

<자료: 2020청년층 고용노동통계>

Ⅳ 청년 노동시장의 구조적 문제점

Ⅳ-1 일자리의 구조(피라미드형 이중구조)
 한국사회의 일자리는 중소기업인 300인 이하의 일자리가 2020년도 5월 기준
24,408,000개이고 300인 이상 대기업의 일자리는 280만개이다.
즉, 일자리 중 90%는 300인 이하의 중소기업이고 10%가 300인 이상의 대기업이다.

<표 8> 고용형태별 청년층(15~29세) 근로자의 사업체규모별 분포

〈표 II-7〉 고용형태별 청년층(15~29세) 근로자의 사업체규모별 분포

(단위: %)

	1~4인	5~9인	10~29인	30~99인	100~299인	300인 이상	전체
임금근로자	21.0	20.8	21.2	16.6	9.2	11.2	100.0
정규직	14.2	19.0	22.0	20.0	11.0	13.8	100.0
비정규직	31.1	23.5	19.9	11.7	6.6	7.4	100.0
한시적근로자	19.4	20.8	23.4	15.5	9.2	11.7	100.0
기간제근로자	17.1	19.1	23.4	17.1	9.3	13.9	100.0
반복갱신	13.4	30.3	24.1	13.7	13.1	5.4	100.0
기대불가	51.1	21.5	21.5	2.9	2.1	0.8	100.0
비전형근로자	28.1	22.6	25.1	16.6	6.6	1.1	100.0
파견근로자	16.8	25.0	18.0	22.7	14.8	2.7	100.0
용역근로자	24.7	6.1	40.0	22.7	6.6	0.0	100.0
특수형태근로자	18.6	16.7	28.4	25.7	10.6	0.0	100.0
가정내근로자	67.1	22.9	10.1	0.0	0.0	0.0	100.0
일일근로자	37.1	36.9	15.0	5.3	3.5	2.1	100.0
시간제근로자	48.7	27.9	14.6	5.4	2.2	1.1	100.0

주: 각 근로형태별 근로자 중 해당 사업체 규모에 속하는 근로자가 차지하는 비중임.
자료: 통계청, 「경제활동인구조사 근로형태별 부가조사」, 2019년 8월.

〈자료: 통계청 「경제활동인구조사 근로형태별 부가조사」 2019년 8월〉

<그림 1> 사업체 규모별 일자리 분포

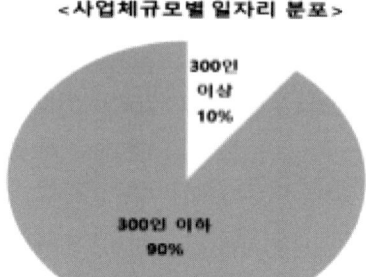

Ⅳ-2 중소기업의 일자리

중소기업의 일자리는 저임금 및 복리후생수준이 낮으며(43.3%), 노동의 고난도 생산노동(14.6%), 장기적 비전의 부재(24.9%)로 청년들이 기피하는 직종이고 300인 이상의 대기업은 고임금, 사회적 인정, 장기적 전망, 공무원, 공공기관 등으로 매우 좋은 양질의 일자리로 대부분의 청년들이 선호하는 직종이다.

중소기업에서 대기업으로, 비정규직에서 정규직으로 이전이 현실적으로 어렵기 때문에 대부분의 청년들은 중소기업의 일자리를 기피한다.

Ⅳ-3 대기업과 중소기업의 임금격차

대기업과 중소기업의 임금격차는 2배정도이고 대졸 신입생의

연봉격차는 1,330만원이 된다.(kbs 기획프로)

Ⅳ-4 미충원 된 일자리현황

2017년도 3분기 5인 이상 미충원인원은 8만5천명 미충원률은 11.7%이다. 이중 300인 미만 사업체의 미충원인원은 7만8천명으로 전체 미충원 인원의 91.8%에 해당된다.(고용노동부 2017년) 즉 사람을 못 구하는 일자리는 대부분 중소기업인 것이다.

Ⅳ-5 노동력 공급의 문제점-대학진학률

2020년 대학진학률은 72.5%로 고교졸업생의 72.5%가 대학진학을 한다. 그리고 나머지 27.5%도 대부분 재수를 하여 고교졸업생은 거의다가 대학 진학을 한다. 이는 국민의 교육수준을 높이는 데는 좋지만 노동의 수요 공급면에서는 심각한 문제점을 나타낸다.

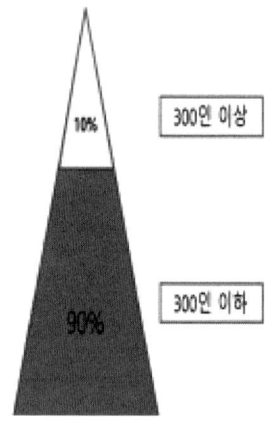
<그림 2> 일자리(고교졸업생)

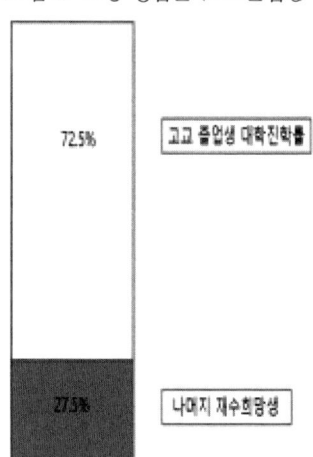
<그림 3> 노동 공급률(고교졸업생)

즉 일자리는 피라밋형인데 노동공급은 직사각형으로 노동공급 과잉이 된다. 대부분의 학생들이 대학을 진학하며 고급인력이 되므로 300인 이하의 중소기업 생산직은 기피한다. 그리고 300인 이상 고급인력을 선호 하므로 자리가 부족한 현상이 벌어진다. 즉 구조적으로 노동의 수요공급이 안 맞는 것이다.

<표 9> 2018년 구인인원 및 구직인원

구인인원 2018			구직인원 2018		
전체	2,436,823	100(%)	전체	4,009,506	%
5인 미만	527,304	21.6	20대 이하	1,039,906	25.9
5~10인 미만	340,925	14.0	30대	819,477	20.4
10~30인 미만	623,539	25.6	40대	752,211	18.8
31~100인 미만	478,872	19.7	50대	732,522	18.3
101~300인 미만	200,430	8.2	60대 이상	665,390	16.6

| 300인~ 이상 | 265,753 | 10.9 | 전체 인원 중 전문대 이상 | 1,782,061 | 44.4 |

<자료 : 한국고용정보원>

2018년의 1년간 구인 인원은 2,436,823명인데 신규 구직자는 거의 2배나 되는 4,009,506명이다. 그 중 전문대졸 이상이 44.4%가 되고, 300인 미만 중소기업 신규 구인인원은 89.1% 이다.
즉, 구조적으로 수요와 공급이 맞지 않는다.

V. 결론

V-1 정부의 청년고용정책

2020년 청년의 평균 실업률은 일반국민의 실업률 4%의 두 배가 넘는9%이다.
이는 앞서 말했듯이 OECD 중에서 제일 높은 수치이고 우리사회의 고질적인 중요 해결 과제이다.
더욱이 임시 알바생, 구직을 포기, 잠재적 구직자, 취업가능자까지 더하면 청년의 확장 실업률은 26.0%이다.
다급해진 정부는 청년 고용정책으로 온갖 방법을 동원하는데 결론의 요지는 돈을 지원하여 중소기업에 취업시키는 것이다.
아래 <표 10>에서와 같이 고용정책의 대부분은 청년들이 기피하는 중소기업에 취업시키는 것인데 그것은 한계가 있을 수밖에 없다.
하나의 예로 <표 10>의 '청년내일채움공제'를 보면 단적으로 나타난다. 그 내용을 보면 15세 이상 34세 이하의 청년에 대해 중소기업에 취업을 할 때 청년 본인이 2년간 채용유지 지원금 700백만 원을 지원받아 그 중 400만원을 청년이 적립하는 구조이다. 2년 후 청년들은 총 1,600백만 원의 목돈을 가질 수 있게 된다.

중소기업의 낮은 임금의 청년들이 취업하면 목돈을 적립 지원하여 2년간 고용유지를 목표를 하는 것이다. 정부는 다시 더 발전시켜 '3년형'이란 것을 개발하여 3년간 청년이 600백만 원을 적립하면 정부지원금 1,800백만 원과 기업의 채용유지 지원금 600백만 원을 합하여 3년 후 3천만 원의 목돈을 받게 하는 것이다.

문제는 3년간 목표 3천만에 묶여 3년의 고용은 유지가 되나 3년 후에 대책이 없는 것이다. 3년 후 대부분 청년들은 목돈을 챙기고 다른 취업 준비를 하는 것이다.

<표 10> 고용노동부의 청년 고용정책

구분	사업/제도명	내용
장기근속 및 자산 형성 지원	청년내일채용공제	중소기업 등에 정규직으로 취업한 청년들에게 자산 형성의 지원을 통해 장기근속 유도
진로 탐색	대학일자리센터 운영	고용노동부, 대학, 지자체, 창조경제혁신센터 등이 협력하여 재학생 및 졸업생, 타 대학생, 인근지역 청년들에게 원스톱 고용서비스 제공
직무능력 키우기	청년취업 아카데미	기업·사업주단체 등 운영기관이 협력하여 산업현장에서 요구하는 맞춤형 교육과정을 제공, 청년들의 노동시장 조기진입 등 청년고용 창출
	일·학습병행제	기업이 청년 등을 선채용 후 체계적인 현장훈련을 실시하고, 학교·공동훈련센터의 보완적 이론교육 등을 통해 숙련 형성 및 자격까지 연계하는 현장중심의 교육훈련 지원
일 경험 기회	중소기업 탐방 프로그램	청년들에게 다양한 직업세계 및 산업현장에 체험기회 제공, 우수한 중소·강소기업에 대한 정보 제공을 통해 중소기업 인력 미스매치 해소 및 노동시장으로의 조기입직 유도
	재학생 직무체험	상대적으로 일 경험 기회가 부족하고 취업률도 낮은 인문·사회·예체능계열 대학 재학생들(2~3학년 중심)의 산업현장 체험기회 제공을 통한 입직기간 단축 등 지원
해외취업	해외취업 지원	해외취업 희망 청년들을 대상으로 맞춤형 연수 등 구인수요에 맞는 인재로 양성, 해외 일자리 매칭 등을 통해 해외취업으로 연계
기타	세대 간 상생고용 지원 사업	임금피크제 도입, 임금체계 개편 등 세대 간 상생고용 노력과 더불어 청년(만 15~34세) 정규직을 신규채용한 기업에 지원금 지급
	평등한 기회, 공정한 과정을 위한 블라인드 채용 확산	채용과정(입사지원서·면접) 등에서 편견이 개입되어 불합리한 차별을 야기할 수 있는 출신지, 가족관계, 학력, 외모 등 항목을 걷어내고, 실력(직무능력)을 평가하여 인재를 채용할 수 있도록 시스템 구축 지원
	청년 추가고용 장려금 지원 사업	청년을 정규직으로 추가로 고용한 중소·중견기업에 인건비를 지원함으로써 양질의 청년 일자리 창출

(자료: 고용노동부 (http://www.moel.go.kr)

Ⅴ-2 정책제언

1.우선 노동의 수요공급을 조절해야한다.

한국의 교육현실은 모든 학생들을 대학에 보내서 생산직 노동을 기피하는 교육의 결과를 가져왔다.
300인 이상 대기업이 전체 취업자의10% 밖에 안 됨으로 정규 대학생은 10% 정도로 하고 나머지는 대학과 중소기업이 산학연계로 특히 중소기업과 결합을 하여 일하면서 공부를 같이 병행할 수 있는 대책을 찾아야 한다.
4차 산업혁명의 발달로 중소기업과 대학이 연계 하여 실습과 학습 고생산성의 대책을 찾아 취업자에게 희망이 될수 있게 해야 한다.
생산성이 높아지면 임금 수준도 높아질 수 있기 때문 이다.
2. 대학은 산업사회의 노동수요에 맞춰 축소 강화하여 학문연구중심 대학과 취업을 염두에 둔 인적자원관리차원의 대학으로 대학이 운영되어야한다.
3. 중소기업은 특단의 대책으로 4차 산업혁명과 연계하여 고부가가치 고생산성으로 발전시켜야 한다. 대기업과 같은 비전을 갖고 청년들이 취직할 수 있도록 중소기업을 발전시켜야 한다.
4. 단순조립 같은 공정은 로봇과 같은 기계도입으로 진행하고 숙련된 자는 대기업에 경력자로 갈수 있도록 제도를 모색한다.
5. 전망이 없는 중소기업은 사람이 없어 운영이 어려운데 이의 해결점을 찾아야 한다. 그 방법은 중소기업 취업자에게는 주택, 자녀교육, 복지지원으로 국가와 기업이 합동으로 대책을 마련해야 한다. 주택과 자녀 교육이 해결되기만 해도 저임금에 적응할 수 있기 때문이다.

<참고> 인천의 청년고용
<표 11> 2020년 인천시 청년일자리(3,946명) 지원 내용

사업명	지원내용	실적
기술혁신 IP 창업기업 청년취업 연계프로젝트	기술 기반의 예비 창업자 대상으로 R&D 및 IP관련 교육 자격증 지원	42명
창업기업 청년일자리 지원사업	창업보육 활성화를 위한 창업기업의 경제적 지원으로 창업성공 촉진 및 일자리 창출 기대	274명
인천 청년공감 확대조성 및 운영	소통, 교류 공간 마련으로 청년 역량강화 및 취업 전초기지 역할	2개
인천 청년 면접지원 (드림 나래 서비스)	면접용 정장 대여지원(연3회/ 1인)	2,292회
맞춤형 취업 코칭제 프로그램 운영	기업과 구직의 정보를 영상으로 제공, 영상기반 채용, 매칭, 충분한 정보제공 및 호감도 상승을 통한 취업기회 증대	24명
대학일자리센터 지원사업	대학 내 진로지도 및 취·창업 지원기능 강화	299명
진로심리상담센터	여대생의 청년 특화 통합 고용서비스 전달	448명
드림 체크카드 사업	인천 거주 장기 미취업 청년에게 취업활동비를 지원하여 근로소득 창출에 기반 마련(월50만,최대6개월)	840명
DREAM FOR 청년통장	중소기업 청년 취직자 장기근속 유지 및 생활안전 도모(3년간 최대 100만원)	450명
1석5조 인천재직청년 드림 포인트	청년 근로자의 조기 퇴사를 방지하고 장기근속유지 도모(120만원/ 년/ 생애1회)	1,073명
취·창업 재직 청년을 위한 월세비용 지원	취·창업 재직 청년 주거비 지원(월10만원)	308명
지역 성장 도약기업 청년일자리 지원	지역 우수기업(유망, 비전, 중견성장사다리기업) 대상 청년 채용 인건비 등 경제적 지원	71명
국제기구 직업체험 프로그램	인천 소재 대학(원)생 및 졸업자 청년들에게 국제기구 인턴 체험활동 기회 지원	25명
마을기업 청년일자리 사업	마을 기업에 청년배치 및 인건비 지원(2년) 정규직 전환 시 1년간 인센티브 추가지원	9명
청년사회서비스사업단 운영	청년이 청년 수요에 맞는 사회서비스 (신체, 정신 건강)를 개발제공, 제공인력에 대한 인건비 지원	10명
청년 창업농 영농 정착 지원사업	청년 창업농으로 선정된 자에게 최대 3년간 영농 정착 지원금 지원	20명

창업 어가 멘토링 지원사업	창업 어가 및 후견인 멘토링(월 120만원, 최대10개월)	1명
공공(빅)데이터 청년인턴십 사업운영	데이터 관련 분야 취업 희망 청년들에게 전문교육 및 실무경험 제공	210명
중소 중견기업 청년취업지원 사업	청년들대상 인턴 근무(3개월) 및 정규직 전환 고용지원금(3개월) 및 교육비 지원	150명
지역기업 연계형 일경험 지원사업	우수기업이 지역 대학생 및 직업계고학생에게 양질의 일경험 기회제공	19명
공공기관 청년고용확대추진	공공부문의 청년 의무고용 할당 확대를 통한 공공기관 취업기회 확대	7.1%

<참고문헌>

1. 2020 청년층 고용노동통계 (김유빈, 주혜리 저 한국노동연구원)
2. 2020년 4/4분기 임금근로 일자리동향 (통계청)
3. 2021. 2~5월 고용동향 (통계청)
4. 2020. 12 연간고용동향 (통계청)
5. 신규 구인구직 인원 2020년 1월~12월 (한국고용정보원)
6. 주요노동동향 -월간노동리뷰- 2019년1월 ~ 2020년12월 (한국노동연구원)
7. 청년의 초기 노동시장 경험이 향후 고용에 미치는 효과 (이시균 한국고용정보원)
8. 청년층 노동시장의 실태와 청년고용정책 (김유빈 한국노동연구원)
9. 청년고용정책의 사회정책 적 패러다임 전환 (이승봉 경북대학교)
10. 청년층 고용동향분석 (정재현)
11. 고질병 된 청년실업 동태화 (헤럴드경제_
12. '청년은 이렇다고' 쉽게 말하지 마세요.(신진욱 중앙대 교수)
13. 2월 청년층 고용형태변화 (박세정)
14. 2021년 2월 고용보험 통계현황 (한국고용정보원)
15. 청년층 일자리 현황과 변화전망 (김유빈, 강신혁, 김영아 한국노동연구원)
16. 노동시장 이중구조와 청년 일자리Ⅱ (안주엽, 오신정, 강신혁 한국노동연구원)
17. 청년고용정책안내 (움트리 서포터즈 5월)
18. '청년의 손으로 만드는 청년고용정책' (고용노동부 보도자료 2019년 7월)

19 '청년 고용 의무제란?' (대한민국 정책브리핑)
20. 잡코리아팀 2021년 청년고용활성화 정책 다모았다!(잡코리아 2021년 3월 26일)
21. 청년정책지원 (한국고용정보원)
22. 제 1차 청년정책 (2020년) NAVER 지식
23. '청년일자리 이렇게 바뀝니다.' 2018년 청년일자리대책 (청년정책)
24. 청년 특단 대책 주문에도 청춘 4명중 1명 실직(한국경제TV 강미선 기자)
25. 인천광역시 고용동향 2020년 12월 및 연간 (경인지방통계청)
26. 인천광역시 고용동향 2021년 2월 (경인지방 통계청)
27. 인천 경제동향 2020년 12월 (인천 연구원)
28. 2020 인천광역시 지역 일자리목표공시(인천광역시)

노인일자리

기본일자리와 노인일자리 발전방향

이수민[54]

I. 서론

□ 기본일자리의 개념은 근로의 권리와 의무를 규정한 우리나라 헌법 32조는 완전고용을 위해 노력해야 한다는 선언적 규정에서 개개인의 구체적 권리로 승화하는 것을 의미한다. 구체적 권리란 국가에 대하여 근로의 기회를 제공하여 줄 것을 요구할 수 있는 권리이다.

□ 노인일자리 정책의 비전은 노인이 존중받는 일과 사회활동 가치창출로 신노년세대에 대비, 노인일자리의 사회적 기여도 강화, 일자리의 지속성과 경쟁력 강화, 인프라 구축과 혁신으로 서비스의 전문성 강화, 코로나19 이후 사업환경 대응이란 5가지 정책 방향 설정 제시한다.

1. 신노년세대의 노년층 진입을 위해 노인의 활동역량과 욕구에 따른 선별조건을 개선하고 인적자원 특성과 참여욕구에 맞춘 다양한 일자리 수요를 개발

2. 취약계층 노인일자리 기회 제공, 사회서비스와 공익적 기여로 할 수 있는 활동을 통해 사회경제적으로 해결하는 일자리의 사회적 기능을 확대

---

54) 인천미추홀구 시니어클럽 관장, 전 미추홀 노인인력개발센터 센터장

3. 한시적 근로조건의 공익활동과 사업의 수익이나 고용조건이 불안정한 민간형의 일자리 한계를 개선

4. 인프라의 수적확대 및 일자리 수요창출과 인력연계, 교육 및 훈련, DB관리 등 종합적인 일자리지원을 하는 플랫폼 구축·운영이 필요

5. 포스트 코로나 시대에 사업의 지속가능성을 유지하기 위해 비대면 활동을 적극적으로 개발하고 개별법 제정으로 노인일자리사업의 법적 근거 강화

□ 중장기 추진 전략으로 일자리의 경제적 기능과 사회참여 활성화 지원 기능이 양립한 목표 설정, 새로운 정책대상 유입을 통한 대상범위 확대 (신노년, 국민기초생활보장제도 수급자) 사업유형 재편의 방향설정 노인일자리의 양적 확대, 수요자 중심의 전달체계 혁신, 코로나 19 이후의 사업환경 및 변화대응이 필요한 시점이다.

Ⅱ. 본론

1. 노인일자리

1) 배경과 과정
□ 우리나라에서는 2000년대 들어와 저출산·고령화 문제가 본격화되면서 노인들에게 일자리를 제공하게 되었고 2004년도부터 정부 노인일자리사업이 시작되었지만, 노인인력활용에 대한 근본적인 철학과 방향성이 부재한 상황에서 노인에게 일할 기회를 주어야 한다는 당위성만 앞서 노인의 노동력 활용에 대한 정체성을 더욱 더 초래하게 되었다.

□ 노인일자리사업은 노인이 가지고 있는 다양한 능력과 전문적인 기술을 활용하고 노인의 소외와 빈곤문제를 해결하기 위해서 노인을 대상으로 하는 사회적 일자리 개념으로 시작되었으며, 사회적 취약계층과 지역주민의 삶의 질 향상에 기여한다는 사회적 의미를 포함하고 있어 노인의 사회참여와 경제활동으로 볼 수 있다. 그러나 노인일자리사업 참여자 대부분은 경제활동수단으로 보고 있다. 이는 우리나라가 고령화사회에 직면하면서 그동안 시혜 중심의 노인복지정책이 능력 중심의 생산적 복지의 패러다임 변화라고 볼 수 있다.

□ 노인일자리사업은 우리나라의 사회복지 전반에 많은 변화를 가져왔다. 1990년대 말부터의 경제위기와 장기적 침체상황, 고용율의 심각한 저하 등은 절대적으로 부족했던 사회복지사업 특히, 소득보장이나 일자리 관련 사업들을 여러 가지로 확장하게 만들었다. 노인일자리사업 역시 노동부와 복지부의 관련 사업들 중 고령자고용촉진사업, 사회적일자리사업, 사회서비스사업, 기초생활보장제도 관련의 자활사업, 공공근로 등 여러 관련 사업과 복잡한 관계를 형성하며 전개되어 왔다. 이와 관련된 사업에도 노인이 참여할 수 있는 사업내용이 일부 있으나 그 규모는 매우 미미한 수준이다. 노인일자리사업은 정부의 소득보장정책인 취로사업이나 공공근로 등 여러 관련사업과 달리 노년기의 삶의 질 향상이라는 적극적인 가치를 고양시키기 위한 모색이 다양하게 이루어져 왔다.

□ 이에 따라 노인일자리사업은 일하기를 희망하는 노인에게 맞춤형 일자리 제공으로 노인 소득창출 및 사회참여 기회를 제공하고 일을 통한 소득 보충, 적극적 사회참여 및 건강증진 등으로 노인문제 예방 및 사회적 비용을 절감하는데 있다. 노인인력 활용에 대한 사회적 인식개선 및 민간참여를 도모하고 은퇴 전후 준비 및 노인생애 교육 등 노인인력 교육 연계를 통해 일자리 창출의 목적을 갖고 있다.

□ 행정안전부가 발표한 '2021년 1분기 주민등록인구통계'자료에 의하면 인천은 3월 현재 294만 명이며 65세 이상 고령인구 비율은 14.2%이다. 전체 인구에서 65세 이상 14% 이상인 '고령사회로 진입하였고 2027년에는 62만 명(20.6%)으로 초고령사회 진입이 예상되고 있다. 급속하게 고령화되어가는 현실은 사회안전망 구축에 따른 비용적, 물리적으로 선제적 대응이 시급한 과제이다.

□ 보건복지부는 2020년 '제4차 저출산·고령사회 기본계획'에는 고령자 기본생활에 대한 국가 책임을 강화하고 고령자를 부양 대상이 아닌 '삶의 주체'로 인식, 신중년의 능동적 역할과 선택을 지원하기 위한 사회적 기반 마련에 집중하겠다는 것이다.

□ 고령화는 노동과 복지의 경계선에서 어떻게 전망하고 대응할 것인지에 따라 고령자를 위한 고용정책과 노후소득보장 정책 전반에 영향을 미칠 수 있기 때문에 노인일자리 정책은 고용과 복지정책 사이에서 보완적인 기능을 적절하게 하는 것이 중요하다.

□ 초고령사회진입을 전망하고 있는 인구 고령화 구조와 정책환경에서 노인일자리 사업은 시대적 변화에 따른 맞춤형 발전방향이 제시되어야 한다.

2) 인천 현황 및 문제점

□ 인천은 2021년 노인일자리 및 사회활동지원사업에 1천551억원을 투입해 지난해 대비 2천276명이 늘어난 4만3천366명이 참여하고 있으며 형태별로 공익형(3만7천200명), 사회서비스(2천920명), 시장형(2천436명)이다.

□ 2019년~2021년 3년간 사업량을 보면 19년은 3만2천719명, 20년 4만1천90명으로 26%(8천371명) 사업량이 증가했지만,

2020~2021년의 사업량 증가는 코로나의 영향으로 5.5% 증가하는 수준에 머물고 있다. 이는 일자리를 필요로 하는 노인인구의 증가에 미치지 못하는 수준이며 참여 신청을 하고도 활동을 하지 못하는 일자리 부족 현상을 나타나고 있다.

☐ 인천 노인일자리사업을 가장 많이 수행하는 미추홀구 사례를 보면 예산 285억 1100만원을 투입해 7800명이 참여하고 있지만 아직 4,135명은 배치되지 못하고 대기하고 있다.

☐ 인천 사례와 전국의 현실이 지역에 따라 인구감소 공동화 현상으로 차이는 있으나 고령화에 따른 노인일자리 공급과 수요문제는 공통문제이다.

☐ 코로나19 확산은 노인일자리정책과 사업운영을 어렵게 하는 직접요인이 되고 있으며 서비스 전달체계(전담기관)의 확대 및 인프라 구축도 지지부진하다.

☐ 노인일자리사업의 공익형과 사회서비스형이 확대되고 있는 반면 민간형일자리(시장일자리)는 축소 및 유지에 방점을 두고 있다. 이는 민간일자리로서 경제적, 생산성요건을 맞추지 못하고 기피되는 것으로 파악된다.

3) 노인일자리 발전방향
☐ 참여 수요에 대해 조건 없이 선발하고 특성과 참여 욕구에 맞춘 다양한 일자리 개발 필요

☐ 민간기업의 시장형사업 협업을 통해 사회·경제적으로 해결하는 일자리 모델 창출

□ 노인일자리의 핵심은 사회안전망이다. 인적·물적 자원에 대한 교육 및 훈련, DB관리 등 종합적이고 체계적인 서비스 전달시스템의 구축·운영 필요

2. 노인일자리 현황
 1) 전국현황

통계표 : 노인일자리 창출·제공단위: 개

구 분		2016	2017	2018	2019
전 체		429,726	496,200	543,926	684,177
공익활동		290,625	359,932	405,134	504,206
민간형	시장형사업단	77,734	64,573	54,585	66,972
재능나눔		40,163	44,714	52,153	47,367
민간형	취업알선형	21,557	17,039	20,067	27,718
민간형	시니어인턴십	6,730	5,268	5,686	7,349
민간형	기업연계형	-	3,342	4,593	5,673
민간형	고령자친화기업	1,917	1,332	1,708	1,344
사회서비스형		-	-	-	23,548

*출처 : 보건복지부(내부행정자료)   * 사회조사 복지부문은 2년 주기 발표

□ 한국노인인력개발원의 2021년 노인일자리 창출 목표는 2020년 74만 명보다 6만 명 증가한 80만 명이다. 세부적으로 살펴보면 노인사회활동에 해당하는 공공형이 60.5만 명이고 사회서비스형과 시장형은 두 유형을 합쳐서 19.5만 명을 목표로 추진한다. 사업 유형별 사업량 및 예산은 아래 표와 같다.

《사업유형별 사업량 및 예산》

구분		2020년	2021년
공공형		818,008백만원	892,080백만원
	공익활동	• 543,250명 • 지원단가: 월 270천원, 평균 11개월(10~12개월) • 부대경비: 180천원	• 590,000명 • 지원단가: 월 270천원, 평균 11개월(10~12개월) • 부대경비: 180천원
		25,339백만원	12,670백만원
	재능나눔	• 30,000명 • 지원단가: 월 100천원, 8개월 • 부대경비: 월 5,580원, 8개월	• 15,000명 • 지원단가: 월 100천원, 8개월 • 부대경비: 월 5,580원, 8개월
		139,489백만원	171,310백만원
	사회서비스형	• 37,000명 • 지원단가: 월 594천원, 10개월 • 연차수당: 1,458천원 • 부대경비: 489천원	• 45,000명 • 지원단가: 월 594천원, 10개월 • 연차수당: 1,458천원 • 부대경비: 532천원
시장형		75,294백만원	44,856백만원
	시장형	• 60,000명 • 지원단가: 연 2,670천원	• 35,000명 • 지원단가: 연 2,670천원
	고령자 친화기업	9,000백만원 • 2,250명 / 30개소	9,000백만원 • 2,000명 / 30개소
	취업알선형 (구 인력파견형)	1,880백만원 • 50,000명(지자체 15,000명, 민간 35,000명) • 지원단가: 150천원(지자체보조), 사업비 지원(민간보조)	4,080백만원 • 75,000명(지자체 15,000명, 민간 60,000명) • 지원단가: 150천원(지자체보조), 50천원(민간보조)
	시니어 인턴십	38,850백만원 • 17,500명 • 지원단가: 370천원	84,360백만원 • 38,000명 • 지원단가: 370천원
전담인력		54,770백만원 • 4,538명 • 지원단가: 월 1,893천원(시도) / 월 1,850천원(수행기관) • 처우개선비: 1인당 연 1,257천원	58,449백만원 • 4,745명 • 지원단가: 월 1,893천원(시도) / 월 1,877천원(수행기관) • 처우개선비: 1인당 연 1,261천원

□ 2021년 노인일자리 및 사회활동 지원사업 추진 방향은 크게 3가지로 노인일자리사업 참여 기회 확대, 노인일자리사업 내실화, 추진 인프라 확대로 나눌 수 있다.

□ 한국노인인력개발원이 민간단체 경상보조로 직접 위탁하여 추진하는 사업인 시니어인턴십, 고령자친화기업, 취업알선형은 사업유형 개편을 통한 참여기회 확대, 사업내실화, 신규기관 유입을 통한 수행체계 개선을 중점 추진할 계획이다.

2) 인천 현황

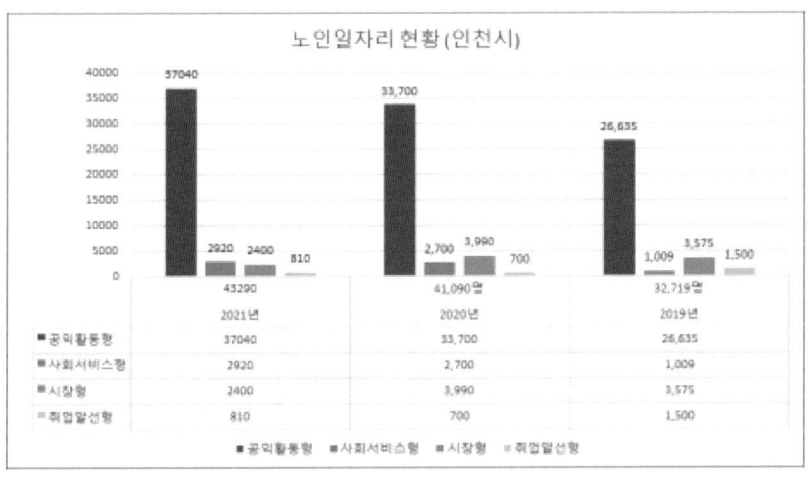

구 분	공익활동형	사회서비스형	시장형	취업알선형
증감: 2,080명 (5.1%↑)	3,340명 (9.9%↑)	220명 (8.1%↑)	▲1,590명 (39.8%↓)	110명 (15.7%↑)
2021년 : 43,170명	37,040	2,920	2,400	810
2020년 : 41,090명	33,700	2,700	3,990	700
2019년 : 32,719명	26,635	1,009	3,575	1,500

 * 시장형감소사유 : 학교,보육시설 활동지원 등 기존 공익 활동과 유사한 사업 이관

□ 인천광역시의 3년간 노인일자리사업의 동향을 살펴보면 2019년~2020년의 노인일자리는 21%에 달하는 사업량이 증가되었으나 2020년~2021년의 증가는 코로나19의 영향으로 사업량의 5.1%의 증가에 그쳤으며 이는 일자리를 필요로 하는 노인인구의 증가에 미치지 못하는 수준이어서 참여 신청을 하고도 활동을 하지 못하는 일자리 부족의 현상이 나타나고 있음을 볼 수

있다.

(2021년)

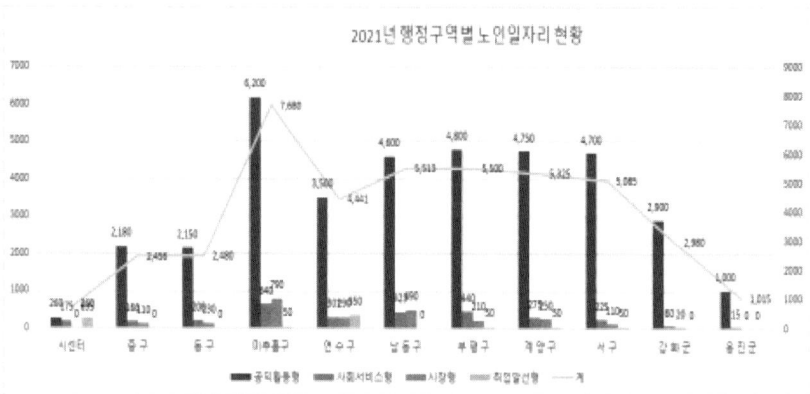

(2020년)

구분	2021년	공익활동형	사회서비스형	시장형	취업알선형	비고
합계	43,290	37,160	2,920	2,400	810	
시센터	695	260	175	0	260	
중 구	2,456	2,180	166	110	0	
동 구	2,480	2,150	200	130	0	
미추홀구	7,680	6,200	640	790	50	
연수구	4,441	3,500	301	290	350	
남동구	5,513	4,600	423	490	0	
부평구	5,500	4,800	440	210	50	
계양구	5,325	4,750	275	250	50	
서 구	5,085	4,700	225	110	50	
강화군	2,980	2,900	60	20	0	
옹진군	1,015	1,000	15	0	0	

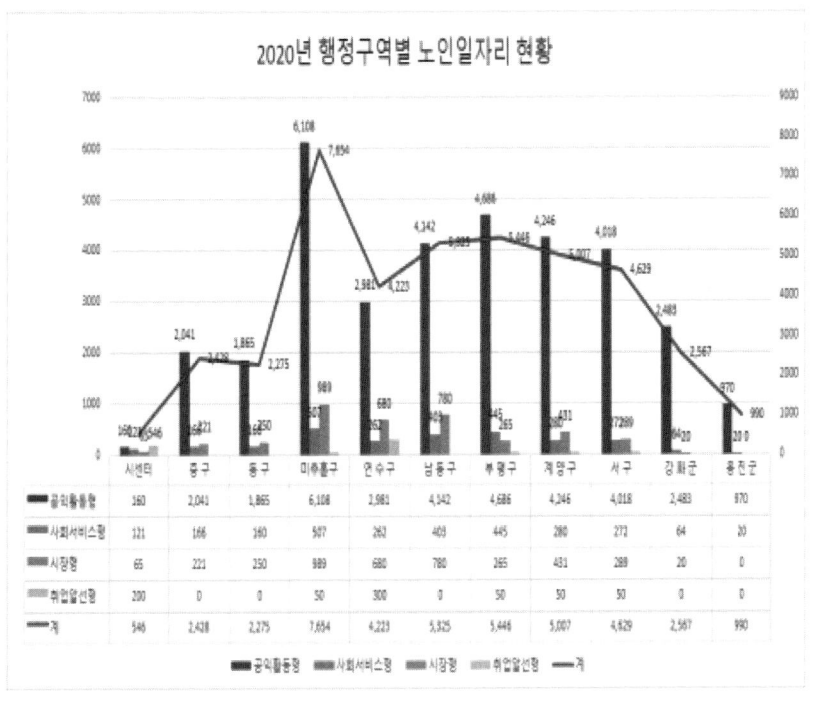

구 분	2020년	공익활동형	사회서비스형	시장형	취업알선형	비 고
합 계	41,090	33,700	2,700	3,990	700	
시센터	546	160	121	65	200	
중 구	2,428	2,041	166	221	0	
동 구	2,275	1,865	160	250	0	
미추홀구	7,654	6,108	507	989	50	
연수구	4,223	2,981	262	680	300	
남동구	5,325	4,142	403	780	0	
부평구	5,446	4,686	445	265	50	
계양구	5,007	4,246	280	431	50	
서 구	4,629	4,018	272	289	50	
강화군	2,567	2,483	64	20	0	
옹진군	990	970	20	0	0	

(2019년)

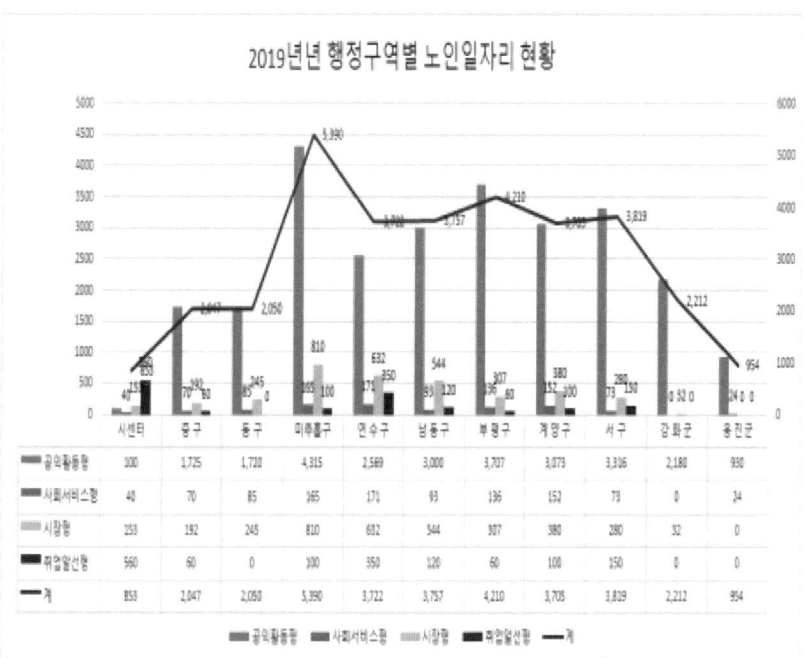

구 분	2019년	공익활동형	사회서비스형	시장형	취업알선형	비고
합 계	32,719	26,635	1,009	3,575	1,500	
시센터	853	100	40	153	560	
중 구	2,047	1,725	70	192	60	
동 구	2,050	1,720	85	245	0	
미추홀구	5,390	4,315	165	810	100	
연 수 구	3,722	2,569	171	632	350	
남 동 구	3,757	3,000	93	544	120	
부 평 구	4,210	3,707	136	307	60	
계 양 구	3,705	3,073	152	380	100	
서 구	3,819	3,316	73	280	150	
강 화 군	2,212	2,180	0	32	0	
옹 진 군	954	930	24	0	0	

* 인천시의 노인등록 통계를 보면 2020년 11월 기준 인천 거주 노인인구는 외국인을 포함 총 37만8천330명으로, 시 전체 인구의 12.8%를 차지한다. 노인인구는 올해 39만7천여 명, 내년 42만2천여 명 등 꾸준히 증가해 2027년에는 62만 명(20.6%)을 넘어설 것으로 분석됐다. 전체 인구 중 20%가 넘으면 초고령 사회로 간주한다. 2027년 300만 인구를 다시 달성하는 동시에 초고령사회 진입이 예상되는 상황인 것이다.

인천시 노인일자리는 2019년 32,719개에서 2020년 41,090개로 늘었으며 일자리 수만 따지면 1년 사이에 20%에 해당하는 8,371개가 증가 되었으며, 2021년도는 노인일자리 및 사회활동 지원사업에 1천551억 원을 투입해 지난해 대비 2천276명이 늘어난 4만3천366명을 목표로 노인일자리사업을 추진한다.

인천시에 따르면 노노케어와 취약계층 지원 등 공익활동형 일자리(3만7천200명)와 공공행정업무지원, 교육시설 학습 지원 등의 사회서비스형 일자리(2천920명)가 1월 중 시작된다.

식품 제조와 실버카페, 아파트 택배와 같은 시장형 일자리사업(2천436명)은 연중 추진하는 사업으로 지난해 12월부터 신청을 받아 진행되고 있으며, 인천시는 자원재순환과 그린뉴딜 등 정책 변화와 코로나 시대에 맞춘 비대면 등의 새로운 노인일자리를 지속적으로 만들어 취약계층 노인들의 삶의 질을 높이고 기본생활 소득 및 일자리를 지원할 계획이다.

* 노인일자리의 문제점
 - 지자체나 노인복지관, 노인인력개발센터, 시니어클럽 등 많은 노인일자리기관에서 일자리창출에 노력하고 있지만 노인일자리의 내용이 비슷한 사업으로만 우후죽순으로 양산되어 이는 정부의 고령자 고용지원정책이 양적인 측면에만 치우쳐 있다는 것이며 노인취업 관련 정책이나 프로그램들이 취업을 원하는 노인의 욕구를 제대로 반영하지 못하고 있다.

- 노인일자리를 운영하기 위한 가장 시급한 요소는 일자리와 관련된 교육문제이며 체계적인 교육이 바탕이 되고 있지 않기 때문에 노인일자리는 '노인의 소일거리'와 '용돈벌이 정도로 여겨지는 그릇된 인식에서 탈피하지 못하고 있다. 현재 진행하고 있는 노인일자리 사업의 패러다임을 기존의 천편일률적인 시스템에서 60~65세 이상의 노인 등 중고령자 층이 지역사회에서 안정적으로 자립할 수 있는 서비스 전달체계를 대폭 확충하고 실효화하는 것이 중요하며 또한 사회복지 서비스의 근간인 사회복지사의 처우문제와 환경개선을 하는 것도 다양한 일자리 사업의 개발 못지않게 중요한 과제이다.

* 노인일자리의 사업방향
- 기존의 공공 일자리의 한계를 극복하기 위한 다양한 수요처의 개발 '실질적 소득보전'과 '상시적인 근무 일자리'를 개발 및 유지하는 방향으로 전환이 필요하다.
- 공급자 중심에서 수요자 중심의 맞춤형 일자리 유형 개발 필요하다.
- 민간형 일자리에 대한 다변화와 참여자를 교육시키기 위한 시스템이 마련되어야 한다.

3) 미추홀구 현황

(2021년)

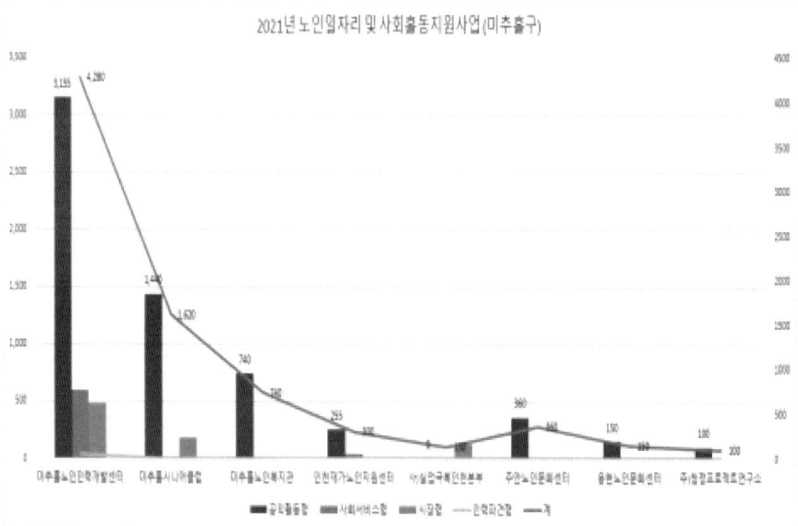

2021년 노인일자리 및 사회활동지원사업(미추홀구)

수행기관	2021년사업량					비고
	계	공익활동형	사회서비스형	시장형	인력파견형	
합 계	7,680	6,200	640	790	50	
미추홀노인인력개발센터	4,280	3,155	595	480	50	
미추홀시니어클럽	1,620	1,440	-	180	-	
미추홀노인복지관	740	740	-	-	-	
인천재가노인지원센터	300	255	45	-	-	
사)실업극복인천본부	130	-	-	130	-	
주안노인문화센터	360	360	-	-	-	
용현노인문화센터	150	150	-	-	-	
㈜청정프로젝트연구소	100	100	-	-	-	

(2020년)

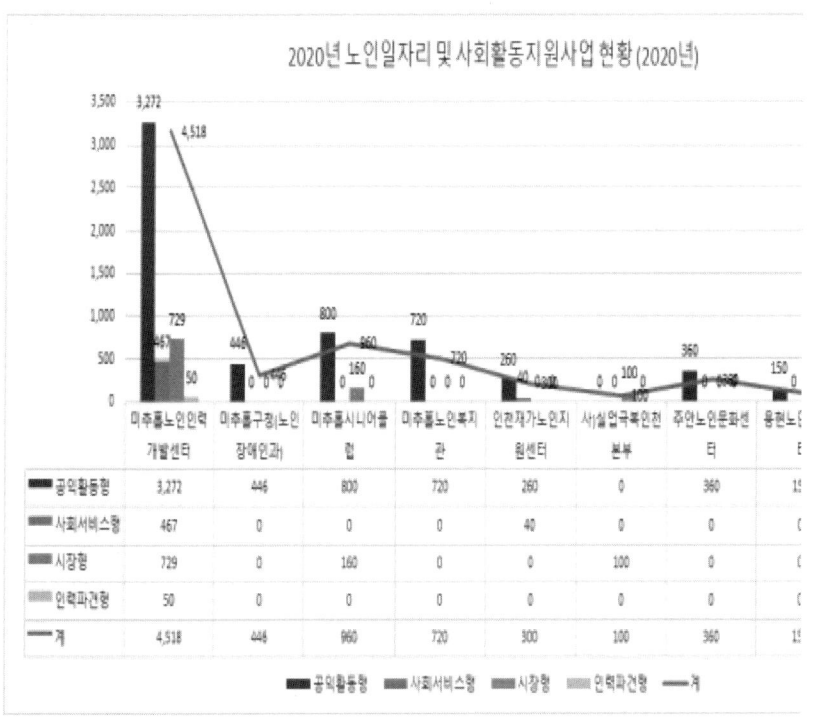

수행기관	2020년사업량					비고
	계	공익활동형	사회서비스형	시장형	인력파견형	
합 계	7,654	6,108	507	989	50	
미추홀구청(노인장애인과)	446	446	-	-	-	
미추홀노인인력개발센터	4,518	3,272	467	729	50	
미추홀시니어클럽	960	800	-	160	-	
미추홀노인복지관	720	720	-	-	-	
인천재가노인지원센터	300	260	40	-	-	
사)실업극복인천본부	100	-	-	100	-	
주안노인문화센터	360	360	-	-	-	
용현노인문화센터	150	150	-	-	-	
주)청정프로젝트연구소	100	100	-	-	-	

(2019년)

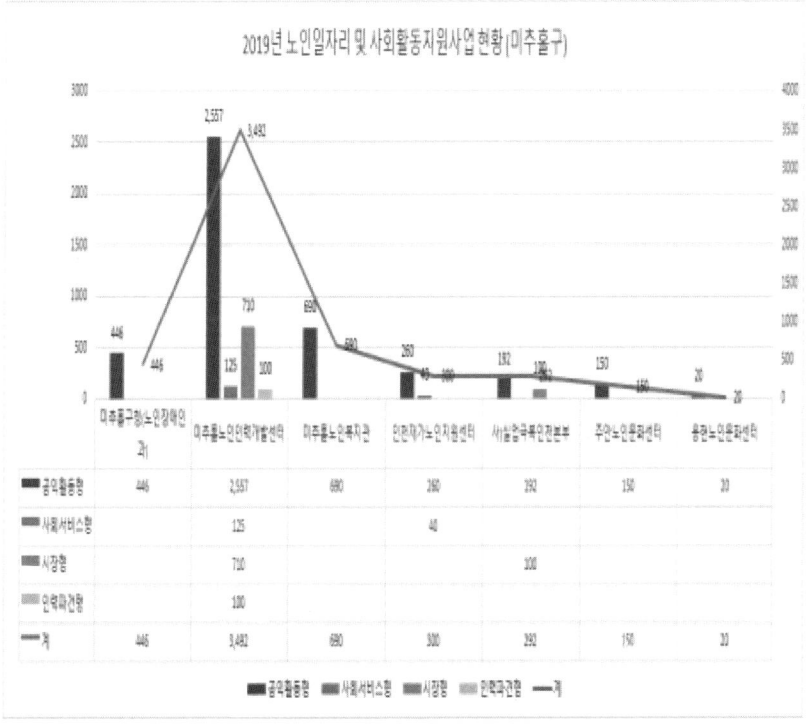

수행기관	2019년 사업량					비고
	계	공익활동형	사회서비스형	시장형	인력파견형	
합 계	5,390	4,315	165	810	100	
미추홀구청(노인장애인과)	446	446				
미추홀노인인력개발센터	3,492	2,557	125	710	100	
미추홀노인복지관	690	690				
인천재가노인지원센터	300	260	40			
사)실업극복인천본부	292	192		100		
주안노인문화센터	150	150				
용현노인문화센터	20	20				

* 미추홀구의 인구는 2021년 8월말 통계에 따르면 미추홀구주민 405,811명이며 그 중 65세 이상 주민은 71,055명에 달하고 있다.

이는 인구대비 약 17.5%로 초고령사회(65세이상 인구 20%이상) 진입이 예상된다. 이에 따라 인천 미추홀구는 2021년 노인일자리 및 사회활동지원사업에 285억 1100만원을 투입해 7800명 노인일자리 사업을 추진하며 이는 구 단위사업에서는 전국 최고로 많은 사업 인원이다. 그럼에도 불구하고 현실적으로 노인일자리는 매우 부족한 현실이다. 미추홀노인인력개발센터, 미추홀시니어클럽 등 8개 수행기관이 지난해 12월부터 모집한 참여인력은 모두 1만 1935명으로 96개 노인일자리 사업단에 배치돼 활동을 시작했다.

아직 배치되지 못한 노인(4,135명)은 재배치를 위해 대기 관리되고 있다.

올해 미추홀구 노인일자리사업은 우리동네환경지킴이, 말벗친구, 청소년안전지킴이를 비롯해 신규 사업으로 노인여가복지시설교육지원, 시니어 안전모니터링, 재활용자원관리사, 버스정류장가꿈이 사업 등을 추진한다.

시니어 독서지도사와 아이스팩재활용사업은 인천시 시범사업으로 선정, 운영 결과에 따라 전국으로 확대 시행될 가능성이 높다.

특히 올해는 시장형, 취업알선형 등 민간형사업에 중점을 두고 전문적이고 체계적인 교육을 통해 전문인력을 양성, 시니어카페 운영과 전통발효식품판매, 쿠키·비누제작 사업을 지속적으로 추진할 계획이다.

추후 미추홀구는 노인일자리의 활성화 방안 즉 일자리의 개발·보급과 교육훈련, 법적 기반의 확대, 노인들의 요구 등을 반영하여 노인일자리의 양적, 질적 향상은 물론 지속 가능한 일자리가 되도록 최선을 다해야 한다.

Ⅲ. 결론

노인을 제대로 된 노동자로 취급하지 않는 사회 분위기 속에서도 노년 노동은 증가해 왔다.

65세노인 10명 중 3명은 여전히 일하고 있으며 통계청의 고용동향에 따르면 2021년 3월 기준 70세 이상 취업자는 153만2000명에 달한다. 지난해 코로나19 여파로 전체 취업자 수가 21만8000명 줄어든 가운데 70세 이상 취업자 수는 12만4000명 증가했다. 이는 노인일자리가 고용통계에 반영된 현상이나 사회안전망으로의 긍정적 효과와 복지적 차원의 사회수당 배분을 일자리로 수단화 하여 질 낮은 노동을 생산한다는 부정적 견해가 수반된다.

이러한 부정적 시각을 희석하기 위해 민간시장형 사업이라는 분류를 통해 복지와 노동의 경계를 혼란시키고 결국 소모적이며 비효율적인 생산구조를 만들고 있는 현실을 해결하긴 위한 노력이 필요하나. 기본일자리는 정부에서 비용을 들여 일자리를 창출하는 단순한 일이 아니다.

과거 인류가 노동이라는 생산적 활동을 통해 시장경제인 사회주의경제와 자본주의경제의 필연적 변화시대에 4차 산업의 급격한 발전은 자본주의 경제사회에서 제3의 경제시대 변화로 완전히 새로운 패러다임이 필요하다는 점이다.

지대 추구사회를 창조추구사회로 전환하는 것이다. 그것은 지대추구사회가 가능했던 구조적 요인들을 해제하는 데서 시작한다. 그것의 시작을 노인일자리가 시대변화에 맞게 재구성의 하는 것의 단초가 될 수 있다. 앞으로 다가올 미래의 경제는 인류의 지성과 지혜가 필연적으로 결합되어야 한다.

제1경제 사회주의시대 제2경제 자본주의 시대에서 4차 산업은 제3경제 초지성주의 경제시대를 여는 서막이다.

<참고문헌>

윤기영/한국외대 경영학부 미래학 겸임교수, 에프엔에스 미래전략 연구소장 synsaje@gmail.com
윤기영, 김숙경, 박가람. 2019. <디지털 트랜스포메이션을 위한 비즈니스 모델링>. 박영사
이명호. 2018. <노동 4.0>. 쓰리체어스
예헤즈켈 드로어 저, 윤기영, 이강희, 조진형 역. 2019. <미래의 지배자>. 박영사
폴 로버츠 저, 김선영 역. 2017. <근시사회>. 민음사
고용노동부. 2018. 고용형태별근로실태조사 보고서 (2017).
금민 (2018). 일자리 없는 사회와 기본소득. 시대, 55: 50-96
윤기영. 2016. 4차 산업혁명에 대한 비판적 검토와 논의의 전환 필요성. 미래연구 1권 2호
윤기영. 2018.04.30. 지식사회의 교육 변혁, 어떻게 이룰까. 한겨레 윤기영의 원려심모.
윤기영. 2018. 지식사회의 약속은 여전히 유효한가?: 지식사회 2.0에 대한 전망. 미래연구 3(1): 49-82
이수봉. 제3정치경제론
한국노인인력개발원.
한겨레 김성광기자. 기본소득보다 기본일자리가 더 시급하다.

일자리보장제

기본일자리

초판인쇄 / 2021년 11월 15일
펴낸이 / 도천수
펴낸곳 / 홍익세상

출판신고 / 제2021-000100호
주　소 / 서울특별시 강남구 선릉로93길 31 미주플라자209호(영업부)
전　화 / 02-735-8150
팩　스 / 02-730-8150
E-mail / koreavision@hanmail.net

ⓒ도천수.2021 Printed in Seoul, Korea

이 책은 저작권법에 따라 무단 전재, 복제를 금지하며,
이 책의 전부 또는 일부를 이용하려면 홍익세상의 동의를 구해야 합니다.
잘못 만들어진 책은 바꾸어 드립니다.